LE LIVRE DU SELF-MANAGEMENT

LE LIVRE DU SELF-MANAGEMENT

Techniques d'organisation et de communication pour une réussite personnelle

JOHN MULLIGAN

HACHETTE

Dans la même collection

Le Livre du Manager
Ernst & Young

Le Livre de l'Excellence
Roger Black

Titre original : The personal management handbook

Traduction Olivier Le Goff
Composition : P.C. Studio

AUTEUR

John Mulligan dirige le *Human Potentiel Resource Group* à l'université de Surrey en Grande-Bretagne. Il anime un enseignement post-scolaire et s'occupe d'appliquer les découvertes psychothérapeutiques au service du "mieux-vivre" et du "mieux-apprendre", de dévolopper les potentiels humains tant au niveau individuel que collectif. Il est par ailleurs consultant-psychologue dans un important groupe médical pluridisciplinaire, à Londres.

ONT PARTICIPÉ À LA RÉDACTION DE CET OUVRAGE

Elizabeth Adeline, professeur de psychologie, praticienne de la psychologie (individus, couples, groupes). Membre de la *Redwood Women's Training Association;* de l'*Institute for the Development of Human Potential;* de l'équipe dirigeante de "Openings", centre de développement personnel situé à Bath.

Robert Adlam, directeur et enseignant au *Police Staff College* (Hampshire), chargé du programme de promotion accélérée des officiers de police à très fort potentiel.

Maurice Bailey, consultant pour une grosse compagnie pétrolière.

Meg Bond, directeur adjoint du *Human Potential Resource Group.* Auteur de plusieurs ouvrages sur le stress et l'approche positive. Enseignante, elle a été infirmière.

Michael Eales, fondateur et codirecteur de *Praxis.* Nombreuses sessions de formation, dont un programme à l'Université du Surrey. Réalise actuellement un documentaire pour une chaîne de télévision anglaise.

Anouk Grave, codirectrice de *Praxis.* Spécialisée dans la conception et la réalisation de programmes d'enseignement destinés aux formateurs et enseignants (industrie, enseignement...).

Marie-Louise Hayward, directrice de *MLM Consultants.* Consultant pour l'industrie, le commerce, la santé, la *Brunel University* et le *Henley Mangement College.*

Kate Hopkinson, consultant en management à la *Coverdale Organization.* Consultant en psychologie spécialisée dans la constitution d'équipes, l'organisation. Développe des techniques anti-stress individuelles et collectives. Psychothérapeute (individus, couples).

TABLE DES MATIÈRES

LE HUMAN POTENTIAL RESOURCE GROUP

Le *Human Potential Resource Group* est une unité du Département des études d'enseignement de l'Université du Surrey. Il s'agit du plus ancien centre pour l'enseignement humaniste et transpersonnel en Europe.
Il dispense son enseignement dans le cadre de diverses entreprises (industrie, commerce, services publics), mais aussi aux particuliers qui souhaitent développer leur efficacité personnelle et/ou professionnelle.

Ses objectifs sont :
• D'apporter des ressources pratiques pour la recherche et le développement des capacités et du potentiel humains.
• De promouvoir les valeurs et la pratique de l'enseignement, afin d'encourager l'interdépendance créative entre personnes.
• D'encourager le développement de la personne et la réalisation de son potentiel professionnel ou personnel.

Le programme personnel se compose de courtes sessions offrant :
• Une batterie de méthodes de self-management et de développement personnel.
• L'occasion de mettre en évidence des capacités qui n'ont pas été reconnues au cours des études.
• Un équilibre entre le développement personnel et le développement professionnel : en effet, il privilégie le bien-être intérieur et relie les dimensions sociales, mentales, physiques, spirituelles et émotionnelles.

Le programme professionnel offre :
• Une batterie de méthodes destinées à augmenter la capacité des participants à tirer parti de leur expérience.
• Des sessions destinées aux professionnels.
• Des sessions pour les praticiens, les enseignants et formateurs recourant aux méthodes holistiques.
• Des méthodes pratiques pour la conception et la réalisation de stages en entreprises et de programmes de formation.

Par ailleurs, le *Human Potential Resource Group* propose des formations en entreprises et des programmes de développement organisationnel, dont la durée peut varier d'une journée à plusieurs années lorsqu'on étale l'enseignement.
Outre du savoir-faire de son équipe, il bénéficie de l'expérience d'un réseau international de correspondants. Certains travaillent dans l'industrie, d'autres sont consultants dans les secteurs public ou privé.
Enfin, le Groupe utilise les facilités qu'offre l'Université : l'informatique, l'apprentissage à distance, le matériel audio-visuel, etc.

Nous vivons dans un monde complexe où le simple fait de survivre demande des capacités de gestion de soi-même. Exploiterson propre potentiel et celui des autres exige des compétences, de l'intuition et de l'expérience. Aujourd'hui, il est essentiel que le manager sache tirer profit du potentiel de chacun. Cela implique qu'il fasse de même avec son propre potentiel, condition nécessaire pour exploiter au maximum ses ressources et celles de la vie, que l'on dirige une grosse structure, qu'on soit à son compte ou qu'on ait une famille à élever. *Le Livre du self-management* vous aidera à mieux maîtriser votre vie et à améliorer l'efficacité de vos relations avec les autres, que ce soit dans un cadre professionnel ou dans d'autres circonstances. Ce livre contient un grand nombre d'informations, des suggestions concrètes que vous pourrez mettre en pratique vous-même. Il vous permettra de mieux appréhender votre personnalité et le potentiel particulier qui est en vous. Il vous montrera que que vous avez la capacité de mobiliser intégralement ce potentiel. Ce manuel est, bien sûr, un livre sur la réussite au plan professionnel et relationnel, mais il va plus loin. Beaucoup de gens ont eu des réussites professionnelles exemplaires et se disent pourtant "Ce n'était donc que ça...". Dans ce livre, vous découvrirez comment réussir des défis de toutes sortes, mais en prenant en compte votre propre objectif ou votre propre voie dans la vie. En replaçant le self-management dans le contexte global qui vous est propre, ce livre montre comment exploiter à la fois votre monde interne (sentiments, imagination, pensées, désirs) et votre monde externe (relations, carrière, positionnement social). Vous trouverez des conseils théoriques et pratiques. Les auteurs ont une longue expérience : ils ont permis à de très nombreuses personnes d'améliorer leur mode de fonctionnement et d'augmenter leur niveau de satisfaction personnelle. Vous trouverez ces conseils très utiles lorsque, au fil de la vie, vous prendrez conscience de besoins particuliers. Ainsi, peut-être ressentirez-vous le besoin d'améliorer vos talents de communication, de mieux traiter avec des gens difficiles, ou de progresser professionnellement. Une fois que vous aurez conscience de ces besoins, vous trouverez dans ce livre un guide qui vous aidera à mieux comprendre votre évolution et les choix qui s'offrent à vous, et à mettre en évidence les compétences qui vous permettront d'améliorer à la fois votre self-management et vos relations avec les autres. Dans la première partie du livre, vous verrez comment positionner votre vie présente et future, vous mettrez en lumière votre dynamisme et votre potentiel. Vous commencerez par positionner votre passé et finirez par votre avenir. Grâce à ces positionnements, vous connaîtrez le "territoire" de votre existence d'une façon qui vous donnera une notion plus riche de votre potentiel et de votre avenir. Après cela, vous pourrez approfondir votre connaissance de vous-même et développer les compétences qu'exige votre progression. Les méthodes proposées ont été testées et sont efficaces. Testez-les à votre tour en faisant les exercices proposés, en exerçant vos compétences et vos stratégies, en les analysant. L'idéal est de de faire ce travail avec quelqu'un qui vous connaît bien, collègue ou ami, ou dans le cadre d'un groupe. Quand vous aurez lu et mis à profit ce livre, vous ressentirez peut-être qu'il suscite chez vous d'autres besoins. Si tel est le cas, monter un atelier ou s'établir consultant peut être une bonne solution. Depuis de nombreuse années, à l'Université du Surrey, Guilford, le *Human Potential Resource Group* travaille sur l'efficacité et le self-management. Ce livre est la synthèse de leurs conclusions. Nous vous souhaitons d'en tirer profit.

VOUS

Pour chacun des aspects de votre vie, vous allez dresser une "carte" qui vous permettra de savoir où vous en êtes et où vous désirez aller. Ces cartes constitueront des guides précieux ; elles vous aideront à avancer dans l'existence selon un fil directeur déterminé, et non plus en vous laissant mener par les circonstances.

Vous pourrez ainsi établir des relations entre votre passé, votre présent et votre avenir, ainsi qu'entre les différents registres par lesquels vous vous exprimez : le corps, l'esprit, les émotions, l'intellect. Vous serez ainsi mieux préparé à vous concentrer sur certains détails de votre vie.

Ce système vous permettra d'être plus conscient de ce que vous êtes de vos forces et de vos faiblesses ; cette meilleure connaissance de vous-même vous sera fort utile pour décider des nouvelles orientations que vous allez prendre dans votre vie.

Pour en tirer toute l'efficacité, il faudra bien entendu que vous appreniez à combiner les données mises en évidence par vos différentes cartes.

Cette méthode est une adaptation d'un modèle proposé par le consultant John Heron. Grâce à elle, vous relierez votre passé à votre avenir, et établirez les correspondances nécessaires entre des événements que vous avez vécus et le potentiel dont vous disposez pour l'avenir.

VOTRE PLAN DE VIE

En dressant ce plan, vous explorerez votre vie dans sa globalité, mais aussi sous différent aspects. Il est évolutif et s'organise de la manière suivante.

Le trajet de votre vie
- Qui suis-je ?
- Quelles sont mes origines ?
- Où vais-je ?
- Qu'est-ce qui m'arrête ?
- Comment y parvenir ?
- De quelles aides aurai-je besoin ?
- A quoi ressemblera l'avenir lorsque j'aurai atteint mon but ?

Chacune de ces questions se rapporte à l'un des aspects qui seront abordés dans ce livre. La réponse à la question "Qui suis-je ?" concerne votre identité ; elle éclaire les différents aspects de votre vie actuelle et révèle ce à quoi vous consacrez votre énergie.

La réponse à la question "Quelles sont mes origines ?" concerne votre histoire personnelle ainsi que les antécédents qui l'ont déterminée.

La réponse à la question "Où vais-je ?" a pour but de développer votre potentiel, d'éclairer votre direction et votre destination dans la vie, de définir vos objectifs, clarifiant ainsi votre vision de l'avenir.

La réponse à la question "Qu'est-ce qui m'arrête ?" met en évidence les contraintes, les blocages et les obstacles qui peuvent compromettre ou entraver votre progression.

La réponse à la question "Comment y parvenir ?" permet de déterminer les étapes que vous aurez besoin de franchir pour atteindre votre but. Il s'agit d'un plan précis qui organise la "logistique" de votre trajet.

La réponse à la question "De quelles aides aurai-je besoin ?" définit les ressources et les soutiens qui vous seront nécessaires ; elle vous permet de déterminer les capacités que vous devez perfectionner, les qualités requises et les personnes qui vous aideront.

La réponse à la question "A quoi ressemblera l'avenir lorsque j'aurai atteint mon but ?" est une construction imaginaire et détaillée de ce que sera votre vie lorsque vous aurez réalisé vos objectifs. Elle fait appel à l'émotionnel, aux sensations, aux désirs, et permet de mobiliser votre énergie et votre motivation avant de passer à l'action.

★ EXERCICE

Prenez sept crayons de couleurs différentes et sept feuilles de papier. Installez-vous confortablement, soyez calme et détendu. Inspirez et expirez profondément pendant quelques minutes, de façon à éliminer vos tensions physiques ou intellectuelles.

Réfléchissez successivement aux sept questions figurant sur le schéma ci-dessous. Pour chacune d'entre elles, inscrivez sur une feuille tout ce qui vous vient à l'esprit : mots, images, pensées, sentiments.

Consacrez cinq minutes à chaque rubrique. Puis écrivez ou dessinez ce que vous avez dégagé. Faites cela pour les sept rubriques. Si l'une d'entre elles vous pose des problèmes, concentrez-vous sur les points les plus significatifs.

Et maintenant, qu'avez-vous découvert sur vous-même ? Aimeriez-vous en savoir plus ? Vos sept feuilles peuvent fournir des éléments supplémentaires grâce aux exercices qui vous seront proposés plus loin. Vous aurez ainsi une meilleure connaissance de vous-même et pourrez déterminer quelle orientation donner à votre vie.

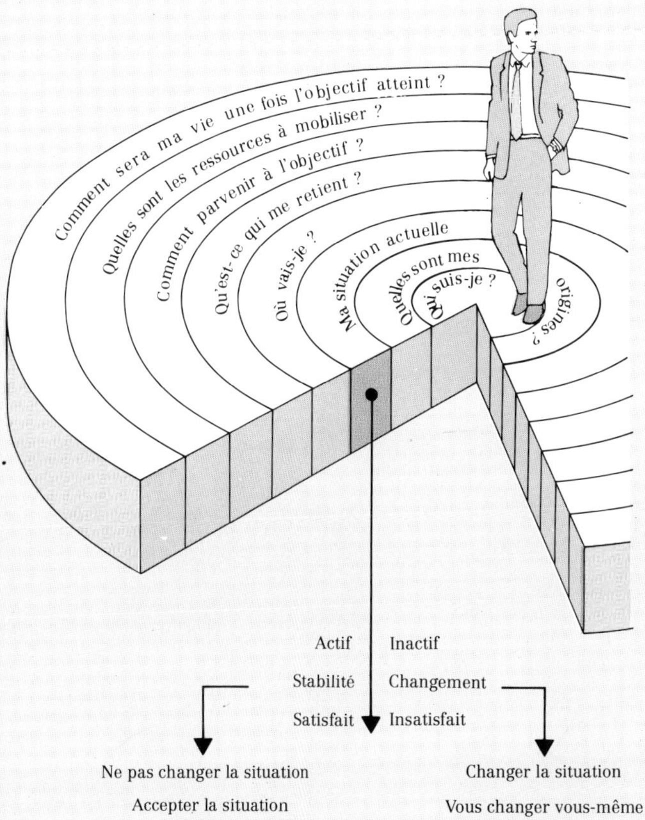

Lorsque vous examinerez votre situation actuelle, vous serez amené à mesurer votre degré de satisfaction dans les différents domaines de votre vie. Il vous faudra donc déterminer dans quelle mesure chacun de ces aspects mobilise votre énergie. Vous devriez ainsi parvenir à la conclusion ; "Je suis satisfait de ma vie", ou au contraire : "Je dois changer". Pour vous y aider, reportez-vous aux pages 18-19.

QUI ÊTES-VOUS ?

Si l'on vous demande qui vous êtes, il y a de grandes chances pour que vous répondiez en donnant votre nom. Celui-ci constitue en quelque sorte votre "étiquette". Si l'on insiste, vous donnerez probablement des précisions concernant votre nationalité, votre position sociale, votre profession ou ce que vous avez réalisé.

Toutes ces informations sont des références à des sources externes d'identité. Pour peu que l'on vous repose la question, vous serez amené à vous concentrer sur vos sources internes d'identité : ce à quoi vous croyez, quelles sont les valeurs qui vous guident, vos centres d'intérêt, vos inquiétudes ou vos ambitions. La question peut ainsi être répétée jusqu'à ce que vous ayez épuisé toutes les réponses et que vous ne trouviez plus rien à dire sur vous-même.

C'est probablement à ce moment que vous serez le plus près de la vraie réponse. Cette rencontre avec la personne que vous êtes vraiment, au-delà des apparences, est une expérience difficile à mener mais elle est fondamentale. Il existe de nombreux moyens d'exprimer son identité : par les vêtements, par ce que l'on possède, par son statut professionnel, par sa voiture... La plupart des gens se définissent ainsi grâce à des points de référence qui leur sont externes. Ceux qui font appel à leurs ressources internes sont nettement moins nombreux.

La connaissance de ces sources internes d'identité est fonction de la conscience que vous avez de vous-même ; à savoir l'image que vous vous êtes forgée de votre personnage, à partir de vos valeurs, vos désirs et vos besoins.

LES RAMIFICATIONS

Il existe une méthode efficace pour illustrer ce que vous savez de vous-même, sur les plans interne et social. Elle consiste à tracer un schéma à ramifications qui permet de relier diverses réponses à une question centrale.

Chaque réponse peut alors être approfondie en ramifications qui trouveront probablement leur pendant dans les subdivisions des autres réponses. Cette méthode favorise la réflexion ; elle vous aidera à prendre conscience des interconnexions existant entre les différents aspects de votre personnalité.

Les images guidées
Une autre méthode permettant de découvrir qui vous êtes consiste à pratiquer une visualisation guidée qui vous aidera à mieux connaître votre "communauté interne", c'est-à-dire les subdivisions de votre personnalité. Il s'agit de mettre en évidence différents "rôles internes" qui ressortent à la fois de votre vie privée et professionnelle. Ce sont, par exemple, le critique, le rêveur, le tyran, le nourricier, l'enfant, le parent.

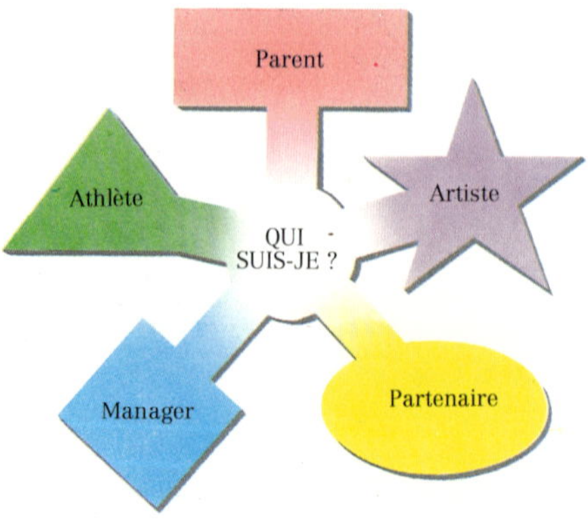

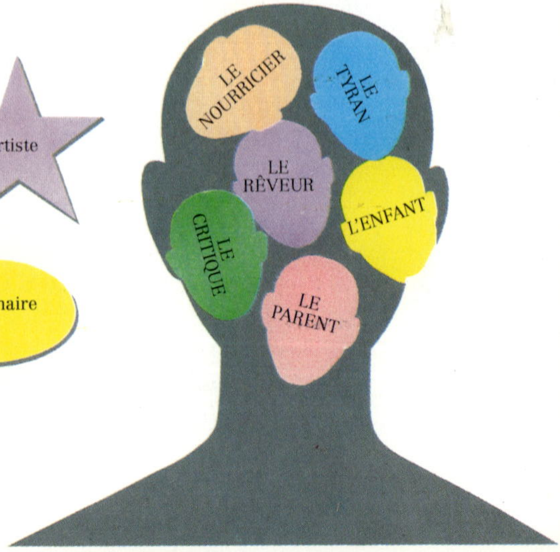

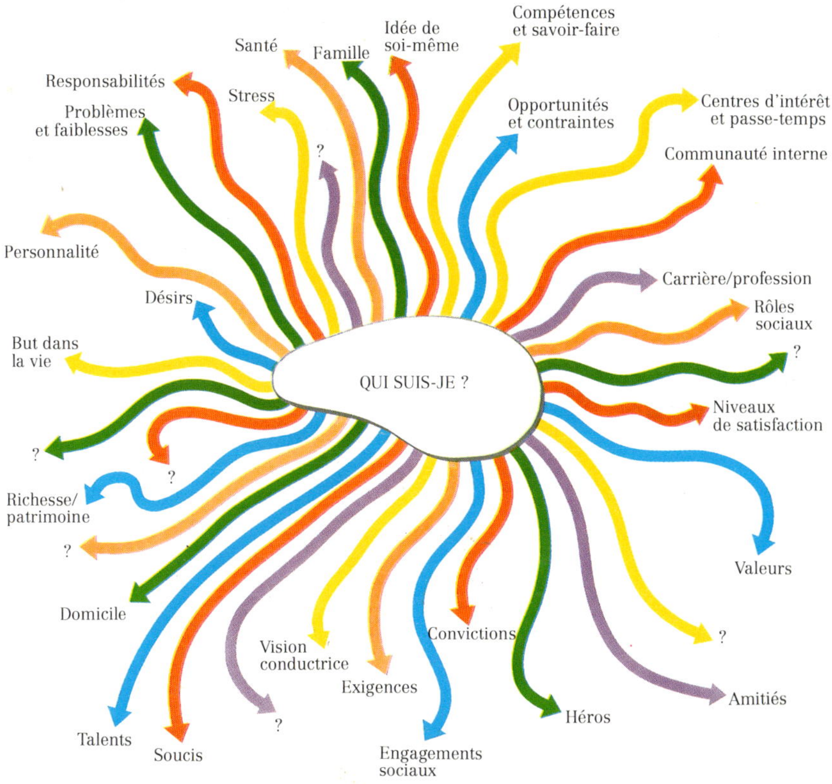

★ TEST

Pour connaître votre communauté interne, imaginez la scène suivante. Vous quittez votre domicile et empruntez votre itinéraire habituel. Vous découvrez alors, sur votre gauche, un nouveau chemin. Vous le suivez à travers un paysage ensoleillé. Toutes les sensations sont agréables : sons, odeurs, couleurs, paysages.

Le sentier vous conduit à une forêt qui s'assombrit progressivement à mesure que vous vous y enfoncez. Au loin, vous distinguez une clairière ensoleillée au centre de laquelle se situe une maison. En vous approchant, vous voyez un panneau sur la porte ; vous lisez ce qui est écrit sur ce panneau. Puis vous entrez dans la maison. Vous passez un certain temps à l'explorer et à rencontrer ses habitants.

Inscrivez de façon détaillée ce qui se passe. Vous ressortez ensuite et vous vous tenez face à la maison. La porte s'ouvre et les habitants apparaissent. Ils vous abordent à tour de rôle. Notez bien les faits ainsi que les sentiments que vous éprouvez.

Une fois que vous avez rencontré chacun d'entre eux, vous retraversez lentement la forêt pour retrouver le sentier. Prenez le temps nécessaire pour analyser toutes les pensées et les sentiments que cette expérience vous a inspirés et réfléchissez à ce que vous avez mis à jour.

Prenez aussi le temps de mettre sur le papier le fruit de ces réflexions. Sachez que la maison est le symbole de vous-même, et que ses habitants représentent votre communauté interne.

Cela s'est-il bien passé avec eux ? Qu'ont-ils dit ? Etaient-ils familiers ou distants ? Quelle était l'atmosphère dans la maison ? Avait-elle beaucoup de pièces, y avait-il des fleurs, d'autres particularités ? Quelles conclusions en tirez-vous sur vous-même et sur votre communauté interne ? Y a-t-il quelque chose que vous souhaiteriez changer ?

D'OÙ VENEZ-VOUS ?

Savoir qui vous êtes implique que vous connaissiez bien votre histoire personnelle dans tous ses détails. Situez sur une carte les principaux événements de votre vie, ce que vous avez réalisé, ce qui a orienté vos choix. Tous ces éléments disparates vous aideront à comprendre comment vous en êtes arrivé à composer le personnage que vous êtes aujourd'hui.

REMONTEZ À VOS RACINES

Cela vous permettra de mesurer à quel point ce que vous êtes est loin d'être fortuit. Votre personnalité est le résultat de très nombreux facteurs et si vous en prenez conscience, vous pourrez avoir de plus en plus d'influence sur votre vie. En remontant à vos racines, vous comprendrez mieux ce que vous devez à votre passé, qu'il s'agisse d'atouts ou de faiblesses, de joies ou de peines.

En faisant cet exercice, il est essentiel que vous ne cherchiez pas à nier vos responsabilités, ni à imputer à autrui l'origine de vos succès ou de vos échecs. C'est à ces conditions que vous pourrez éclairer le présent grâce au passé et avoir plus d'influence sur votre avenir.

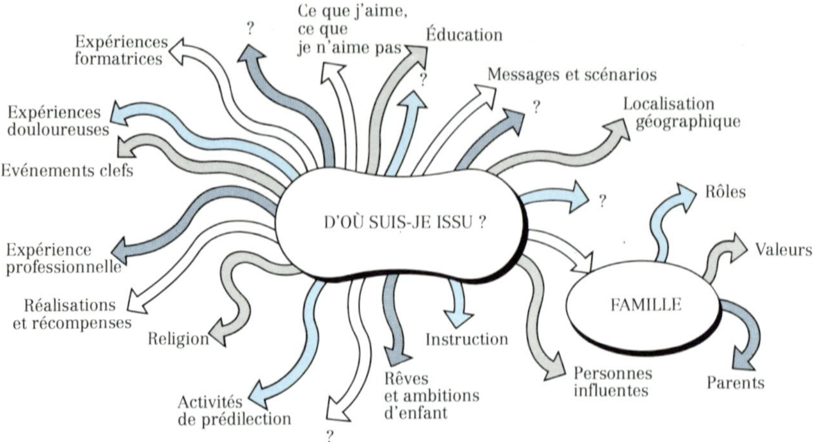

★ TEST

Sur toute la largeur d'une feuille de papier, tracez une ligne horizontale. Elle représente le temps qui s'écoule depuis votre naissance jusqu'à votre mort. En ordonnée, positionnez les éléments de bien-être ou de mal-être physiques et moraux : les sentiments positifs se placeront au-dessus de la ligne, les sentiments négatifs au-dessous.

Placez ensuite sur ce graphique les temps forts de votre vie, dans l'ordre chronologique (cf-schéma page ci-contre).

Vous mettez ainsi à jour les changements survenus dans votre bien-être ; par quoi ont-ils été provoqués ? Quelles ont été vos réactions ? Ces dernières ont-elles déterminé des attitudes qui conditionnent encore votre vie aujourd'hui ? Ont-elles toujours leur raison d'être ? Pour faire ce test, vous pouvez vous faire aider par un ami. En effet, le fait de se dévoiler, de parler de soi à un tiers consentant, est un des meilleurs moyens d'arriver à se connaître. Vous tirerez également profit de ses observations et de ses réactions. De plus, et ce n'est pas négligeable, votre amitié se renforcera.

ALLEZ DE L'AVANT

Le fait de dresser ainsi la carte de votre expérience passée vous permettra de mieux comprendre les décisions et les choix que vous avez faits jusqu'à présent.

En mettant en évidence les influences formatives, en identifiant ce qui est sous-jacent et en établissant des interconnexions dans les événements de votre vie, vous découvrirez ce que vous êtes vraiment, qui n'a probablement rien à voir avec ce que les autres voudraient que vous soyez.

Devenir une personnalité autonome implique que vous trouviez votre propre identité. Selon le cas, vous aurez plus ou moins de difficultés : si vos expériences étaient agréables, vous aurez des réticences à vous tourner vers l'avenir. Si, au contraire, vous vous sentez bridé par votre passé, la démarche vous sera plus facile. Mais, dans tous les cas, il est nécessaire d'accomplir cette démarche pour découvrir qui vous êtes réellement.

LES SCÉNARIOS DE VOTRE VIE

Vous pensez peut-être qu'au cours de votre jeunesse vous n'avez pas pu avoir d'influence ou de contrôle réels sur votre vie ; et pourtant, vous avez fait un certain nombre de choix pendant cette période. Ceux-ci peuvent avoir été bons à l'époque et se révéler être une gêne aujourd'hui.

Remémorez-vous ces choix et les convictions et attitudes qui en ont découlé : vous vous sentirez plus responsable de votre comportement actuel.

Peut-être ces orientations que vous avez prises, qu'on appelle parfois scénarios de vie, l'ont-elles été sans que vous en ayez conscience, et le souvenir en sera d'autant plus difficile à évoquer. Ces scénarios peuvent avoir des effets soit stimulants, soit paralysants. Si vous voulez atteindre vos objectifs, vous aurez peut-être besoin de les remettre en question et de les remplacer par d'autres, qui devront être plus constructifs.

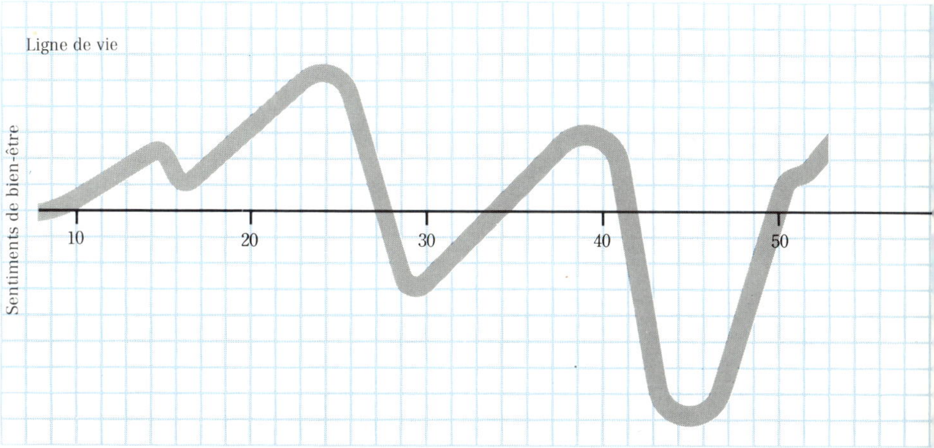

★ EXERCICE

Posez-vous la question "Quel a été mon cheminement jusqu'à présent ?" et tracez un schéma avec les réponses que vous apporterez. Laissez les associations d'idées établir des relations entre les événements et les décisions.

Examinez successivement ces événements ou ces expériences, et essayez d'éprouver à nouveau les sensations vécues alors : cela vous permettra d'améliorer votre mémoire événementielle. Prenez ensuite le temps d'établir un "dialogue interne" et d'exprimer vos sentiments à l'égard des protagonistes de votre communauté personnelle.

Ecoutez leurs réponses. Considérez les décisions que vous avez prises à l'époque, et demandez-vous si elles influencent encore votre vie actuellement, si elles vous servent ou vous desservent.

Peut-être trouverez-vous utile de vous assurer le concours d'un ami. Plus vous approfondirez la question, plus vous en tirerez d'enseignements.

L'objectif de cet exercice est de mettre en évidence ce qui reste à régler chez vous, afin que vous puissiez ensuite accorder toute votre attention à ce que vous voulez faire.

OÙ ALLEZ-VOUS ?

Une fois que vous avez déterminé qui vous êtes, vous devez savoir où vous allez. Beaucoup de gens partent dans toutes les directions à la fois ; ils ont l'impression que leur énergie est sollicitée de toutes parts et ils ont du mal à progresser.

Les progrès ne sont possibles que si vous établissez une synthèse qui prendra en compte les conflits, les souhaits et les pressions externes. Il est important que chacun trouve la ligne qui sous-tend sa vision directrice.

FAITES DES CHOIX

Lorsque vous faites des choix, il faut parfois que vous écartiez un certain nombre d'options. Vous ressentez peut-être une certaine inquiétude en choisissant une voie plutôt qu'une autre lorsque vous arrivez à un carrefour important : vous voudriez pouvoir conserver toutes les options possibles, mais cela se terminerait par une paralysie qui vous empêcherait de progresser.

Il y a beaucoup de carrefours dans l'existence, marqués par des étapes et des périodes de transition (voir pages 74-75). Ce sont des périodes au cours desquelles vous devez clarifier vos valeurs, quelles qu'elles soient, et vous remettre en mémoire vos images directrices et vos objectifs professionnels ou privés.

Une fois que vous aurez fixé vos priorités ou décidé de la direction que vous allez prendre, et lorsque vous serez sûr que cette voie est la bonne, vous aurez plus de facilités à écarter certaines des options qui s'offrent à vous. Si vous craignez encore de le faire, c'est que vous ne savez pas vraiment où vous allez.

Pour le savoir, il faut que vous déterminiez de quel endroit vous embarquerez, autrement dit savoir où vous êtes maintenant. Cela vous aidera à prendre conscience de la direction dans laquelle vous progressez actuellement : vous aurez peut-être des surprises.

SACHEZ CE QU'IL FAUT CHANGER

Tracez un tableau sur une grande feuille : établissez une colonne pour chacun des aspects importants de votre vie (cf. schéma ci-dessous).

Dans chaque colonne inscrivez si vous êtes actif ou non, ainsi que votre degré de satisfaction, puis développez votre réponse. N'hésitez pas à regrouper certaines rubriques ou à en créer selon votre situation personnelle.

Enfin, réfléchissez, si besoin est, aux changements que vous souhaitez réaliser.

Il est important que vous abordiez un maximum d'aspects de votre vie : vous aurez ainsi l'occasion de découvrir des zones à défricher ou de nouvelles possibilités.

	Santé	Formation
Actif		
Non actif		
Satisfait		
Non satisfait		
Changement désiré		

★ TEST

Pour vous aider à dégager des priorités, imaginez qu'il ne vous reste qu'un an à vivre : à quoi consacreriez-vous votre temps et votre énergie ? Imaginez que fassiez les choses que vous avez décidées : à quoi ressemblerait votre vie ?

Supposez ensuite qu'il vous reste six mois à vivre, une semaine à vivre. Réfléchissez à la manière dont vous vivriez, notez si vos priorités et vos sentiments changeraient.

Quelles sont les conclusions auxquelles vous arrivez concernant vos priorités et vos valeurs ? Pouvez-vous les utiliser pour vous aider à prendre des

RÉPARTISSEZ VOTRE ÉNERGIE

A l'aide du classique schéma en forme de "camembert", illustrez la façon dont vous répartissez votre temps selon vos différentes activités. Vous verrez ainsi quelles sont les zones qui minent votre énergie et celles qui vous stimulent.

Ensuite, faites un autre schéma illustrant la façon dont vous voudriez que votre temps soit réparti.

Grâce à cet exercice, vous prendrez conscience que vous devrez répartir votre énergie en fonction de vos priorités, et que si vous voulez consacrer du temps à un domaine particulier, il vous faudra rogner le temps que vous accordez à un autre domaine.

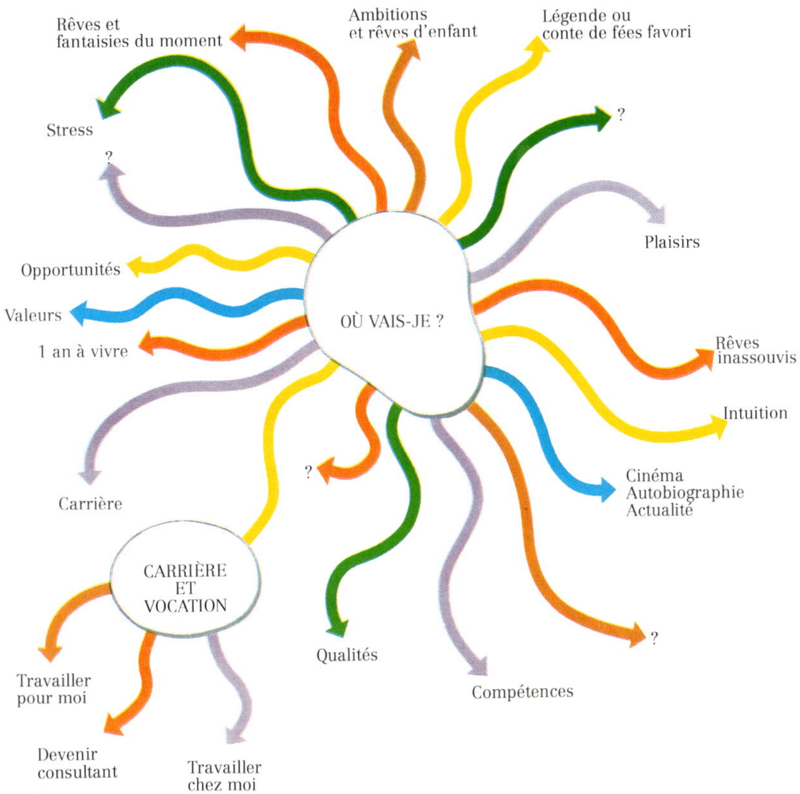

★ EXERCICE

Répondez à la question "Où vais-je ?" et organisez vos réponses selon le schéma ci-dessus. Inscrivez tous les éléments qui préfigurent une vocation ou une inspiration : cela peut être, par exemple, des opportunités qui se présentent, des symboles de l'enfance, des rêves, des contes de fées, des biographies de personnages exceptionnels. Dressez également la liste de ce qui vous plaît et vous stimule.

Comparez ce que vous obtenez avec les résultats des exercices des pages précédentes : voyez-vous se dessiner un thème ou une direction ?

En tout cas, vous devrez suivre la démarche suivante, quelle que soit l'option que vous examinerez :
- *Evaluez l'option.*
- *Pesez le pour et le contre.*
- *Déterminez les conséquences.*
- *Assurez-vous de votre degré de motivation.*

Si vous trouvez plusieurs directions possibles, voyez si elles ont un rapport entre elles. Il faudra peut-être que vous établissiez une hiérarchie des priorités ou que vous écartiez certaines options, au moins momentanément.

QU'EST-CE QUI VOUS ARRÊTE ?

Faire des choix impliquera forcément que vous rencontriez des obstacles et que vous subissiez des contraintes en poursuivant votre objectif. Ces divers écueils peuvent être l'héritage du passé, ou indiquer tout simplement la difficulté du trajet que vous avez choisi. Les blocages sont parfois clairement définis et vous les reconnaîtrez comme tels, mais ils peuvent être aussi inconscients.

Lorsque vous vous trouvez confronté à ces blocages, vous pouvez choisir la façon de les aborder. Certains utilisent la force ou la ruse, d'autres les surmontent ou les évitent. Votre capacité à les dépasser donne la mesure de votre motivation ou de votre savoir-faire, et elle vous indique si vous êtes sur le bon chemin.

Certains savent reconnaître ce qui risque d'entraver leur progression, d'autres pas. D'autres encore en ont une vague idée qu'ils n'arrivent pas à clarifier. Or, il est fondamental d'identifier les obstacles pour avancer.

EXPLOREZ LE BLOCAGE

Si vous avez pris conscience d'un problème et si vous êtes parvenu à l'analyser et à le formuler clairement, il est en parti résolu. Malheureusement, la plupart du temps on ne sait pas faire cette démarche.

On a ainsi le sentiment de piétiner, on éprouve une vague sensation de blocage, sans réussir à le nommer. Si tel est votre cas, l'exercice ci-contre vous aidera certainement à y parvenir.

★ EXERCICE

Le meilleur moyen d'identifier les blocages et les contraintes consiste à dresser la liste de ceux dont vous êtes actuellement conscient. Pour vous aider à voir les relations entre les différents blocages, faites un schéma.

Il est très important que vous soyez aussi précis que possible. Ensuite, lorsque le problème qui est à l'origine du blocage sera clairement formulé, vous pourrez utiliser le schéma de résolution présenté ci-contre (voir aussi pages 78-79).

Les difficultés d'ordre personnel que vous pouvez rencontrer ressemblent parfois étrangement à celles que vous avez connues dans le passé. Il se peut que vous ne soyez pas conscient de la cause réelle de ces difficultés, ou de la façon dont vous les créez vous-même du fait de vos convictions ou de votre comportement.

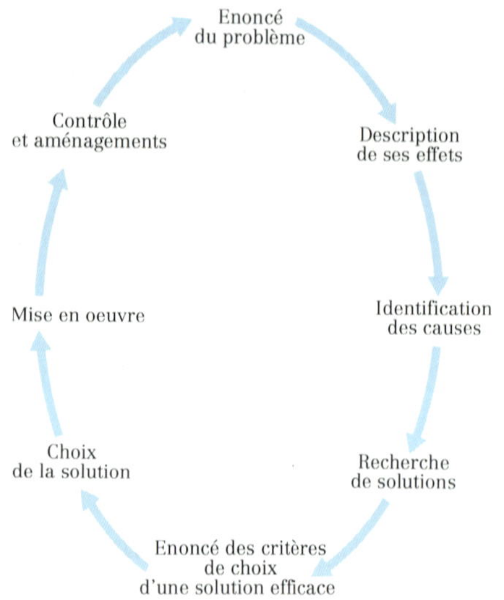

★ TEST

Asseyez-vous sur un coussin, face à un mur. Imaginez que ce mur est votre blocage (si cela vous aide, fermez les yeux). Essayez de vous forger une image de ce blocage.

A quoi ressemble-t-il ? Imaginez par exemple sa couleur, sa forme, sa taille, sa texture. Prenez le temps nécessaire pour examiner le plus de choses possible : vos pensées, vos sentiments, vos attitudes lorsque vous vous trouvez face à ce blocage.

Maintenant, mettez-vous à la place du blocage : asseyez-vous dos au mur, face au coussin. Quelles sensations a-t-on lorsqu'on est le blocage ? Quels sont vos sentiments et vos pensées ? Quelle est votre attitude à l'égard de la personne assise sur le coussin ? L'aimez-vous ou non ? Tout en restant dans "la peau" du blocage, dites quel est votre but dans la vie.

Une fois que vous avez exploré le blocage de l'intérieur, parlez au coussin. Qu'est-ce que le blocage a besoin de dire ? Vous dit-il d'aller moins vite, de ne pas aller dans une direction particulière ?

Laissez-le parler le plus longtemps possible. Puis reprenez votre rôle et essayez de répondre au blocage. Continuez ainsi le dialogue en vous exprimant tour à tour ; chacun doit formuler ses exigences, ses ressentiments, ses appréciations. Essayez de trouver un terrain d'entente qui satisfasse les besoins de chaque partie et qui élimine le blocage.

Si le blocage est interne, vous pouvez essayer de le faire dialoguer avec une personne qui a une place importante dans votre vie, comme votre conjoint ou l'un de vos enfants. Cela peut permettre de résoudre le problème : on aboutit parfois ainsi à des résultats surprenants.

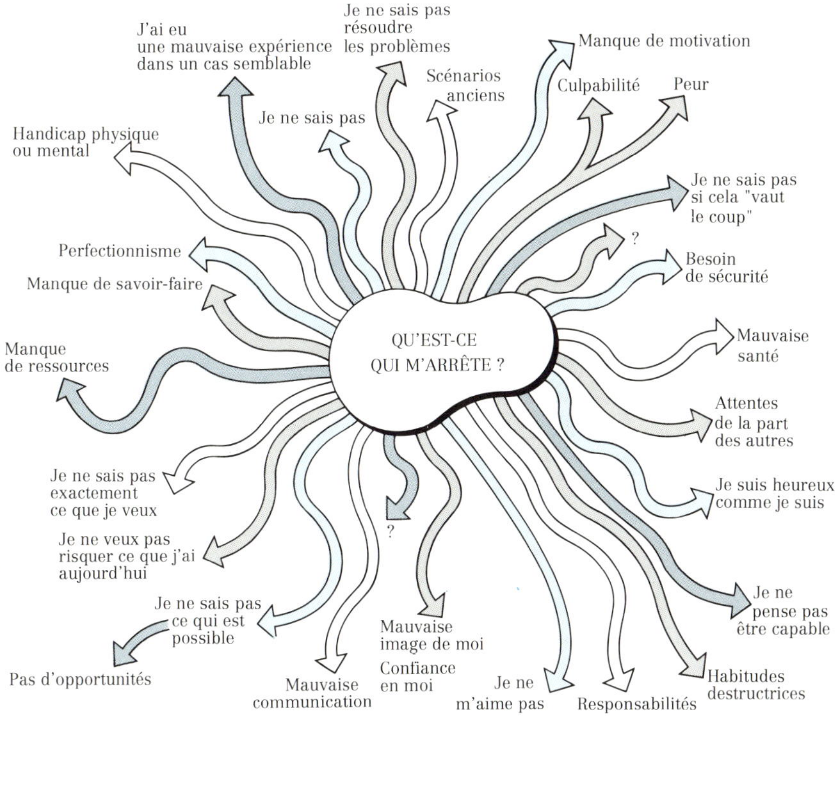

COMMENT Y PARVIENDREZ-VOUS ?

Certaines personnes, lorsqu'elles ont une idée, se jettent tout de suite dans l'action. Ce n'est qu'ensuite qu'elles s'aperçoivent qu'elles avaient sous-estimé l'ampleur du travail à accomplir et que, pour mener à bien leur tâche, il leur manque soit le temps, soit l'énergie, encore la motivation.

Les grandes décisions ne se prennent pas si elles ne sont pas accompagnées d'un planning d'action ; c'est le garde-fou qui permet d'éviter une mauvaise évaluation des ressources.

Tout d'abord, il faut que vous déterminiez comment vous allez faire pour aller de l'endroit où vous êtes à l'endroit où vous avez décidé d'aller.

Ensuite, il faut que vous décomposiez votre projet en un certain nombre de phases ou d'étapes concrètes. Puis, vous devez organiser ces différentes phases dans le temps et impartir à chacune d'elles le temps nécessaire à sa réalisation.

Il faudra alors que vous déterminiez quelles sont les ressources et les aides dont vous aurez besoin pour mener votre projet à bonne fin.

ANALYSE DES FORCES EN PRÉSENCE

La méthode ci-dessous, qui vous permettra de définir les moyens à mettre en œuvre pour réussir à mener votre projet à bien, a été développée par Kurt Lewin, spécialiste en sciences sociales. Elle part de l'hypothèse que vous vous vous trouvez dans un état d'équilibre, sinon de stabilité. Cet équilibre est assuré par des forces agissant en sens opposé.

L'analyse des forces en présence vous permet de positionner sur le graphique celles qui sont favorables et celles qui sont hostiles au changement que vous voulez mener à bien. De part et d'autre de la ligne représentant votre situation actuelle s'opposent ainsi des forces, symbolisées par des flèches dont la longueur est proportionnelle à l'intensité.

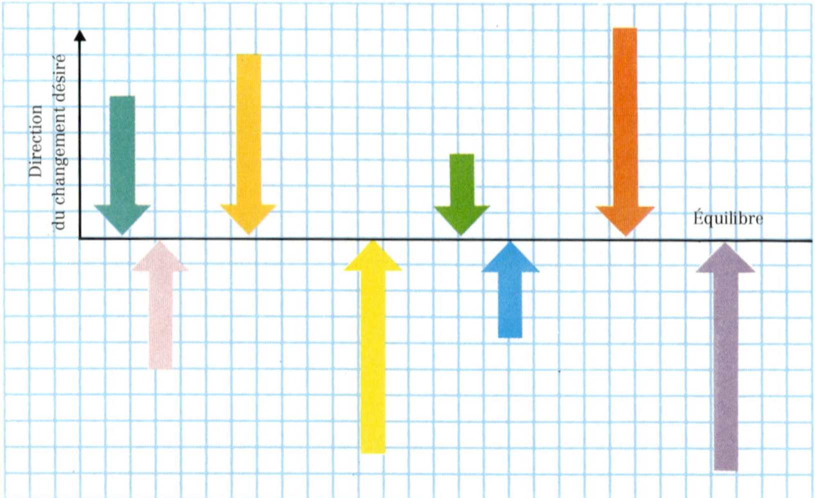

Pour progresser dans la direction du changement désiré, plusieurs options s'offrent alors à vous :

- Renforcer les forces favorables au changement.
- Affaiblir les forces opposées au changement.
- Utiliser simultanément les deux options précédentes.
- Augmenter le nombre des forces favorables.
- Diminuer le nombre de forces hostiles.

Notez que votre propre pression en faveur du changement peut engendrer une force tout à fait contraire.

★ EXERCICE

Tracez un schéma selon le modèle figurant ci-dessous en répondant à la question "Comment y parviendrai-je ?". Inscrivez toutes les étapes qui pourraient vous aider à atteindre votre but.

Ne craignez pas de mentionner des idées fantastiques ou irréalistes qui vous passent par la tête : vous serez concret plus tard.

Souvent, ce sont des suggestions loufoques, amusantes ou illogiques qui fournissent le concept clef, celui qui permet d'arriver à la solution la plus efficace. Vous pouvez alors estimer ces différentes options en fonction de vos propres valeurs, des informations dont vous disposez, des contraintes qu'elles imposent et de leurs possibilités de réalisation sur le plan pratique. Cela vous permettra de déterminer quelles sont les solutions les plus adaptées à votre problème. Vous pouvez parfaitement retenir une solution représentant la synthèse de plusieurs propositions ou éléments de propositions.

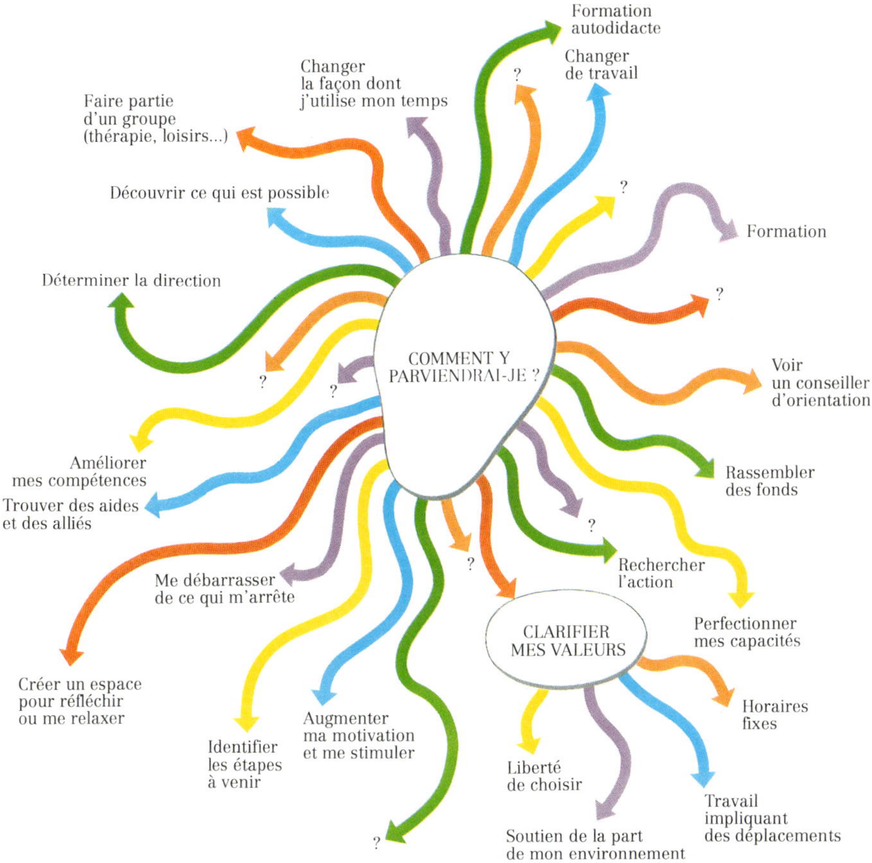

AVEC QUELLES RESSOURCES ?

Lorsque vous commencez un nouvelle tâche ou démarrez un nouveau projet, vous avez besoin de certaines ressources spécifiques. Si celles-ci viennent à manquer, vous serez au mieux obligé de subir des retards ; au pire, vous risquez d'avoir à abandonner votre projet tout entier. Il faut donc que vous déterminiez quelles sont les ressources dont vous aurez besoin, celles qui vous sont nécessaires pour démarrer et celles dont vous devrez disposer en cours de projet.

Vos ressources peuvent se regrouper en trois catégories :

- Vos ressources personnelles
- Celles des autres personnes
- Les ressources matérielles

RESSOURCES PERSONNELLES

Vous pouvez estimer les ressources personnelles dont vous disposez en procédant à une espèce d'inventaire. Vous pouvez réaliser celui-ci grâce à une estimation personnelle et aux appréciations que vous pourrez recevoir de la part d'amis ou de collègues ; il est également possible de passer des tests psychologiques et de culture.

Il faut que les estimations couvrent un certain nombre de domaines ; par exemple vos qualités, vos connaissances, vos compétences, votre comportement, vos convictions. Bien sûr, les domaines à évaluer varieront selon la nature de votre projet.

Vous devrez ensuite, comparer vos ressources personnelles actuelles avec celles que vous devrez avoir pour atteindre votre objectif.

Cette comparaison vous permettra de déterminer quelles sont les ressources dont vous aurez besoin pour commencer et celles qui vous seront nécessaires pour mener à bien votre projet (voir aussi pages 50 à 65).

CELLES QUE PEUVENT VOUS APPORTER LES AUTRES

Si vous voulez mettre toutes les chances de votre côté, il faut absolument que vous puissiez aussi disposer des ressources que peuvent vous apporter ceux qui vous aideront et vous encourageront dans votre projet.

Par exemple, vous pouvez trouver dans votre entreprise quelqu'un que vous admirez et vous fera bénéficier de son expérience en étant votre guide, votre mentor. Vous avez peut-être autour de vous des collègues disposés à vous aider ou un ami qui vous écoutera et vous posera des questions dans un but constructif.

Chez vous, il faudra peut-être que vous obteniez coopération et soutien de la part de votre famille, surtout si celle-ci doit supporter quelques conséquences de votre projet : accepter vos absences, prendre en charge votre part de travaux ménagers pendant un certain temps, ou même participer à la réalisation de votre objectif.

Il existe de nombreuses autres possibilités de trouver des gens qui vous apporteront de l'aide et des informations. Par exemple, vous pouvez intégrer un groupe de soutien, vous constituer un réseau de relations avec des personnes qui ont les mêmes préoccupations et intérêts que vous, vous inscrire à un atelier de développement personnel ou à des sessions de thérapie, consulter des conseillers en orientation professionnelle.

Assurez-vous simplement que les gens auxquels vous vous adressez prennent vos intérêts à coeur, qu'ils n'interviendront pas de façon inopportune dans votre projet et ne voudront pas occuper la place que vous vous réservez.

Assurez-vous également qu'ils ont pour vous affection et empathie, et qu'ils sont prêts à vous contredire de façon constructive.

Enfin, attendez-vous à devoir parfois supporter quelqu'un que vous n'aimez pas si vous devez en apprendre des choses qui vous seront utiles (voir aussi pages 134 à 143).

RESSOURCES MATÉRIELLES

Les ressources en matériel constituent une catégorie très disparate : elles vont de l'argent aux biens d'équipement, en passant par les opportunités que vous rencontrerez de tester de nouvelles voies.

Il ne faut pas oublier qu'à chaque mobilisation correspond un coût qui peut être important, qu'il se traduise en termes d'argent, de temps, de ressources personnelles... On peut avoir des surprises en voulant réaliser son potentiel individuel.

Avant d'envisager de vous réaliser, donnez-vous les moyens de survivre et d'entretenir vos capacités. Il est très important que vous soyez à même de chercher ou de créer les ressources matérielles et économiques dont vous avez besoin. Il ne sert à rien d'attendre qu'elles tombent du ciel en vous plaignant d'en être démuni.

★ EXERCICE

Dessinez un cercle dont vous serez le centre. Puis tracez des lignes circulaires représentant les gens qui font partie de votre vie. Selon qu'ils sont plus ou moins proches et importants, vous positionnerez ces lignes plus ou moins près de vous.

Envers chacune de ces personnes, vous avez des devoirs et des attentes ; envers vous, ces personnes ont probablement aussi des devoirs et des attentes. Essayez d'en faire la liste.

Il est vraisemblable que ces personnes seront affectées par un changement que vous pourriez envisager. Cet exercice vous fournira une base pour négocier, dans la compréhension mutuelle, le soutien dont vous aurez besoin.

Parmi les personnes figurant dans votre cadre, quelles sont celles qui peuvent vraiment vous être utiles ? Quel genre d'aide vous apportent-elles ?

Par exemple, constituent-elles un soutien pour votre vie interne ou pour vos activités sociales ou professionnelles ? Sont-elles capables de vous donner tout le support dont vous aurez besoin, ou devrez-vous compter sur d'autres personnes ?

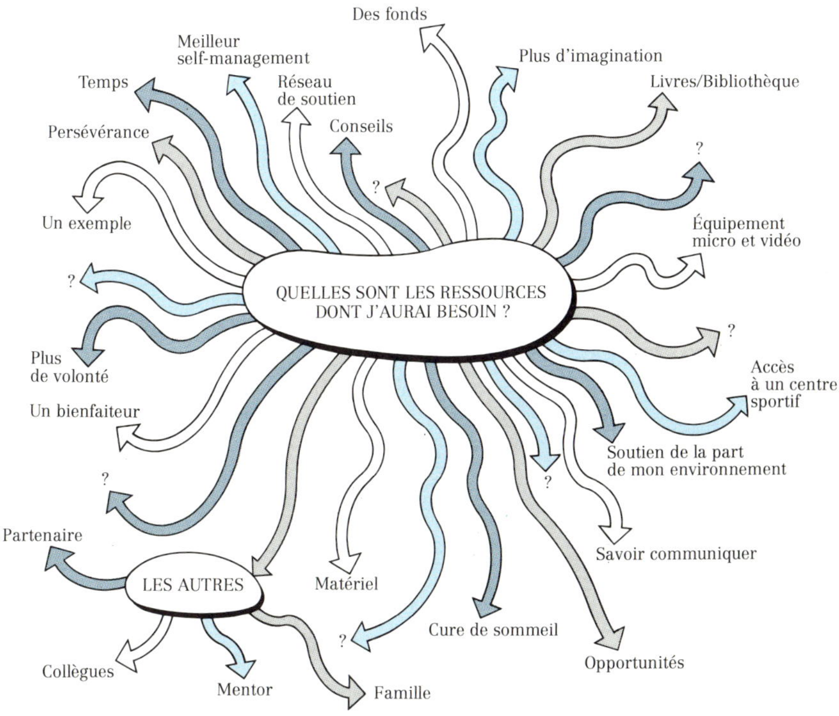

★ TEST

Inscrivez, vous aussi, dans un schéma toutes les ressources dont vous aurez besoin pour mener à bien votre projet. Indiquez celles qui sont essentielles, celles qui sont simplement utiles, celles dont vous disposez déjà, celles dont vous avez besoin tout de suite et celles qui vous seront nécessaires plus tard.

Demandez à un ami ou à une personne experte de vous faire ses commentaires.

A QUOI RESSEMBLERA MA VIE ?

Avant de consacrer toute votre énergie à réaliser votre projet, il est important que vous vous fassiez une image précise de ce que vous désirisez : après tout, un architecte fait bien des dessins et des maquettes de ses projets.

Cette démarche offre trois intérêts : d'abord, elle vous permet de faire les modifications et les ajustements indispensables ; ensuite, vous cernerez beaucoup mieux les difficultés à résoudre ; enfin, ce sera une source d'enthousiasme qui vous fera mobiliser vos facultés pour la réussite finale.

CRÉEZ VOTRE MODELE

Lorsque vous aurez abordé les étapes précédentes, vous aurez une image assez précise de la direction dans laquelle vous voulez aller, de la façon d'atteindre votre objectif et des difficultés d'ordre pratique que vous rencontrerez pour le réaliser. Il se peut d'ailleurs que vous découvriez alors que vous vous êtes fourvoyé, et que vous abandonniez le projet.

En créant un modèle de ce que vous pourriez être, vous synthétiserez tous ces besoins et vous les rendrez plus réels. De plus, ce modèle vous guidera et vous poussera vers votre objectif.

En prenant le temps de visualiser votre idée, vous laissez libre cours à votre motivation et au pouvoir de l'image, ce qui, par ricochet, déclenche vos émotions et votre désir de passer à l'action.

Il est important que vous vous réserviez régulièrement du temps pour rêver et imaginer comment sera l'avenir une fois l'objectif atteint. Faire cet exercice de façon régulière renforcera votre résolution et votre engagement. Vous devez vous "voir" une fois le projet mené à son terme, heureux et satisfait d'avoir réussi.

SI VOUS AFFRONTEZ UNE RÉSISTANCE INTERNE

Il ne vous sera pas possible d'imposer votre volonté si vous vous trouvez en présence d'une opposition de la part de votre communauté interne. Si vous éprouvez une forte sensation de crainte ou même de rejet vis-à-vis de votre projet, réfléchissez bien ; peut-être découvrirez-vous que vous n'arrivez pas à soutenir l'image que vous vous étiez forgée. Dans ce cas, il faut que vous preniez en compte ces sentiments ou ces blocages.

En effet si vous les réprimez, ou les ignorez, en essayant d'imposer votre volonté, il se créera une rébellion et vous risquez d'être victime du "saboteur" qui est en vous. Il faut donc que vous acceptiez de composer avec ces résistances internes. Toute volonté de changement implique une prise de risques.

Si vous êtes préparé à l'éventualité de difficultés, vous ne serez pas trop démoralisé lorsque celles-ci surviendront et vous réussirez progressivement à apaiser vos démons intérieurs ou à les gagner à votre idée.

Cela peut vous demander du temps et de la persévérance. Il est très important d'empêcher les éléments négatifs de votre communauté interne de prendre le dessus ; mais il est tout aussi important de s'assurer de leur coopération.

CRÉEZ VOTRE IMAGE

Pour créer cette image de votre vie future, vous aurez sans doute besoin de repasser par les différentes étapes qui ont été abordées dans les pages qui précèdent. Ce travail de réflexion sur votre passé vous apportera l'énergie indispensable à la réalisation de votre plan.

Pour vous aider, vous pouvez recourir à tous les moyens qui permettent d'élaborer cette vision de l'avenir. Vous pouvez par exemple peindre, dessiner, écrire, tenir un journal, interpréter vos rêves, lire des biographies...

Tout ceci viendra renforcer votre imagination, notamment en ce qui concerne votre comportement une fois que l'objectif sera atteint. Une fois que vous aurez créé les images de votre idéal, gardez-les bien à l'esprit et évoquez-les régulièrement : vous tirerez ainsi profit de leur puissance.

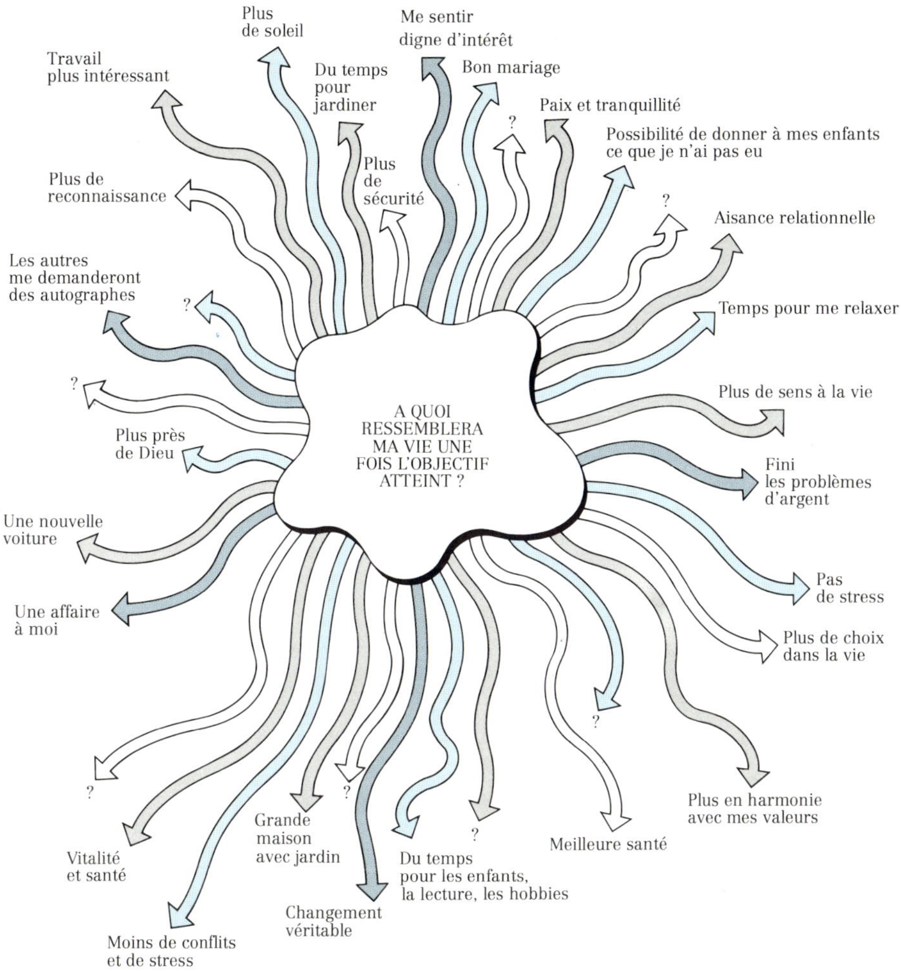

★ EXERCICE

Avant de mettre à exécution vos idées et vos plans, essayez d'imaginer ce à quoi ressemblera votre vie une fois que vous aurez atteint votre objectif.

S'il s'agit d'un changement important, il vous faudra peut-être plus de temps pour créer votre modèle idéal ; procédez par retouches successives.

L'étape suivante consiste à vous débarrasser des faux idéaux ou des rêves irréalisables. Sachez être critique envers votre plan. Demandez à un ami en qui vous avez confiance de se faire l'avocat du diable afin de tester votre engagement et la clarté de votre esprit.

Enfin, lorsque toutes ces étapes seront franchies, imaginez ce que donnerait un échec ; puis pensez à tous les bénéfices que vous tireriez d'un succès : vous serez encore plus motivé pour passer à l'action.

QU'EST-CE QUE L'ESTIME DE SOI-MÊME ?

L'estime que vous avez pour vous même détermine votre confiance en vous. Elle indique dans quelle mesure vous acceptez ce que vous êtes et vous permet de connaître la valeur que vous vous attribuez. C'est un instrument de contrôle de votre bien-être psychologique.

L 'estime de soi-même est souvent liée à la façon dont on se voit, autrement dit à l'image de soi-même. Supposons que l'on vous demande comment vous vous voyez : vous pouvez, soit ne pas répondre, soit donner une foule d'informations d'ordre professionnel, géographique ou physique. (J'ai trente-trois ans, j'ai les yeux bruns et je suis châtain. Je suis marié, j'ai deux enfants, j'habite Paris où je suis enseignant.)

Toutes ces informations ne disent pas qui vous êtes vraiment ni ce que vous pensez de vous-même. L'estime de soi-même et l'image de soi-même vont bien au-delà de vos simples qualités et capacités. Vos caractéristiques physiques et votre métier ne reflètent pas obligatoirement les choix que vous avez faits et ne représentent pas toujours ce que vous êtes véritablement.

L'estime de soi-même joue un rôle fondamental dans la façon dont on vit sa vie et dans le degré de satisfaction que procurent l'étude, le travail ou les loisirs. Or, le niveau d'estime de soi-même est variable selon le bien-être que l'on ressent et l'influence de l'environnement. Elle peut augmenter si vous êtes reconnu et apprécié par les personnes qui vous entourent.

Avoir un bon degré d'estime de vous-même ne signifie pas que vous soyez parfait ; vous pouvez toujours vous améliorer. Cependant, elle vous permet, lorsque vous commettez des erreurs, de mieux les accepter, et de n'être bouleversé, ni par vos faux pas, ni par les critiques.

COMMENT VOUS VOYEZ-VOUS ?

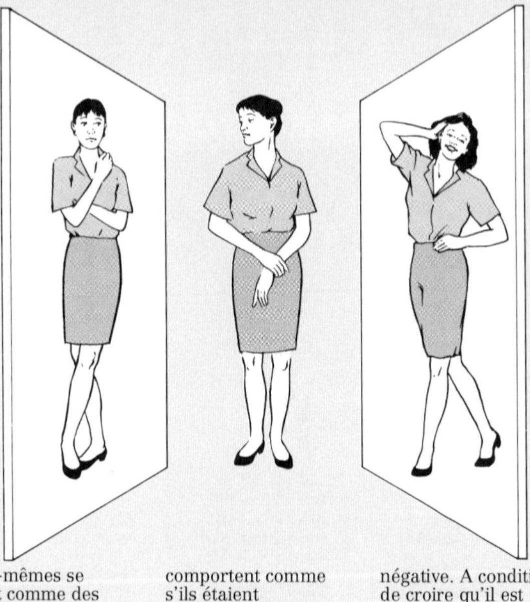

Votre image de vous-même est la façon dont vous vous voyez ; ce n'est ni ce que vous voudriez être, ni la façon dont les autres vous perçoivent. Elle affecte directement l'estime que vous avez de vous-même. Elle est très difficile à modifier, car elle s'est constituée très tôt à partir des messages valorisants ou non valorisants que vous avez reçus de la part de votre entourage.

Une image négative de vous-même peut constituer un très gros handicap et altérer la qualité des relations que vous entretenez avec les autres. A l'inverse, une image positive est un élément très favorable.

Les gens qui ont une bonne image d'eux-mêmes se voient comme des personnages appréciés, dignes d'intérêt, capables de choix et aptes à comprendre toutes les situations. Mais, et c'est bien plus important, ils se comportent comme s'ils étaient effectivement tout cela.

Il est difficile de changer du tout au tout, mais il est tout à fait inutile de rester prisonnier d'une image de soi-même négative. A condition de croire qu'il est possible de la modifier et de faire preuve d'un minimum de détermination, on est déjà sur la bonne voie.

★ EXERCICES

Remémorez-vous une période, même courte, pendant laquelle vous vous êtes vraiment senti estimé et digne d'intérêt. Remémorez-vous ensuite une période pendant laquelle, au contraire, vous vous êtes senti dévalorisé et sans intérêt. Essayez de reconstituer entièrement le souvenir de ces deux expériences.

Puis imaginez une échelle graduée de 1 à 10, la graduation 1 correspondant à la dévalorisation la plus importante.

Passez en revue ce que vous avez fait pendant les jours et les semaines qui viennent de s'écouler et positionnez ces situations sur l'échelle.

Qu'en concluez-vous par rapport à votre niveau général de respect et d'estime de vous-même ? Cela correspond-il à ce que vous pensez de votre propre valeur et à la façon dont vous ressentez celle-ci ?

Imaginez qu'un Martien vous observe et note en détail votre comportement, vos traits de caractère, vos qualités et vos attitudes. Dressez cette liste.

Quelles sont, parmi vos caractéristiques, celles dont vous êtes fier et celles dont vous vous passeriez volontiers ? Quelles sont celles qui vous procurent un plaisir serein, et celles que vous avez le plus de difficultés à accepter ?

Que ressentez-vous lorsque ces caractéristiques sont mises au grand jour, comment réagissez-vous ?

★ N'OUBLIEZ PAS

Les gens qui ont une bonne image d'eux-mêmes :

- *Ont un certain nombre de valeurs et de principes auxquels ils croient fermement. Ils sont prêts à les défendre et/ou à les modifier selon les nécessités.*
- *Sont capables d'agir conformément à ce qu'ils pensent, sans ressentir de culpabilité ou de regrets excessifs, même si ces sentiments pourraient parfois se justifier.*
- *Ne perdent pas leur temps à se tracasser sur leurs erreurs, à être contrariés par ce qui arrive, ni à s'inquiéter du lendemain.*
- *Gardent confiance dans leur capacité à résoudre les problèmes, même en cas de revers ou d'échec.*
- *Se sentent les égaux des autres et ne tiennent pas compte des différences de savoir-faire, de statuts ou d'antécédents.*
- *Croient en leur valeur et pensent intéresser les autres.*
- *Sont capables de recevoir des compliments sans manifester de fausse modestie ou éprouver de sentiment de culpabilité.*
- *Sont capables d'accepter et de reconnaître une grande variété d'émotions.*
- *Sont sensibles aux besoins des autres comme aux leurs.*
- *Ne se laissent pas dominer par les autres.*
- *Sont capables de gentillesse et ont tendance à voir d'abord les meilleurs côtés des gens.*

SI VOUS N'ÊTES PAS EN HARMONIE AVEC VOUS-MÊME

- Il vous est difficile d'établir un contact avec les autres.
- Vous avez du mal à prendre les bonnes décisions vous concernant, vous y passez du temps et dépensez pour ce faire trop d'énergie. Vous éprouvez des difficultés à passer à l'acte.
- Vous avez peut-être parfois l'impression que votre environnement est hostile et dangereux.
- Vous avez du mal à entendre les messages qui vous disent qu'on vous aime et qu'on vous estime.
- Vous passez beaucoup de temps à vous tourmenter sur ce que les autres pensent de vous.

SI VOUS ÊTES EN HARMONIE AVEC VOUS-MÊME

- Vous vous sentez dynamique.
- Vous croyez en vos compétences.
- Vous essayez de résoudre les problèmes car vous avez confiance en vous.
- Vous avez beaucoup à donner aux autres, vous n'êtes pas dépendant de l'opinion qu'ils ont de vous.
- Vous êtes réceptif aux réactions et aux suggestions de votre entourage et disposé à accepter les critiques.

D'OÙ VIENT L'ESTIME DE SOI-MÊME ?

On a tendance à fonder l'estime que l'on a de soi-même sur ses propres valeurs, c'est-à-dire celles que l'on utilise pour juger n'importe quel individu. Très souvent, on accorde une grande importance aux qualités dont on est doté et un intérêt beaucoup plus faible aux qualités dont on s'estime dépourvu. Une note faible concernant une qualité que vous n'estimez pas aura peu d'incidence sur l'estime que vous vous portez ; en revanche, une appréciation - positive ou négative - sur une qualité que vous estimez aura de grandes répercussions.

L'estime de soi-même s'entretient par une appréciation sélective des faits et des situations. Elle ne dépend pas seulement de votre valeur, mais aussi de celle que vous voulez bien vous accorder.

La plupart des gens ont tendance à déterminer leurs objectifs dans le cadre de ce qu'ils sont capables de réaliser. Mais d'autres se fixent des buts impossibles à atteindre, ce qui a généralement un effet désastreux sur l'estime qu'ils se portent.

Il semble que l'on trouve la plus grande proportion de forte estime de soi-même quand les gens ont la possibilité de faire des choix ; ceux qui ne disposent que de choix restreints sont sujets à avoir de façon chronique une mauvaise estime d'eux-mêmes, qu'on appelle aussi complexe d'infériorité. Bien sûr, tout le monde connaît ses limites dans certains domaines, mais chacun peut également se reconnaître quelques qualités pour peu qu'il définisse de façon réaliste ses propres valeurs (amitiés, travail, réalisations) . Tous les choix que l'on fait à ce sujet sont à la base de l'estime que l'on a de soi-même.

★ TEST

1 – Prenez de quoi écrire et décrivez-vous tel que vous souhaiteriez être.
2 – Notez ce que vous aimez et n'aimez pas chez vous.
3 – Demandez à un ami proche de vous dire ce qu'il apprécie le plus et ce qu'il aime le moins chez vous.

Comparez ensuite ces trois descriptions. Sont-elles proches ou très différentes ? Qu'en concluez-vous ?

VOTRE FAUX MOI

Une bonne estime de soi découle de la manière dont on s'accepte, de l'amour que l'on éprouve pour son image. Mais apprendre à se connaître est beaucoup plus difficile qu'on ne le croit, et même chez les gens les plus sains, le "moi" change avec le temps.

Nous nous constituons tous ce qu'on pourrait appeler un "faux moi", un masque que l'on présente au monde et qui nous permet de protéger notre moi véritable, parfois trop vulnérable.

Cette façade est généralement conforme à ce que nous croyons que les autres attendent de nous. On l'appelle parfois le moi adapté. Il vous est très probablement arrivé de modifier ainsi votre personnalité réelle pour vous faire aimer de gens dont vous dépendiez.

Il existe parfois une autre raison qui explique que vous vous présentiez différemment de ce que vous êtes vraiment :
vous avez formé une image idéale de ce que vous voudriez être, mais vous n'y êtes pas encore parvenu.

Il s'agit là d'un nécessaire phénomène de croissance, qui peut cependant poser de gros problèmes si l'idéal que vous avez choisi n'est pas réaliste.

Votre moi véritable n'est en effet jamais complètement enfoui, et vous vous avisez souvent et douloureusement qu'il demeure prêt à se manifester.

L'image que vous avez de vous-même étant étroitement liée à votre moi adapté, vous n'êtes pas pleinement en contact avec votre moi véritable et avec votre potentiel réel. Plus vous essayez de vous conformer aux critères et aux attentes des autres, plus vous ressentez que vous n'êtes pas celui que vous devriez être : cela peut provoquer chez vous une très grande anxiété.

VOTRE MOI VÉRITABLE

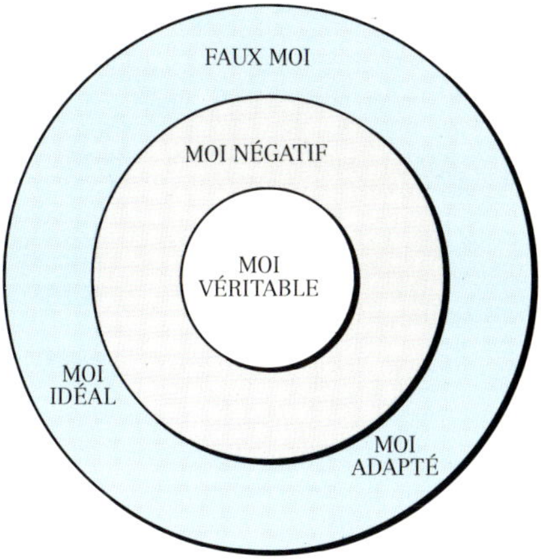

Au moment de votre conception, votre moi véritable n'était qu'une graine disposant d'un potentiel de croissance et de développement sur les plans physique et psychologique. Comme toutes les graines, votre moi véritable demande beaucoup de soin et d'attention pour parvenir à la floraison. Quand on grandit, on se trouve confronté à certaines difficultés, et peut-être ne reçoit-on pas toujours l'attention et le soutien nécessaires pour développer son moi véritable.

L'acceptation inconditionnelle de vous-même est une démarche essentielle. Elle vous amène en effet à être vous-même en toutes circonstances, et vous donne le courage de vous faire reconnaître par les autres, ce qui vous aide ensuite à mieux cerner votre vrai moi.

Lorsque vous êtes dans un état de vulnérabilité, vous êtes particulièrement réceptif aux messages négatifs. Or, ceux-ci vous dévaluent, vous persuadant que vous n'êtes pas digne d'intérêt en tant qu'individu : ils créent votre moi négatif.

Les enfants tout particulièrement, ne comprennent pas pourquoi de tels messages leur sont délivrés ; ils réagissent en pensant que, si les autres ne les acceptent pas et ne les estiment pas, cela vient d'eux-mêmes.

Ces messages négatifs arrivent à submerger tous les messages positifs que vous pouvez recevoir. Lorsque vous essaierez de vous affranchir de votre fausse image, il vous faudra évaluer ces messages afin de pouvoir atteindre votre moi véritable.Ne vous inquiétez pas si, au début de cette exploration, l'estime que vous vous portez baisse : c'est le signe que vous êtes en train de traverser l'écorce que constitue votre image négative pour arriver au coeur, là où se trouve votre moi véritable.

LES VARIATIONS DE L'ESTIME DE SOI-MÊME

L'estime de soi-même se constitue à partir d'un certain nombre d'éléments. Si la vôtre est bonne, ces éléments doivent s'équilibrer ; vous ne serez pas excessivement dépendant de l'un ou de l'autre.

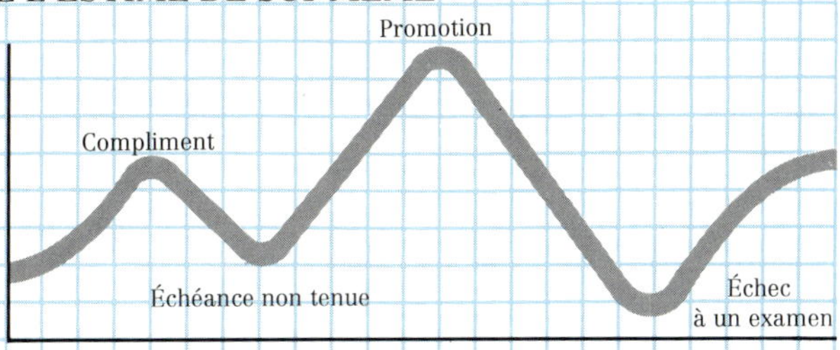

Être	Avoir	Compétences	Les autres
Valeurs Identité Convictions Sentiments	Intelligence Fortune Patrimoine	Capacité à répondre à ses propres besoins et à ceux des autres Qualité du travail fourni Atteinte des objectifs Succès aux examens	Sourires Compliments Amour Estime

LES BONS ET LES MAUVAIS MESSAGES

Tout au long de votre enfance, vous avez reçu des messages émanant de vos parents, de vos professeurs, de vos camarades. Ces messages, positifs ou négatifs, ont encore une influence sur l'image que vous avez de vous-même.

Ils renforcent parfois les côtés positifs de votre personnalité ; mais, le plus souvent, ils agissent comme des censeurs provoquant ainsi une diminution sensible de l'estime que vous vous portez.

★ TEST

Remémorez-vous des circonstances dans lesquelles vous vous êtes accordé peu de valeur : peut-être vous sentiez-vous dépendant ou indigne d'être aimé... Notez de façon précise ce qui a provoqué ce sentiment. Il peut s'agir, par exemple, d'une rencontre, de votre travail, de votre santé, de votre famille. Efforcez-vous de retrouver et d'inscrire le plus grand nombre possible de ces situations.

Qu'avez-vous éprouvé, qu'en avez-vous conclu sur vous-même ?

Trouvez-vous des similitudes entre ces différents exemples ?

D'OÙ VIENNENT LES MESSAGES NÉGATIFS ?

La vie est ainsi faite qu'on est souvent soumis à des jugements défavorables. Ainsi, vos parents ou votre famille ont-ils peut-être critiqué vos espoirs et vos rêves lorsque vous étiez enfant. Ils vous ont peut-être traité d'imbécile, alors que ce que vous imaginiez était très important pour vous.

Comme tous les adultes, vous êtes en permanence l'objet de critiques. Vous recevez un flux constant de messages qui visent à mettre en cause vos compétences et vos capacités. C'est si vrai que l'on croit parfois que la capacité à humilier les autres montre qu'on a le sens de l'humour. Même si ce ne sont que des jeux, ils peuvent affecter profondément celui qui en est l'objet.

Les médias sont, eux aussi, des émetteurs de messages négatifs. Nous vivons dans une civilisation de l'image et l'on se sent souvent contraint de se conformer à des modèles qui ne nous correspondent nullement.

La façon dont vous vous voyez se construit souvent par référence aux images que présentent la télévision, le cinéma, les magazines et les vitrines des magasins. Cela peut susciter le sentiment de ne pas être à la hauteur : la publicité a fait son oeuvre, créant chez vous le besoin de dépenser de l'argent pour améliorer votre image.

Il est impossible de rester sourd à tous ces messages négatifs, et à la longue on finit par les intégrer. Il est d'ailleurs très difficile de les ignorer totalement ; on risque alors de se mettre en marge.

LES EFFETS DES MESSAGES NÉGATIFS

La réception constante de messages négatifs peut vous amener à perdre contact avec vos capacités et à enfouir votre moi véritable au plus profond de vous-même. Vous cherchez ainsi inconsciemment à être à la hauteur des attentes des autres et à obtenir leur approbation, au lieu de faire des choses qui vous plaisent. Par exemple, vous avez peut-être embrassé une profession pour faire plaisir à vos parents, sans l'avoir vraiment choisie...

Si vous n'êtes pas en contact avec votre moi véritable, vous éprouvez une sensation de vide, vous manquez d'énergie pour mener à bien des activités que vous devriez normalement apprécier, et votre mauvaise humeur périodique est sans proportion avec ce qui la provoque.

L'exemple de ce directeur commercial illustre un autre aspect du problème : "Je voulais réussir, avoir une belle maison, une grosse voiture et suffisamment d'argent pour élever correctement mes enfants. Aujourd'hui, à quarante ans, j'ai obtenu tout ce que je voulais, et pourtant je ne suis pas heureux. Je ne comprends pas. Qu'est-ce qui m'arrive ?"

Ce genre de sentiment n'est pas rare. Une partie de nous-mêmes est toujours en contact avec les espérances, les rêves et les désirs latents qu'on a étouffés, nous laissant frustrés et isolés. Dans le pire des cas, on devient indifférent à soi-même et aux autres.

Moins l'estime que vous vous portez est grande, moins vous vous sentez concerné par vous-même. Votre motivation pour un changement diminue; vous éprouvez alors de la rancune envers ceux qui ont pris un autre chemin que le vôtre et vous les jugez sévèrement.

Le secret de la satisfaction consiste à trouver sa propre voie, à garder le contact avec son moi profond et à savoir l'écouter. La plupart des gens traversent des périodes de leur vie au cours desquelles leur degré d'estime pour eux-mêmes et leur capacité à établir le contact avec leurs sentiments profonds se modifie. Il s'agit là d'un phénomène courant et d'une évolution naturelle.

Vous devez savoir que vous *pouvez* modifier les choses et vous échapper des cycles destructeurs qui sont capables de maintenir à un très bas niveau l'estime que vous vous portez - plus bas, peut-être, que vous ne le croyez.

Message explicite	Message implicite
"Tu ne feras donc jamais rien de bien."	On vous ignore
"Pourquoi es-tu donc toujours aussi lent ?"	On ne vous regarde pas dans les yeux

Les messages que vous recevez peuvent être, soit explicites, soit implicites. Les messages explicites sont proférés dans un langage généralement clair et précis. En revanche, les messages implicites ne passent pas par les mots, mais souvent par le langage du corps ou l'attitude.

★ EXERCICE

L'exercice suivant vous permettra de mettre en évidence les messages qui influencent aujourd'hui votre comportement. Voici trois séries de propositions :

Je devrais.../ Je ne devrais pas...

Il faut que je... / Il ne faut pas que je...

Je suis obligé de... / Il faudrait que...

Essayez de trouver un maximum de phrases en complétant ces trois séries de propositions.

Après cela, tentez de déterminer de qui chaque message émanait (parents, frères et soeurs, professeurs...). Parmi ces messages, quels sont ceux qui renforcent la valeur que vous vous accordez ?

Triez ensuite les messages : d'un côté ceux que vous décidez d'intégrer volontairement, de l'autre ceux dont vous décidez de vous débarrasser.

Enfin, modifiez les séries de propositions : remplacez "devrais" par "pourrais", "Il faut que je..." par "Je pourrais..." et "Je suis obligé de..." par "Je décide de ...".

En faisant cet exercice, vous prendrez plus nettement conscience que vous devez faire des choix.

★ N'OUBLIEZ PAS

- *Tout le monde a besoin d'être aimé et encouragé.*
- *Les autres vous donneront rarement amour et encouragements si vous ne répondez pas à ce qu'ils attendent de vous.*
- *En faisant plaisir aux autres pour obtenir leur amour et leurs encouragements, vous risquez de compromettre votre moi véritable.*
- *Si vous redoutez d'être désapprouvé, vous risquez, consciemment ou non, de renoncer à être en harmonie avec votre moi véritable et d'opter pour la solution de facilité qui consiste à faire ce que les autres attendent de vous.*

APPRENEZ À VOUS AIMER VOUS-MÊME

Dans nos sociétés occidentales, on juge les gens sur leurs décisions, sur ce qu'ils font et sur les résultats qu'ils obtiennent. Si vous vous polarisez là-dessus, vous risquez de perdre de vue ce que vous êtes vraiment et ce que vous attendez de l'existence. Pour avoir une vie équilibrée, vous devez accorder de l'attention à vos sentiments et à votre corps et les accepter. C'est ainsi que vous établirez le contact avec votre vraie personnalité.

DÉCOUVREZ QUI VOUS ÊTES

La première étape consiste à vous regarder de façon réaliste. Pour cela, il faut que vous déterminiez ce que vous êtes aujourd'hui, sans imaginer ce que vous aimeriez être. Il faut que vous établissiez quelle est la relation entre ce que vous croyez savoir de vous, ce que vous pensez devoir être et votre état d'esprit actuel.

Vous pensez peut-être, par exemple, que vous êtes efficace et dynamique. Pourtant, il y a des périodes où vous vous sentez improductif et où vous n'avez pas l'impression d'avoir les idées claires, alors que vous devriez être performant à tout moment. Lorsque vous éprouvez ce sentiment, il se produit immédiatement une lutte intérieure, car vous vous êtes délivré à vous-même un message négatif.

Généralement, les gens intériorisent les messages et les informations qui les concernent, que ceux-ci soient positifs ou négatifs. Cependant, ce sont souvent les messages les plus négatifs qui laissent le plus de traces. Si vous acceptez ces derniers, vous faites naître en vous un tyran personnel qui vous dit de ne pas commettre d'erreurs, de retrousser vos manches, de vous ressaisir, de rester impassible.

Or ce tyran a beau vous seriner ce que vous devriez être ou ce que vous devriez faire, il reste déconnecté de ce que vous ressentez vraiment.

Il continue pourtant à vous rabâcher les messages négatifs que vous avez intériorisés, par exemple : "Tu n'es pas assez bon" ou : "Et voilà, tu viens encore de refaire la même erreur". Ces combats intérieurs finissent par émousser vos émotions et votre énergie.

★ EXERCICE

Remémorez-vous les circonstances dans lesquelles vous avez vraiment été satisfait de ce que vous faisiez. Quel élément particulier vous a permis d'arriver à ce sentiment ? Ce peut être, par exemple, quelque chose en rapport avec votre travail, votre famille, ce que vous avez réalisé ou ce que vous possédez.

Voyez-vous se dessiner quelque chose ?

Qu'est-ce qui vous bloque et vous empêche de vous accepter tel que vous êtes ? Essayez d'imaginer ce blocage. Décrivez-le.

A présent, imaginez que vous êtes le blocage. Quels sont vos sentiments ? Imaginez ensuite que vous avez surmonté le blocage : à quoi ressemble la vie ?

Enfin, simulez une conversation avec le blocage ; vous jouerez les deux rôles et négocierez jusqu'à ce que vous trouviez un compromis acceptable par les deux parties.

★ N'OUBLIEZ PAS

- *Renforcez les messages positifs que vous recevez. Dites-vous et répétez-vous que vous êtes quelqu'un de bienveillant, d'intelligent, d'attirant et de valable. Notez tout cela sur un papier que vous laisserez bien en vue, afin de le relire tous les jours.*
- *Mettez-vous à penser à vous-même de façon différente et appréciez-vous tous les jours.*
- *Chaque soir, remettez-vous en mémoire les événements positifs de la journée. Soyez fier de tout ce que vous aurez réalisé, qu'il s'agisse de choses importantes ou modestes.*
- *Évitez les gens qui vous rabaissent, ou alors apprenez à leur faire face.*
- *Soignez votre apparence et faites-vous plaisir : après tout, vous le méritez bien.*

LES SCHÉMAS DE RÉACTION

Tous ces messages internes négatifs ne viennent pas isolément. Ils font souvent partie d'un schéma précis et sont toujours reliés à votre passé. Un seul incident déclenche alors chez vous toute une série d'émotions, de comportements et d'actions qui peuvent vous faire perdre le contrôle de vous-même. Souvent, ces émotions et ces actions sont automatiques, et vous vous dites : "Je l'ai encore fait. Je connais ça. Pourquoi suis-je encore en train de faire ça ?"

Si par exemple, lorsque vous étiez enfant, on vous a dit - explicitement ou non - que vous n'étiez pas créatif, vous avez probablement eu de la peine. Et aujourd'hui, si l'on vous demande de faire preuve de créativité ou si l'on critique ce que vous avez fait, vous ressentez peut-être à nouveau la même peine qui déclenche les mêmes sentiments.

Lorsque vous retrouvez ainsi les vieux schémas, de très nombreuses réactions sont possibles. Vous pouvez, par exemple, vous mettre sur la défensive, ou devenir, agressif, déprimé, ou amorphe. Il existe une autre réaction fréquente au sentiment de ne pas

avoir de valeur ou de se sentir inférieur : elle consiste à compenser en faisant le fanfaron ou en se vantant de ce qu'on a réalisé.

Si vous continuez à accepter les messages négatifs et à vous dévaloriser, vous ne serez guère disposé à accepter les réussites des autres et à vous réjouir de ce qui leur arrive de bien.

Vous pouvez mettre fin à ces cycles destructeurs. La première étape, essentielle, consiste à reconnaître les messages qui ont suscité chez vous un chagrin. Prenez un peu de temps et réfléchissez aux discours que vous dispense votre voix intérieure. Notez ce qui concerne vos émotions, votre corps ou encore vos capacités.

ACCEPTEZ VOS ÉMOTIONS

Il existe un autre moyen de briser les cycles destructeurs : il consiste à accepter vos émotions. Il y a en vous tant de voix qui parlent à la fois que vous ne les écoutez pas, que vous les reniez, ou que vous n'en avez pas conscience.

On considère souvent les émotions humaines comme un mal nécessaire. En fait, vos sentiments, qu'ils soient positifs ou négatifs, représentent une très grande source d'informations sur vous-même. Par ailleurs, en étant à l'écoute de vos émotions et en en étant conscient, vous aurez beaucoup plus d'énergie et d'élan.

Par exemple, si un collègue vous demande de faire quelque chose, il est possible que vous *pensiez* "oui" parce que vous n'osez pas dire "non". Vous répondrez donc "oui"... Toujours est-il que vous *sentez* "non", c'est chez vous une réaction instinctive.

Le fait d'écouter vos réactions instinctives ne signifie pas obligatoirement que vous ne ferez pas ce qu'on vous a demandé, mais peut vous indiquer qu'il vous faut un peu plus de temps pour examiner la demande ou pour exiger certaines conditions.

En faisant confiance à vos sentiments, vous êtes dans une meilleure situation pour négocier une solution qui vous conviendra. Si vous ne reconnaissez pas vos émotions ou si vous n'en tenez pas compte, vous reniez une partie essentielle de vous-même.

ÉCOUTEZ VOTRE CORPS

Il est très important que vous preniez conscience de votre corps. Comme vos émotions, votre corps peut être un très bon indicateur de ce que vous ressentez et de ce dont vous avez réellement besoin. Par exemple, les douleurs légères et indispositions passagères ou un peu de température sont de très bons indices.

Lorsque vous examinez l'estime que vous vous portez, il est important que vous examiniez aussi vos relations avec votre corps. Comment le traitez-vous ? Comment le ressentez-vous ? Faites-vous assez d'exercice ? Avez-vous un régime alimentaire équilibré ? Mieux vous traiterez votre corps, plus vous vous respecterez. Essayez de vous écouter et essayez plus encore de vous faire confiance. Si vous reniez vos émotions et votre corps, la bataille intérieure sera encore plus dure. Si, au contraire, vous respectez vos émotions et votre corps autant que vos pensées, vous vous respecterez en tant qu'individu.

Soyez votre propre ami, ayez soin de vous-même. Il est très important que vous vous aimiez et que vous vous appréciiez, ou que vous demandiez à d'autres de le faire, particulièrement lorsque vous sentez que vous abordez une période négative.

La façon dont vous vous percevez a une influence sur la qualité de vos relations. Si vous ne vous estimez pas, vous éprouverez des difficultés à aller vers les autres, comme à accepter qu'ils pénètrent dans votre vie.

Votre manière d'être est le reflet de la façon dont vous vous percevez. Si vous ne vous portez pas une grande estime, vous aurez des difficultés à attirer les autres. Concrètement, cela peut se traduire par des difficultés à vous faire des amis et à les garder. Si vous pensez que vous êtes quelqu'un sans intérêt ni valeur, les gens le ressentiront ; ils auront du mal à vous trouver intéressant, avant même de chercher à vous connaître vraiment. Si vous avez l'impression que vous ne méritez ni bienveillance ni amour, les autres éprouveront des difficultés à vous dire qu'ils vous apprécient, et vous ne les croirez qu'à moitié.

De même, dans votre vie professionnelle, vous avez peut-être l'impression que vous n'êtes pas pris au sérieux ou qu'on n'écoute pas votre point de vue. Si vous voulez aller demander une augmentation de salaire ou plus de responsabilités, il faut que vous fassiez savoir à vos supérieurs hiérarchiques que vous en êtes digne. Il faut qu'ils le sachent, mais il faut aussi que vous, vous le croyiez.

Si vous avez une piètre estime de vous-même, vous risquez d'avoir des difficultés à entretenir des relations franches avec les personnes que vous côtoyez ou que vous aimez. Si vous vous tourmentez trop de ce qu'elles pensent de vous, vous serez facilement froissé et susceptible.

En revanche, lorsqu'on est en harmonie avec soi-même, on a des relations plus détendues, on attache moins d'importance à ce que les autres peuvent penser ou dire, les gens vous écoutent et vous prennent au sérieux. Respectez-vous, on vous respectera.

APPRENEZ À COMMUNIQUER

On pense parfois que la communication doit venir naturellement ; en fait, nous sommes souvent mal préparés à établir des relations claires et directes avec les autres. Ainsi, vous trouvez difficile d'exprimer vos sentiments et de faire savoir autour de vous quels sont vos désirs et vos besoins.

Autre exemple, vous hésitez à demander aux gens ce qu'ils pensent de vous, de peur d'essuyer des critiques ou de ne pas pouvoir surmonter leurs sentiments négatifs. Il y a des choses qu'on redoute d'entendre...

Cette attitude craintive a pour conséquence que les opinions et sentiments restent dissimulés de part et d'autre ou sont exprimés de façon indirecte. Il est pourtant possible d'apprendre à communiquer sans cesser de se respecter et de respecter les autres.

★ TEST

Essayez de vous imaginer tel que les autres vous voient en vous assurant le concours d'un ami qui vous connaît bien et en qui vous avez confiance. Puis imaginez que les gens qui vous connaissent brossent votre portrait à un tiers : notez cette description puis comparez-la à celle qu'a faite votre ami. Comment vous voit-on ?

Prenez en compte votre entourage : famille, collègues, amis, relations. Notez de quelle manière ils contribuent à augmenter ou diminuer l'estime que vous avez pour vous-même.

Parmi ces influences, quelles sont celles qui sont les plus précieuses, quelles sont celles qui ont le moins d'intérêt ? Pouvez-vous recourir plus fréquemment aux plus intéressantes ? Pouvez-vous éliminer les influences négatives ? Quelles sont les personnes qui contribuent le plus à vous donner une bonne estime de vous-même ? Pouvez-vous passer plus de temps avec elles ?

L'IMPORTANCE DU FEED-BACK

Si vous voulez comprendre qui vous êtes, il est important d'apprendre à demander et à recevoir le feed-back. Voici quelques méthodes qui vous y aideront : utilisez-les auprès d'un supérieur hiérarchique ou d'un collègue.

- **La déclaration négative**
Prononcez un jugement négatif sur vous-même : comme prétexte, prenez une erreur que vous avez commise, ou un mauvais moral qui vous poursuit ces derniers temps.

- **La recherche de renseignements négatifs**
Suscitez le feed-back négatif sur votre comportement, vos actions, vos décisions ou vos humeurs. Par exemple, dites à vos supérieurs hiérarchiques que vous êtes contrarié d'être arrivé deux fois cette semaine en retard à un rendez-vous et demandez-leur s'ils sont mécontents.

- **La déclaration positive et la recherche de renseignements positifs**
Faites état de quelque chose de positif qui vous arrive ou suscitez le feed-back positif.

- **Le questionnaire ouvert**
Posez une question ouverte vous concernant : par exemple, demandez à un de vos collègues ce qu'il pense de votre travail.

- **Comment recevoir un feed-back négatif**
Examinez les critiques qui vous sont faites : sont-elles justifiées ou non justifiées, procèdent-elles d'une volonté d'humiliation. Si la critique est justifiée, essayez de l'accepter sans vous mettre sur la défensive ou vous lancer dans de grandes explications.

- **Comment recevoir un feed-back positif**
Inspirez un grand coup et acceptez-le sans vous sentir obligé de retourner le compliment. Remerciez, tout simplement, et n'oubliez pas que donner et recevoir un feed-back sont deux choses aussi importantes l'une que l'autre.

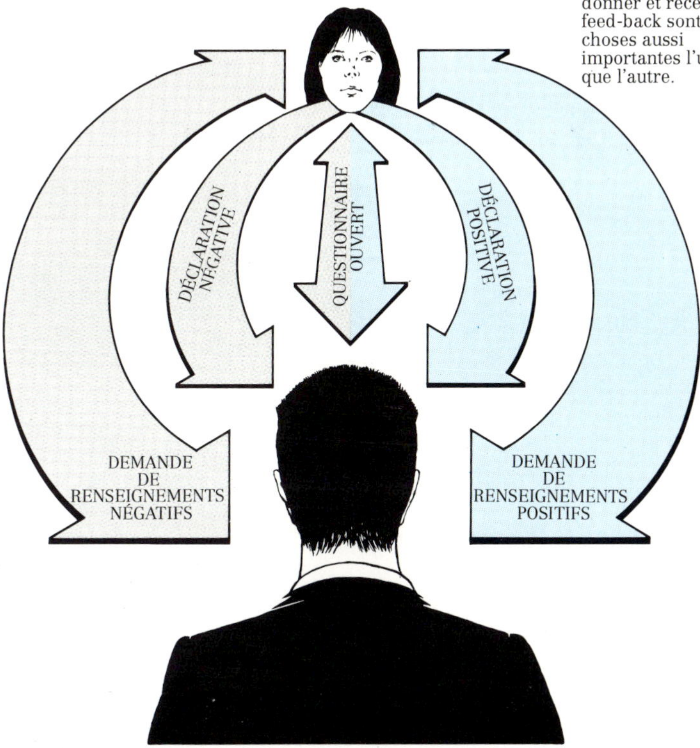

CHOISISSEZ UNE DIRECTION

Vous êtes au début de votre carrière ? Vous avez une situation que vous souhaitez améliorer ? Vous désirez en changer pour une raison ou une autre ? Dans tous les cas, vous avez un choix fondamental à faire entre deux attitudes. Soit vous laisser porter par les circonstances et les opportunités qui se présentent, et ce sont elles qui détermineront votre trajectoire ; soit adopter une attitude responsable, en décidant de prendre en charge et de maîtriser au maximum votre avenir professionnel. Pour cela, vous devrez dans tous les cas réaliser un bilan qui vous permettra de comprendre quel est votre potentiel et quelle direction vous devez prendre.

PRENEZ VOTRE DÉCISION

Alors qu'ils connaissent des périodes de stabilité et d'équilibre relatifs dans leur vie privée et dans leur vie professionnelle, beaucoup de gens sentent confusément que quelque chose leur manque ; ils prennent alors conscience qu'une ligne directrice cohérente leur fait défaut.

Ce sentiment peut être renforcé par des facteurs extérieurs : manque de promotion, licenciement, modification dans la structure familiale ou déménagement. La perspective d'une retraite imminente peut également avoir une incidence, de même que des facteurs internes : conscience du temps qui passe, impression de stagnation ou d'épuisement, sentiment de frustration.

Les gens qui éprouvent ce genre de "problèmes" regardent avec envie ceux qui semblent heureux et comblés et qui donnent l'impression d'avoir réussi. Or ces gens-là ne réussissent pas forcément dans l'acception traditionnelle du terme - ascension dans l'échelle sociale et contrepartie financière. Mais la plupart d'entre eux ont fait des choix de carrière de manière responsable.

Peut-être ont-ils continué sur la même trajectoire, peut-être ont-ils complètement changé de voie, ou considèrent-ils que le travail n'est qu'une partie accessoire de leur vie... Ils ont un point commun : ils ont choisi la direction dans laquelle ils voulaient aller.

A notre époque où l'évolution technologique est très rapide, où des pans entiers de l'économie peuvent être bouleversés et où le contexte de travail se modifie sans cesse, il n'est peut-être pas inutile que vous remettiez en question la direction que vous avez prise. Examinez toutes les possibilités, sans exclure un recyclage, qui vous permettrait de mieux exploiter votre potentiel et de diriger vos efforts vers de nouveaux domaines.

ACQUÉREZ DE NOUVELLES COMPÉTENCES

Vous pensez peut-être que vous êtes trop vieux pour vous orienter sur une nouvelle voie, particulièrement si cela exige de nouvelles aptitudes et compétences. Sachez pourtant que les gens qui "ont passé l'âge" sont très souvent ceux qui l'ont choisi.

Des milliers d'adultes suivent aujourd'hui une formation, avec des motivations différentes : certains cherchent une satisfaction personnelle, d'autres veulent favoriser leur évolution de carrière, d'autres encore le font dans la perspective d'une mutation ou d'un changement de voie.

Se perfectionner intellectuellement est moins rébarbatif que vous le pensez ; il existe en effet des programmes de formation spécialement conçus pour les adultes. Il est certainement plus difficile d'apprendre quelque chose qui exige des qualités physiques particulières.

Il vous faudra déterminer si ce que vous apprenez peut vous ouvrir des opportunités. Peut-être conclurez-vous qu'il est préférable pour vous de prendre un emploi à mi-temps en acceptant une baisse de salaire ou de travailler bénévolement pour utiliser des compétences que vous ne pourriez pas exploiter si vous continuiez dans votre voie actuelle.

LE PLANNING, UNE NÉCESSITÉ

Si vous avez décidé de prendre en main votre vie professionnelle, il faut absolument que vous fassiez un planning. Beaucoup de gens ont des talents de planificateur, mais ils les exploitent rarement dans leur propre intérêt.

D'une façon ou d'une autre, vous planifiez déjà vos activités, même si vous n'en avez pas vraiment conscience. Qu'il s'agisse de plannings de production ou du budget familial, on doit prévoir les besoins futurs et donc définir quelles sont les ressources nécessaires.

Il faut, bien entendu, que vous décidiez au préalable de ce que vous voulez réaliser. De même, pour réussir un changement professionnel, vous devez vous fixer des objectifs à long et à court terme, et bâtir des plans permettant de les atteindre.

Si vous êtes prêt à faire une approche raisonnée de votre carrière, définissez quelles sont vos compétences et celles que vous avez besoin de perfectionner. Décrivez votre contexte de travail actuel et celui que vous aimeriez avoir. Les deux principales difficultés que rencontrent les gens sont de déterminer quand commencer et comment réunir les données nécessaires.

Pour résoudre ces problèmes il vous faudra mener une réflexion en trois étapes. Vous devez considérer :

- Où vous étiez : en passant votre vie professionnelle en revue, vous comprendrez beaucoup de choses.
- Où vous êtes : vous préciserez où vont vos préférences dans votre travail actuel et déterminerez quelles sont les compétences et les valeurs qui sont importantes pour vous.
- Où vous serez : cela vous permettra de vous forger une vision réaliste de votre avenir, de mettre à jour votre potentiel, de vous fixer des objectifs et d'élaborer un plan d'action.

Après cela, vous aurez une idée beaucoup plus claire de l'orientation à donner à votre carrière, une vue beaucoup plus réaliste des options qui s'offrent à vous et des objectifs que vous êtes capable d'atteindre.

★ N'OUBLIEZ PAS

Si la vie comporte des risques, elle offre aussi de nombreuses opportunités. Si vous ne savez pas saisir ces opportunités et n'osez pas vous engager sur des sentiers inconnus, vous ne serez jamais en mesure d'évaluer les bénéfices que vous pourriez en retirer. A ce que vous ne connaissez pas, ne préférez pas votre situation actuelle si celle-ci ne vous apporte pas une réelle satisfaction.

D'OÙ VENEZ-VOUS ?

La vie professionnelle et la vie extra-professionnelle sont les parties d'un tout. Les éléments que vous privilégiez dans votre vie personnelle - vos valeurs, vos préférences, la manière dont vous imaginez l'avenir - se retrouvent dans votre façon de travailler et votre conception du travail.

Ces éléments que vous privilégiez sont eux-mêmes la conséquence d'un certain nombre d'événements que vous avez vécus dans le passé. En redécouvrant ce passé et en en mesurant la valeur, vous faites le premier pas dans la compréhension de votre évolution.

QU'AVEZ-VOUS AIMÉ ?

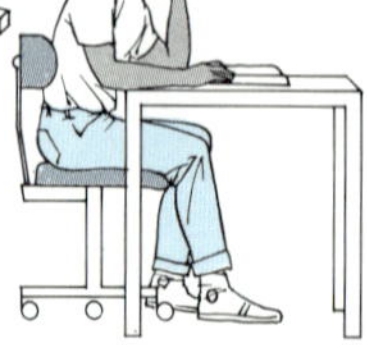

Commencez par passer en revue vos expériences : essayez de vous rappeler dans quelles circonstances vous avez fait des choses que vous avez aimées, qui vous ont permis d'étendre le champ de vos capacités et de votre imagination, et grâce auxquelles vous avez éprouvé un réel sentiment de satisfaction.

Peu importe que ces actions aient duré longtemps ou non, qu'elles soient habituelles ou non, qu'elles aient été répétitives ou exceptionnelles, qu'elles se soient ou non déroulées dans un cadre professionnel. Remontez à vos années d'études, sans omettre vos passe-temps ni vos centres d'intérêt. Voici quelques exemples de ce que vous pouvez avoir réalisé :

- Un projet que vous avez mené à bien.
- Une pièce que vous avez aménagée.
- Un article que vous avez écrit.
- Une matière qui vous a vraiment intéressé au cours de vos études.
- Des vacances que vous avez organisées.
- Une affaire que vous avez montée.

Il peut tout aussi bien s'agir d'un rôle qui vous a été confié, comme par exemple :

- La présidence d'une réunion.
- La conception d'un programme.
- La direction d'une équipe sportive.
- La participation à une structure municipale ou sociale.

Ces exemples n'ont pour but que de vous aider à retrouver les situations qui vous sont propres. N'oubliez surtout pas que celles-ci n'ont pas à être obligatoirement dramatiques, spectaculaires ou à présenter un intérêt pour le public. L'important, c'est que vous y ayez trouvé une satisfaction et une réponse à vos attentes. Si possible, faites revenir à la surface entre six et dix de ces souvenirs ; vous pourrez alors passer à la phase suivante.

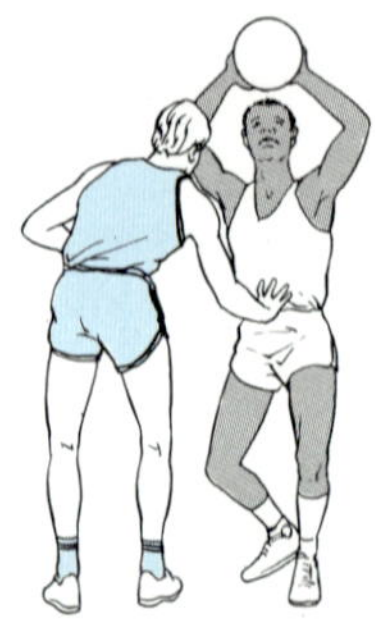

★ N'OUBLIEZ PAS

C'est votre propre expérience que vous passez en revue. C'est à une liste personnelle que vous aboutirez : elle reflètera ce à quoi vous attachez le plus d'importance. Surtout, ne vous sentez pas limité par les suggestions émises ci-dessus.

Lorsque vous aurez terminé, examinez tout ce que vous avez noté : quelles sont les caractéristiques et les tendances que vous voyez émerger ?

Vous serez peut-être impatient de tirer immédiatement des conclusions et de passer à l'action. Attendez encore un peu : il vous reste des données à recueillir et à exploiter avant d'agir.

A QUOI TENIEZ-VOUS ?

Phase suivante : prenez une par une les situations dont vous êtes souvenu et décomposez-les. Essayez de les revivre dans chacun de leurs détails, de vous rappeler l'endroit où elles se sont déroulées, ce que vous faisiez, en présence de qui, ce que vous avez éprouvé et les résultats que vous avez obtenus.

Notez tous ces éléments sur une grande feuille de papier. Soyez prêt à écrire tout ce que vous découvrirez ; ne vous sentez pas limité par la surface de la feuille. Laissez votre esprit errer librement, sans censurer vos pensées ni vous sous-estimer. Vous pouvez parfaitement vous sentir compétent, et fier de ce que vous avez fait.

Pour chaque situation, inscrivez :

Quel était l'environnement
- Activité d'intérieur ou de plein air.
- Espace fermé ou non.
- En ville ou à la campagne.
- A la mer, à la montagne...
- Dans le calme ou dans le bruit.

Quel était le type d'activité
- Solitaire ou non.
- Une activité nécessitant des informations, des données, des idées...
- Une activité qui vous faisait travailler avec un matériel particulier, mécanique par exemple, ou sur un matériau spécifique (bois, métal).

Quel était le contexte relationnel
- Si cette activité impliquait plusieurs personnes, avez-vous collaboré de bon cœur ou étiez-vous distant ? S'est-il établi une compétition ?

Quels étaient votre rôle et vos responsabilités
- Apportiez-vous des idées ou étiez-vous un coordinateur, un analyste ?
- Étiez-vous meneur ou exécutant ?

Quel était votre niveau de responsabilité

Quelles compétences vous avez développées
- Manuelles, intellectuelles...
- Des talents de communication : écriture, dialogue, observation, écoute...

Quelles connaissances vous étaient nécessaires
- Concernant les finances, l'environnement, le monde des affaires, certaines techniques...

Quelles étaient les circonstances
- Quelles sont les aides que vous avez obtenues, quelles étaient celles dont vous aviez besoin ?
- D'où sont venues ces aides ?
- Agissiez-vous dans un contexte de tension nerveuse ? Si oui, était-elle importante, par quoi était-elle provoquée ?
- Quelqu'un vous a-t-il été vraiment reconnaissant de cette action ? Était-ce important pour vous ?
- Qu'est-ce que vous avez préféré ?

L'EXEMPLE DE PIERRE

Interrompez votre travail sur votre propre cas, pour vous référer utilement à l'exemple de Pierre.

Pierre travaille depuis douze ans dans la vente ; il est devenu un ingénieur commercial informatique de haut niveau. A trente-cinq ans, il était satisfait d'avoir su concilier harmonieusement les exigences familiales et professionnelles : une femme et des enfants d'un côté, et de l'autre une carrière au cours de laquelle il avait su améliorer ses objectifs et maintenir son niveau de connaissances techniques dans un secteur d'activité en mutation perpétuelle. Il avait en outre accepté de travailler beaucoup et sans horaires, et n'avait plus de temps pour faire du sport.

Il y a deux ans, l'entreprise dans laquelle il travaille a adopté une stratégie de "service total" au client, ce qui a impliqué une restructuration. On a alors exigé de Pierre des compétences pointues dans le domaine des relations clientèle. De plus, son secteur de vente n'est plus situé au même endroit : il se trouve désormais au centre de Paris, et Pierre passe plus de temps en déplacement.

L'objectif d'une collaboration plus efficace entre la direction générale et les membres des directions régionales implique des réunions fréquentes et la capacité de travailler en équipe sur des projets. Pierre juge la formule bonne, mais le temps passé à ce travail en groupe ne lui laisse pratiquement plus de temps pour entretenir ses connaissances techniques et se tenir au courant des évolutions technologiques.

Pierre commence à réaliser que la connaissance du produit n'est pas la seule chose qu'exige sa fonction. Il se sent de moins en moins compétent, de plus en plus isolé. Aujourd'hui, il a bientôt trente-huit ans. Il n'a plus l'impression de gérer sa carrière. Il a désormais le sentiment de piétiner.

OÙ EN ÊTES-VOUS ?

La vie est une succession d'expériences et d'opportunités ; il serait donc naïf de croire que les choix professionnels que vous avez faits dans le passé sont forcément ceux qui vous conviennent aujourd'hui. Le contexte peut avoir changé : degré d'indépendance, situation financière ou familiale, exigences de votre poste. Mais surtout, vous pouvez avoir évolué dans vos goûts, dans vos sentiments vis-à-vis de vous-même ou des autres, ou dans vos priorités.

Il faut absolument que vous restiez en phase avec vous-même en dressant une sorte d'inventaire de ce que vous êtes aujourd'hui. Pour cela, répondez aux trois questions suivantes :

• Qu'est-ce qui vous plaît et vous déplaît actuellement dans votre travail ?

ANALYSEZ VOTRE POSTE ACTUEL

Comme Pierre, analysez votre situation professionnelle et les sentiments qu'elle vous inspire. Commencez par dresser une liste de ce qui vous plaît et de ce qui ne vous plaît pas. Essayez de trouver dix points à mentionner dans chacune de ces deux rubriques.

Vous aimez

Pierre aime

Lire des revues professionnelles.
Avoir du temps pour réfléchir.
Téléphoner à ses clients.
Faire des comptes rendus.
Classer son courrier.
Conclure un contrat.
Atteindre son objectif.

Inscrivez maintenant ce que vous n'aimez pas dans votre poste actuel, ce qui ne vous convient pas, ce qui ne vous épanouit pas, ce que vous ne feriez pas si vous en aviez la possibilité.

Vous n'aimez pas

Pierre n'aime pas

Les transports.
Les réunions de coordination qui s'éternisent.
Les réunions générales hebdomadaires.
La paperasse.
Attendre pour obtenir des informations.
Les livres sur les affaires.

Définissez maintenant où se situent vos préférences.

Routine	Ambiguïté, flou et variété
Résultats immédiats	Echéance sans importance
Planification	Prise de risques
Réflexion	Action
Parole	Écoute
Travail sous pression	Pas trop de pression
Intuition	Analyse
Travail en équipe	Travail en solo
Grosse structure	Petite structure
Prise de décisions	Mise en application
Domaine d'intervention très précis	Domaine d'intervention très vaste

Vos préférences

Celles de Pierre

Un certain flou
Des résultats plutôt rapides
Peu de risques
L'action
La parole
Une pression assez légère
L'analyse
Le travail en solo
Structure sans importance
La prise de décisions
Une définition de fonction très précise

• Quelles sont vos préférences ?
• Quelle est la valeur que vous accordez à votre travail quotidien ?

Pour vous aider dans cette démarche, référez-vous à l'analyse que Pierre a faite de sa propre situation et qui est présentée dans la colonne de droite du tableau ci-dessus.

Maintenant, déterminez si vous êtes plus à l'aise en travaillant avec des instruments (matériel, données, informations), avec des hommes, ou avec les deux.

Matériel/données/ informations	**Hommes**
Conception	Consultant
Comptes rendus	Meneur
Dessins	Suiveur
Mécanique, outils	Travail en équipe
Rédaction	Négociateur
Déchiffrage	Assistance
Abstraction	Vente

Votre contexte préféré	**Celui de Pierre**
	Conception (choses)
	Dessin (choses)
	Vente (gens)
	Négociation (gens)

Vous pouvez constater que les réponses apportées par Pierre permettent dès maintenant de dégager un certain nombre d'éléments : il aime le contact clientèle et être maître de son emploi du temps ; en même temps, il est plutôt actif et préfère le flou et les résultats rapides. Il travaille avec méthode et esprit d'analyse, mais n'aime pas les réunions de planification, surtout lorsqu'elles ont pour conséquence une interdépendance avec ses collègues.

Vous aussi, vous pourrez observer que certains côtés de votre vie professionnelle, positifs ou négatifs, se trouvent parfois en opposition avec le contexte de travail qui a vos préférences.

LES CONDITIONS IDÉALES

Il reste un élément important à déterminer : quel est le contexte de travail dans lequel vous êtes le plus efficace, autrement dit quels sont l'environnement ou les circonstances auxquels vous attachez vraiment de l'importance ? Attention : ce contexte ne doit pas obligatoirement correspondre à la réalité ; il s'agit pour vous de définir vos conditions de travail idéales.

Vous pouvez vous reporter aux suggestions que nous vous avons faites lorsque vous analysiez votre passé. Par exemple, posez-vous des questions sur les points suivants :
• les relations de travail.
• l'ambiance.
• l'environnement.
• l'autonomie.

Évaluez vos compétences

Certaines personnes se sous-estiment : elles ont d'elles-mêmes une perception étroite, réductrice. Elles ont l'impression d'être au point mort et ne se sentent pas compétentes : c'est la situation dans laquelle se trouvait Pierre.

Il faut au contraire arriver à une définition de soi la plus large possible. Pour cela, prenez une grande feuille de papier et inscrivez tous vos "plus", autant que vous pourrez en trouver : compétences, talents, capacités, forces ou ressources.
• Ne soyez pas modeste : ne craignez pas, en faisant cet exercice, d'être prétentieux.
• Notez ce qui vous passe par la tête, sans vous censurer ni vous évaluer.
• Passez en revue le passé et le présent, ce que vous seriez capable de faire, ce que vous voudriez apprendre à faire.
• Cherchez où se trouve votre potentiel caché.

Cet exercice sera peut-être plus facile si vous demandez à quelqu'un de vous dire quels sont les compétences qu'on vous reconnaît. Pour cela, choisissez par exemple un collègue qui vous connaît bien, un ami intime, votre compagnon ou votre compagne.

Une fois cette liste établie, examinez-la à la lumière des points suivants :
• Savoir-faire nécessaire : manuel, intellectuel, esthétique, artistique ; capacités d'organisation, de direction...
• Vos compétences sont-elles très développées ou perfectibles ?
• Au cours de votre carrière, vos valeurs ont-elles changé ? Avez-vous abandonné celles de vos débuts ?
• Votre poste actuel satisfait-il vos valeurs et vos préférences, ou êtes-vous frustré, et comment ?
• Quelles sont les compétences que vous possédez et qui n'ont pas été exploitées autant que vous l'auriez souhaité ? Quelles qualités et quelles aptitudes souhaiteriez-vous perfectionner ?

Après avoir réfléchi sur tous ces points, qui ne constituent pas une liste exhaustive, vous serez prêt à envisager votre avenir.

OÙ VOULEZ-VOUS ALLER ?

Avant de commencer à réaliser vos ambitions professionnelles, vous devez déterminer quels sont vos buts et vos objectifs. C'est une condition impérative pour être efficace ; si vous n'accomplissez pas cette démarche, vous risquez d'agir à l'aveuglette et de vous causer du tort.

Votre objectif vous est personnel : il peut donc prendre n'importe quelle forme : aider les autres, enseigner ou former, se faire un nom, diriger, avoir une vie amoureuse bien remplie, être puissant, mener une vie agréable, gagner de l'argent, avoir une vie familiale stable...

VOTRE VISION DE L'AVENIR

Après avoir fait cette "déclaration d'intention", vous pouvez commencer à envisager de quoi votre avenir pourrait se composer. Faites entrer en ligne de compte tous les éléments vous concernant,ou concernant votre carrière passée et vos objectifs. Utilisez tous ces éléments pour décrire la carrière que vous souhaiteriez mener (Voir aussi pages 116-117).

Vous pouvez parfaitement fantasmer sur un poste ou une carrière qui représente pour vous l'idéal, et vous imaginer dans cette situation. Il est important que vous ne vous limitiez pas à ce que vous savez et pouvez faire, mais que vous envisagiez aussi ce que vous voudriez faire. Avec tous ces éléments, décrivez l'avenir tel que vous aimeriez qu'il soit.

Pour brosser ce tableau, remettez-vous en mémoire tous les exercices que vous avez abordés dans ce chapitre. Réfléchissez-y, puis cherchez à en tirer des conclusions. Pensez aux contextes dans lesquels vous avez pu être vraiment satisfait : environnement, rôle, circonstances. Rappelez-vous les personnes impliquées, le type de relations qui existait, les compétences et le savoir-faire que vous avez mis en oeuvre.

Demandez-vous ensuite ce que vous aimez ou n'aimez pas dans votre poste actuel, quelles sont vos préférences dans le travail que vous faites, comment vous travaillez, et dans quel contexte. Puis prenez conscience des compétences qui sont les vôtres, ainsi que de l'objectif, du devoir ou de la mission qui est prioritaire dans votre existence.

L'EXEMPLE DE PIERRE

Les éléments que vous avez découverts après vous être livré aux exercices précédents sont absolument personnels ; il n'existe donc pas véritablement de mode d'emploi précis pour élaborer cet avenir idéal que vous imaginez. Si vous éprouvez des difficultés à y parvenir, reportez-vous à l'exemple de Pierre.

Voici comment il a organisé les éléments qu'il avait recueillis, puis comment il a analysé sa situation.

Environnement
- A la campagne, dans une ambiance calme.

Circonstances
- Quelques voyages, mais pas de longs déplacements domicile-travail. Il préfère les horaires flexibles. Il peut travailler sous la contrainte d'objectifs difficiles à réaliser et de délais serrés, à condition que ceux-ci soient déterminés par lui, et qu'il soit responsable du projet de bout en bout.

Qualités relationnelles/rôle/ responsabilités
- Pierre apprécie le soutien de ses collègues, mais n'aime pas être tributaire de leur travail ou de leurs initiatives qui peuvent contrarier ses priorités personnelles.

Après y avoir réfléchi, Pierre est arrivé à la conclusion qu'il n'aimait pas être un simple rouage d'une grosse machine. Ce qui lui convient, c'est de travailler seul une fois qu'il a recueilli suffisamment de données pour traiter correctement le problème. Il se sent capable de travailler en équipe, à la condition que chacun des membres de celle-ci ait des fonctions bien définies, qu'on respecte ses priorités personnelles, et qu'il n'existe pas de hiérarchie au sein du groupe.

Pierre a alors réalisé nettement que, compte tenu de sa position hiérarchique dans l'entreprise, ses attentes n'étaient pas vraiment réalistes. Il s'est avoué qu'il se sentait bien dans le rôle d'initiateur et qu'il obtiendrait de très bons résultats en dirigeant une équipe, mais que son style de travail était plus "parole-vente" que "participation-consultation". Après ces conclusions, il s'est penché sur ses compétences.

D'un point de vue technique, Pierre est excellent dans le domaine de l'informatique. Il est parfaitement compétent pour analyser les besoins, trouver les solutions, planifier les travaux. Doté d'une grande puissance de travail, même sur des sujets difficiles, il est autonome et a un bon contact client.

Il constate que maintenant, il arrive plus facilement à définir quels sont ses valeurs. La vie de famille est très importante pour lui ; parmi ses souhaits prioritaires figure celui de passer plus de temps avec sa famille et de prendre du bon temps. Il répugne de plus en plus aux conflits et préfère s'éloigner plutôt qu'affronter ceux qui l'ont déçu.

Il veut avoir un rôle social actif. Par ailleurs, il aime être reconnu et respecté pour ses idées et son expérience technique. Il en conclut que ses deux principaux objectifs sont d'avoir une vie familiale stable et sûre et de se faire un nom.

Les possibilités qui s'offrent à Pierre
Après avoir pris en compte tous ces éléments, Pierre en est venu à la conclusion qu'il avait trois options possibles concernant sa carrière.

- Option 1 : changer d'entreprise en restant dans le domaine de la vente de logiciels ou en intégrant un bureau d'études informatiques. Cette option implique des problèmes financiers et ne lui garantit pas qu'il pourra se faire un nom.

- Option 2 : essayer de renégocier sa position dans l'entreprise où il travaille actuellement. Pierre a envisagé cette hypothèse et a conclu qu'elle n'était pas réalisable.

- Option 3 : créer sa propre entreprise de conception de manuels techniques et de software. Cette option lui permet de satisfaire son besoin d'entreprendre, de relever les défis et de s'impliquer totalement dans quelque chose qu'il monte de toutes pièces. Elle comporte bien entendu des risques, principalement d'ordre financier, mais après avoir pesé le pour et le contre, il décide que c'est cette option qu'il approfondira.

La vision que Pierre a de son avenir commence à prendre de la consistance, il peut maintenant progresser. Peut-être trouvez-vous que sa prise de décision est un peu trop radicale ; chacun voit son avenir à sa façon : vous pouvez choisir l'action ou la réflexion, peu importe pourvu que vous fassiez la même démarche.

COMMENT Y PARVENIR

Il est évident que chaque décision de changement nécessite de définir une stratégie et une direction particulières. Une fois que vous avez déterminé comment vous voudriez que soit votre avenir, il faut que vous vous fixiez des objectifs à court terme et une ligne directrice. Cela vous encouragera à agir de manière positive et vous aidera à rester réaliste. Si vous ne faites rien, votre objectif à long terme vous paraîtra impossible à atteindre.

LES OBJECTIFS A COURT TERME

Supposons que vous ayez décidé de monter un centre de loisirs. Dans cet exemple, vos objectifs à court terme peuvent être, par exemple, de suivre une session de formation au management, de recruter du personnel ou de placer une somme d'argent en attendant de la débloquer pour votre projet.

Tous ces objectifs impliquent un certain nombre d'impératifs, notamment un planning. Mais vous n'arriverez à rien si vous vous fixez une tâche impossible à accomplir ou si l'échéance est si lointaine que vous avancerez très lentement. Testez la faisabilité de vos objectifs et de votre planning en recourant aux commentaires objectifs d'un ami.

Vous devez aussi tenir compte des obstacles qui surgiront sur votre route et qui peuvent compromettre votre projet. Ainsi, si nous reprenons l'exemple ci-dessus, vous avez peut-être besoin d'une formation de base de création d'entreprise avant de suivre une session sur le management. Mettez de la flexibilité dans votre projet et soyez prêt à réviser vos plans à mesure que vous avancez.

Lorsque vous fixerez vos objectifs à court terme, tenez compte des populations suivantes et notez la façon dont vous allez les impliquer :

- Ceux qui peuvent vous aider à réaliser vos plans d'action.
- Ceux qui peuvent influer sur la réalisation de vos plans.
- Ceux qui seront influencés par vos actions.

PLAN D'ACTION

		Echéance
Votre objectif à long terme :		
Votre principal objectif à court terme :		

Besoins/Ressources	A faire	Commentaires	
1 Compétences/ Savoir-faire nécessaires			
2 Compétences/ Savoir-faire disponibles			
3 Besoins de financement			
4 Besoins en aide et implication de tiers			
5			
6			

RÉALISEZ VOS OBJECTIFS

Vous devez relier vos objectifs à court terme à une stratégie globale. Pour cela, assurez-vous que vous prenez en compte toutes les options qui s'offrent à vous. Pour qu'ils soient réalisés, il faut que tous vos objectifs à court terme soient planifiés dans le temps et que les différentes phases d'action soient bien définies.

Supposons que votre "but ultime" soit, par exemple, de vous faire un nom et de parvenir au top management d'une entreprise. Il vous faudra déterminer les options qui s'ouvrent à vous et les informations que vous avez besoin de recueillir.

Pour savoir comment doit évoluer votre carrière pour que vous puissiez réaliser votre projet, définissez si cette évolution doit être :

- Verticale, afin d'augmenter votre rôle au sein de la hiérarchie d'une organisation. Quel est le type d'organisation qui vous convient le mieux : structurée ou plus légère ?
- Radiale, afin d'augmenter votre importance au sein d'une organisation. Déterminez quelles sont les fonctions à fort potentiel qui constituent les postes clefs dans votre secteur d'activité.
- Circonférentielle ; vous irez d'une fonction à l'autre pour devenir finalement un dirigeant "généraliste". Dans votre secteur d'activité, qui est le plus souvent à la tête des entreprises : les généralistes ou les spécialistes ?

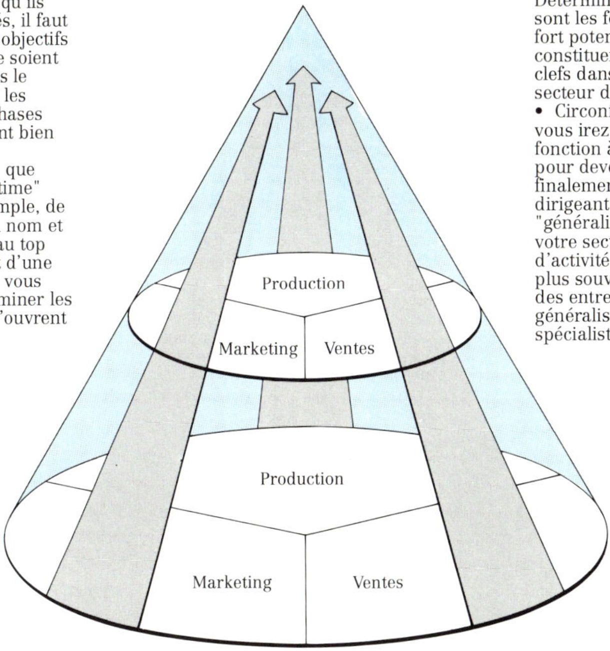

LE MARCHÉ

Il faut également que vous connaissiez bien le marché du travail et les caractéristiques d'organisation de votre entreprise.

Marché du travail

- Offres d'emploi.
- Modification de la demande.
- Fluctuations saisonnières.
- Facilité de mobilité.
- Importance de l'âge ainsi que de l'expérience.

Caractéristiques de l'organisation

- L'entreprise se développe-t-elle ou non ?
- Quel est son type de structure ?
- Quel est son environnement, sa culture, sa philosophie ?
- Quels sont les dimensions et les limites du poste ?
- Quels sont les relations entre les différentes fonctions de l'entreprise ?

Vous vérifierez ainsi si l'évolution de carrière que vous souhaitez réaliser est concevable dans le contexte de l'entreprise où vous êtes actuellement et, si tel n'est pas le cas, quel type de changement vous devez opérer. Par ailleurs, cela vous précisera si les critères que vous avez pris en considération sont les bons.

★ N'OUBLIEZ PAS

Quelle que soit la façon dont vous envisagez votre avenir, vous devez tenir compte de l'exemple proposé dans cet ouvrage et vous astreindre à faire une démarche semblable.

On a souvent un certain nombre d'options à sa disposition. Déterminez les vôtres avant de planifier vos actions.

QUI PEUT VOUS AIDER ?

Une fois que vous avez déterminé quels étaient les changements que vous souhaitez apporter à votre carrière , il faut que vous voyiez qui peut vous aider à réaliser votre projet. Il peut s'agir, soit de personnes que vous connaissez déjà et avec qui vous travaillez, soit de personnes que vous ne connaissez pas et qui travaillent dans le domaine que vous avez choisi. N'hésitez pas à recourir à toutes les ressources dont vous pouvez disposer : organismes professionnels, consultants, livres ou magazines. Plus vous aurez d'informations sur votre futur poste, plus votre approche sera efficace.

LES PARENTS ET AMIS

Les gens qui vous connaissent bien peuvent parfaitement participer à vos réflexions. Lorsque vous aurez terminé les exercices, demandez aux membres de votre famille ce qu'ils pensent de vos interprétations. Ils sont susceptibles de soulever des points auxquels vous n'aviez pas pensé.

Assurez-vous leur aide pour vos décisions. N'oubliez pas que, dans la plupart des cas, le choix que vous ferez aura des répercussions sur la vie de votre famille ; vous gagnerez peut-être moins d'argent ou vous devrez déménager, par exemple ; demandez-leur ce qu'ils pensent des changements envisagés.

LES MENTORS

Un mentor est quelqu'un en qui vous avez confiance et qui a de l'expérience dans le domaine qui vous intéresse. En vous conseillant, il vous aide à vous y retrouver dans le labyrinthe professionnel. La plupart des mentors sont plus âgés et plus expérimentés que la personne qu'ils guident. En fait, ils jouent le rôle de parrains. Ayant atteint un certain niveau de réussite, ils peuvent vous éclairer utilement.

Vous pouvez trouver un mentor dans l'entreprise où vous travaillez ; par exemple, un supérieur hiérarchique conscient de votre potentiel et désireux de vous aider à l'exploiter. Il peut aussi s'agir de quelqu'un d'extérieur à votre entreprise, comme un directeur d'études ou un professeur .

LES CONSULTANTS

On les appelle souvent consultants en management, consultants en ressources humaines ou chasseurs de têtes. Ce sont des professionnels du recrutement. Les entreprises qui sont leurs clientes les chargent de trouver le candidat idéal pour un poste à pourvoir.

Les consultants se spécialisent souvent dans un domaine particulier : finance, enseignement, marketing, industrie pharmaceutique... Ils souhaitent rencontrer des gens disposés à changer me s'ils n'ont pas toujours de poste précis à leur proposer au moment de l'entretien, de façon à alimenter leurs fichiers. Ils peuvent également vous indiquer, pour un poste donné, les qualifications et l'expérience qui sont exigées, la rémunération et vous donner un aperçu sur l'entreprise. Certains d'entre eux vous conseilleront pour rédiger votre résumé de carrière ou votre curriculum vitae et pour vendre votre savoir-faire et votre potentiel à une entreprise.

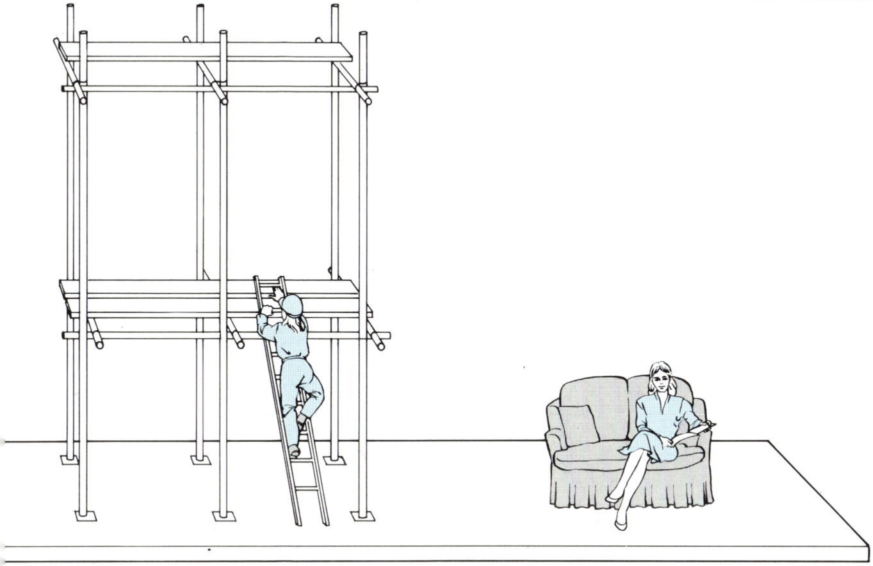

L'EXPÉRIENCE DU POSTE

Si vous n'êtes pas vraiment sûr de la direction à prendre, faites un essai avant de vous engager à plein temps. Pourquoi en effet ne pas "tâter le terrain" en commençant à mi-temps ou bénévolement, pour acquérir de l'expérience dans la profession ?

Cela vous permettra de découvrir la vie de l'entreprise, de connaître le profil du poste, et d'apprendre "de l'intérieur" comment fonctionne un secteur nouveau pour vous.

LES SOURCES PROFESSIONNELLES

Il existe un certain nombre d'autres sources d'information concernant différents secteurs : par exemple, les publications (magazines et presse économique), les organismes professionnels, les bibliothèques.

Les publications constituent l'une des principales sources d'information qui vous seront utiles. Cherchez quels sont les titres de la presse économique qui traitent de votre domaine et lisez-les régulièrement : vous apprendrez beaucoup de choses.

La plupart de ces revues publient des offres de situations : vous déterminerez grâce à elles quelles sont les entreprises qui recrutent et quels sont les secteurs d'activité en expansion. Soyez également attentif à la terminologie utilisée pour les intitulés de postes, aux compétences et à l'expérience qui sont exigées, à la rémunération proposée.

Par ailleurs, la plupart des secteurs d'activité disposent d'organismes professionnels ; prenez contact avec eux même si vous ne travaillez pas encore dans la partie : vous établirez des contacts, rencontrerez des gens qui font le travail que vous souhaitez faire, et vous recueillerez des informations sur les qualités demandées dans ce secteur d'activité. La plupart de ces organismes proposent des sessions de formation, qui peuvent vous intéresser.

Pour obtenir des conseils complémentaires, mettez-vous en rapport avec un service d'orientation professionnelle. Vous pourrez y recueillir des informations sur les plans gouvernementaux de recyclage et trouverez de l'aide si vous souhaitez créer une entreprise.

Enfin, il existe un certain nombre de conseils en orientation de carrière. Certains d'entre eux vous aideront à trouver un poste, d'autres vous guideront dans vos choix d'orientation. Vous pourrez également demander, auprès des grandes écoles et des universités, des précisions sur les formations qui sont exigées. (Voir notre liste d'adresses pages 161-162.)

Le fait de vivre et d'apprendre met en jeu sept capacités ou fonctions essentielles : la volonté, l'imagination, la pensée, le sentiment, l'intuition, la sensation et la mémoire.

On pense généralement que c'est à l'école que l'on développe ces capacités. On croit aussi parfois que, lorsqu'on est adulte, on est ou on n'est pas efficace dans un domaine ou un autre, un point c'est tout. En fait, il est parfaitement possible de développer et de perfectionner ses capacités à l'âge adulte, pour peu qu'on le veuille vraiment. Encore faut-il s'en donner les moyens.

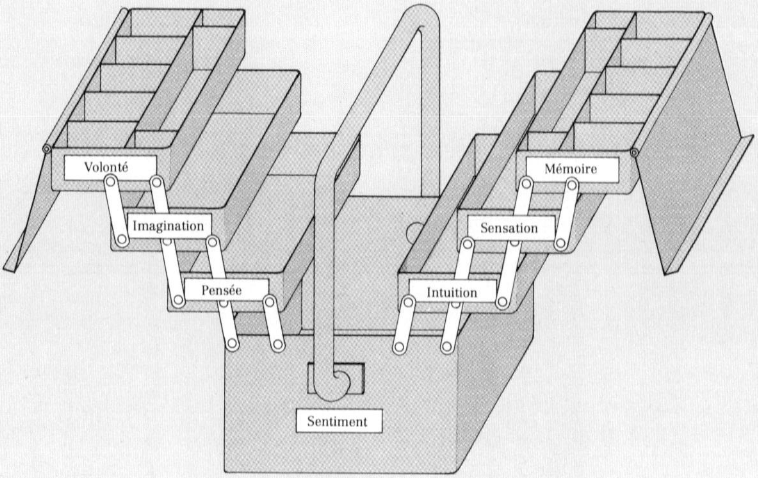

EST-CE DIFFICILE ?

Dans le développement de vos capacités, la difficulté vient de ce que ce sont des parties intégrantes de votre personnalité. Elles sont souvent entremêlées de façon complexe, ce qui rend presque impossible de les examiner séparément.

Pourtant, cette distinction est nécessaire. Lorsqu'on enseigne quelque chose de complexe, comme par exemple la conduite d'une voiture, on décompose les différentes opérations à effectuer ; une fois que l'élève a appris chaque opération – freinage, direction, changement de vitesses... –, on réunit ces différents éléments et la conduite devient une sorte de demi-réflexe. La même démarche doit s'appliquer aux sept qualités de base de tout être humain.

Ces sept capacités sont vos outils psychologiques pour agir et vous développer. Chacun d'entre nous a développé l'une ou l'autre de ces fonctions, mais peu de gens les exploitent toutes à fond.

En tout cas, pour devenir suffisamment autonome, et instruit, il faut absolument que vous acquériez un certain niveau de compétence dans chacun de ces sept domaines.

★ N'OUBLIEZ PAS

Vous avez aujourd'hui un potentiel dans l'une ou plusieurs de ces sept fonctions essentielles, mais peut-être n'en avez-vous pas vraiment conscience.

Essayez de déterminer où sont vos points forts afin de pouvoir vous appuyer dessus à mesure que vos besoins et vos motivations augmenteront.

POURQUOI DÉVELOPPER VOS CAPACITÉS ?

Le fait de développer votre volonté vous aidera à prendre votre vie en main, et à lui donner un sens.

En améliorant votre capacité d'imagination, vous améliorerez votre créativité, votre mémoire et votre pensée. Vous pourrez aussi vous ouvrir des voies pour pénétrer le monde intérieur de l'archétype et du mythe : cela vous ressourcera et vous révélera quelle est la signification de votre vie.

Les quatre fonctions primaires

Les quatre fonctions primaires – pensée, sentiment, sensation, intuition – ont été décrites par le psychanalyste C.G. Jung. Elles vous aident à comprendre votre relation aux autres et au monde, ce qu'on désigne sous le nom d'orientation primaire.

La pensée et le sentiment concernent la façon dont vous jugez le monde. Le jugez-vous d'un point de vue objectif (rationnel) ou subjectif (émotionnel) ?

La sensation et l'intuition, quant à elles, vous permettent de percevoir et de recueillir les informations. Par exemple, vous pouvez percevoir des informations grâce à vos cinq sens (sensation), ou en ayant un pressentiment (intuition).

La plupart des gens découvrent que, chez eux, l'une de ces fonctions primaires est développée, alors que telle autre est faible. Par exemple, si vous êtes fort au niveau de la pensée, vous êtes probablement faible pour le sentiment ; si vous êtes un sensitif vous serez généralement peu intuitif.

Pour arriver à la réalisation de vous-même, que Jung appelle l'individuation, il faut que vous développiez ces quatre fonctions.

Jung a également créé les termes « introverti » et « extraverti » qui désignent respectivement les personnes qui sont orientées vers le monde intérieur ou extérieur.

Le fait de savoir quel est votre type psychologique, quelle est la fonction dans laquelle vous êtes le plus fort, et si vous êtes extraverti ou introverti, peut vous aider à comprendre la façon dont vous affrontez le monde.

Cela peut vous aider également à déterminer le type de travail dans lequel vous pourriez exceller. Lorsqu'ils recrutent, la plupart des employeurs ont recours à des tests basés sur ces types psychologiques.

L'importance de la mémoire

La mémoire est une fonction à laquelle les employeurs attachent également une grande importance : une mauvaise mémoire peut en effet avoir de graves conséquences pour l'entreprise.

Il est important de savoir que les bonnes mémoires existent parce que les gens les utilisent. Les mauvaises mémoires ne sont tout simplement pas exercées. En général, les souvenirs ne s'effacent pas. Mais l'information qui a été correctement reçue et stockée peut être évacuée pour cause d'encombrement ou remplacée par une autre.

Les suggestions qui vont suivre vous permettront de développer vos capacités, mais devraient aussi vous aider à comprendre la signification et l'importance de chacune d'entre elles, et vous motiver pour vous perfectionner. Si vous n'avez absolument pas développé certaines fonctions, il vous faudra de la persévérance. Dans ce cas également, n'allez pas trop vite, afin de vous assurer que votre évolution est correcte.

Demandez-vous si c'est ou non le destin qui vous contrôle. Croyez-vous vraiment que votre vie, votre avenir et ce que vous pourriez être sont déterminés par des facteurs biologiques ou sociaux sur lesquels vous avez peu d'emprise ?

Si vous êtes fataliste de nature, il faut que vous réalisiez que *vous pouvez faire des choix* dans le cadre de vos limites. Vous avez même le pouvoir de transcender ces limites, d'aller au-delà. Votre volonté joue un rôle essentiel à cet égard.

QU'EST-CE QUE LA VOLONTÉ ?

On a pensé pendant un temps que la volonté était simplement la détermination, ou le pouvoir de vouloir. Autrement dit, cela consistait à s'accrocher à quelque chose, quelles que soient les difficultés, ou à apprendre à dominer, en se contraignant, certains aspects de sa personnalité.

Cette définition de la volonté par la discipline, le contrôle et l'autorité sur soi-même n'est qu'en partie vraie.

La plupart des gens n'ont pas le sens de la direction de leur vie. Ils sont assiégés par des conflits internes et dispersent leur énergie pour des choses qui sont sans importance ou ne sont pas constructives. Ils ne savent pas coordonner leur vie en utilisant leur volonté, et se laissent ballotter au gré d'envies, de désirs et d'exigences concurrents.

La volonté est une qualité essentielle, c'est pourquoi il convient de l'exploiter au mieux.

LES DIFFÉRENTS ASPECTS DE LA VOLONTÉ

Selon le psychologue Robert Assagioli, il n'y a pas une volonté, mais plusieurs aspects de la volonté. La volonté bien employée peut vous aider à réaliser ce que vous voulez sans susciter de contrainte, de désaffection ou de résistance inutile, chez vous et chez les autres. Elle peut se combiner à d'autres aspects de votre personnalité, comme vos pulsions et vos émotions.

Le fait de développer efficacement votre volonté implique de ne pas laisser l'égoïsme ou vos désirs vous guider. Il s'agit au contraire de faire des choix qui servent à la fois les intérêts de votre communauté interne et ceux de la communauté sociale ; il faut donc apprendre à compter avec les autres.

La volonté transpersonnelle vous permettra, au-delà de la simple satisfaction de besoins personnels, de découvrir une signification et un but à la vie. Elle vous aidera à dépasser l'impression de futilité et la perte de direction que vous pouvez ressentir à certaines périodes de votre vie. La volonté transpersonnelle est pour vous le moyen de transcender votre personnalité ; elle vous inspirera l'envie de susciter l'amour, et favorisera en vous l'altruisme, la beauté, la justice, ainsi que la réalisation de vous-même.

LES QUALITÉS DE LA VOLONTÉ

Vous avez probablement en mémoire des cas où vous n'avez pas fait l'effort, pourtant nécessaire, de changer quelque chose à votre vie, ou des circonstances dans lesquelles vous n'avez pas exprimé vos opinions face à quelqu'un avec lequel vous n'étiez pas d'accord. De même, il vous est sûrement arrivé de dire quelque chose tout en sachant qu'il valait mieux vous taire, et de regretter ensuite d'avoir ouvert la bouche.

Tous ces exemples témoignent d'une faible volonté et provoquent, à des degrés divers, la déception, le remords ou le sentiment qu'on n'a pas su profiter d'une opportunité.

Voici quelques qualités qui se rapportent à une volonté bien développée :

- L'énergie, le dynamisme, l'intensité.
- La maîtrise de soi, la discipline.
- La concentration, l'attention.
- La détermination, la prise de décision.
- La persévérance, l'endurance, la patience.
- L'initiative, le courage, l'audace.
- L'organisation, la capacité d'intégrer et de synthétiser.

★ TEST

Examinez chacune des séries de qualités présentées ci-contre. Puis reliez-les à votre propre expérience : remémorez-vous des circonstances où vous avez fait preuve de certaines de ces qualités, et d'autres circonstances où elles vous ont manqué.

Approfondissez-en les conséquences : vous serez plus motivé pour commencer à développer votre volonté.

DÉVELOPPER SA VOLONTÉ

Il est parfois difficile de développer sa volonté : il faut d'ailleurs en avoir déjà un peu si l'on veut la renforcer !

Pour vous aider, faites jouer votre désir de plaire et de recevoir des compliments. Et restez serein : si vous prenez la chose trop au sérieux ou si vous vous contraignez, votre volonté inconsciente résistera et viendra saboter vos efforts.

Mais avant de commencer, faites connaissance avec votre communauté interne (voir le chapitre « Savoir faire, savoir faire faire », pages 112-113), sachez quels sont vos besoins, vos pulsions, vos instincts, et comment ils se manifestent.

LES PHASES DE LA VOLONTÉ

Certaines personnes sont compétentes dans une ou plusieurs phases du processus de la volonté, et ne le sont pas pour d'autres. Par exemple, leurs intentions sont précises, mais elles ne savent pas comment passer à l'action. D'autres savent déterminer quelles sont les priorités, mais manquent de persévérance.

L'acte de volonté comporte un certain nombre d'étapes successives :

- Clarification de l'objet ; estimation de sa valeur à la lumière de votre propre système de valeurs.
- Éveil d'une motivation suffisamment forte.
- Délibération ; il s'agit de mesurer l'importance de l'objectif en question par rapport à d'autres objectifs, et d'ordonner les priorités.
- Choix de l'objectif et abandon (même momentané) des autres objectifs. Le fait de hiérarchiser ses préférences renforce la volonté.
- Affirmation de l'engagement, ou renouvellement de l'engagement. Cela implique de s'engager à courir le risque, et provoque la tension psychologique et la détermination nécessaires.
- Planification des étapes successives, des moyens et des méthodes à employer (compte tenu des contraintes) ; évaluation des possibilités et des ressources disponibles.
- Réalisation ; durant cette étape, votre volonté contrôle, supervise, dirige et harmonise les autres aspects de votre personnalité (par exemple, pensée, sentiment, action) dans la perspective de l'atteinte de l'objectif. Selon les cas, il vous faudra du dynamisme, de la persévérance, de l'endurance, ou vous devrez inhiber vos pulsions.

★ TEST

Améliorez votre compréhension de chaque phase de la volonté. Compte tenu de votre expérience, quelles sont les phases où vous êtes compétent, quelles sont celles où vous avez besoin de vous perfectionner ?

Voici quelques conseils pour améliorer votre volonté :

- *Pour peu qu'ils soient pratiqués dans la perspective de perfectionner la volonté, un certain nombre de sports développent l'attention, la concentration, la maîtrise du geste et l'endurance : le golf, le tennis de table, le patinage, l'escalade...*
- *Si vous voulez vous motiver, lisez des biographies de personnages hors du commun. Vous développerez votre volonté en vous identifiant à ces personnages et à ce qu'ils ont réalisé.*
- *Astreignez-vous à faire pendant quelque temps des gestes inutiles et systématiques (par exemple, déplacer certains objets, tous les jours et à la même heure) ; vous augmenterez ainsi la puissance de votre volonté. Vous pouvez aussi vous imposer, pendant une certaine période, quelques privations et inhiber quelques désirs. Veillez cependant à changer toutes les semaines le contexte de l'exercice, afin de ne pas irriter votre inconscient.*

VOTRE IMAGINATION

L'imagination s'oppose au réalisme. Elle est très importante car elle peut vous permettre de concevoir un monde différent de celui dans lequel vous vivez. Elle peut aussi vous aider à dépasser la vision restrictive que vous avez de votre vie et à déterminer ce qui est possible.

Sans elle, il n'y aurait pas d'œuvres d'art ; la théorie de la relativité et l'aviation n'existeraient pas, les hommes n'auraient jamais marché sur la lune.

QU'EST-CE QUE L'IMAGINATION ?

L'imagination est la capacité d'évoquer ou de créer des images. Ces images peuvent apparaître spontanément ou être le fruit d'une réflexion. Elles peuvent être reproductives ou créatives, autrement dit elles peuvent évoquer une chose existante, ou créer quelque chose de nouveau.

Chacun d'entre nous imagine spontanément pendant une bonne partie du temps. Il existe des images visuelles, auditives ou kinésiques (action). Chez la plupart des gens, il existe un mode de production d'images qui est plus développé que les autres. L'imagination créative volontaire est généralement plus difficile à mettre en œuvre que l'imagination spontanée et reproductive. Elle demande en effet un entraînement de la volonté et de la concentration.

L'imagination est une activité du cerveau droit, elle est donc non logique, non verbale, non linéaire et sans rapport avec le temps. Dans le monde de l'imaginaire, les choses ne sont jamais ce qu'elles semblent être. C'est l'univers du possible et de l'impossible, puissant et impressionnant, que vous pouvez explorer en apprenant le langage et le fonctionnement des images et des symboles.

Vous pouvez aussi utiliser votre imagination pour améliorer votre mémoire. Des recherches récentes ont montré que les athlètes de haut niveau reproduisent spontanément certains mouvements en ayant recours aux images, ce qui augmente leurs performances.

Il est également très efficace de développer vos capacités grâce à un dialogue imaginaire avec un professeur, ce qui augmente nettement la rapidité de la « conversation ». Cette vitesse tient en partie au fait que les images n'ont pas, comme le langage, de rapport avec le temps.

Ces principes font partie de la discipline qu'on appelle l'apprentissage accéléré. Grâce à celui-ci, en améliorant sa capacité à créer des images, on peut apprendre plus rapidement et plus efficacement.

AMÉLIORER VOTRE CAPACITÉ A CRÉER DES IMAGES

Il existe une règle selon laquelle l'imagination précède et améliore l'action. Vous découvrirez ci-dessous quelques moyens de développer votre imagination.

L'imagination intentionnelle
Regardez un objet pendant une minute ou deux, puis fermez les yeux. Essayez de revoir l'objet dans votre tête : c'est plus difficile que vous le pensez.

Certaines personnes sont incapables de produire une image visuelle, mais peuvent recréer un objet de façon kinésique. D'autres peuvent reproduire l'image, mais n'arrivent pas à la retenir.

La capacité à retenir l'image augmente avec la pratique. Appuyez-vous donc sur votre sens le plus aigu ; par exemple, si vous avez un sens tactile développé, vous pouvez facilement évoquer un objet au seul souvenir de sa texture. A mesure que vous progresserez, faites cet exercice avec des objets ou groupes d'objets de plus en plus complexes.

Utilisez les symboles
Les symboles sont des images chargées de significations qui ont le pouvoir d'évoquer autre chose que ce qu'elles représentent. A mesure que vous serez plus exercé à l'imagination spontanée et que vous serez plus attentif aux images qui parviennent à votre conscience, vous remarquerez que certains symboles sont plus puissants et plus frappants que les autres.

Les rêves sont une manifestation de votre imagination spontanée. Il est arrivé à la plupart

des gens d'avoir un cauchemar ou de faire un rêve très impressionnant. Ils ont compris ou non ce cauchemar ou ce rêve, mais celui-ci les a frappés.

Les symboles semblent avoir une influence sur les gens. Vous pouvez être conscient ou non de cette influence, car elle se manifeste à des niveaux conscients et inconscients. Les rêves véhiculent de nombreux symboles, qui, pour peu qu'on sache les reconnaître et les décoder, peuvent nous guider dans nos choix. Ils nous permettent de mieux nous connaître et de trouver une nouvelle harmonie avec notre moi intérieur.

Pour exploiter ainsi son moi intérieur et ses symboles, on utilisera avec profit les techniques d'imagination active et de rappel des rêves.

TIREZ PARTI DE VOS RÊVES

Faites si possible l'exercice suivant avec un ami ou un groupe de personnes.

- Racontez un de vos rêves en parlant à la première personne et au présent, comme s'il se déroulait actuellement.
- Mettez-vous à la place des personnages et des objets intervenant dans le rêve. Parlez comme si vous étiez ces personnages ou ces objets. Laissez-les vous parler d'eux.
- Mettez-vous successivement à la place de chaque personnage. Observez comment chacun réagit, ainsi que les conflits cachés qui se dessinent. Y a-t-il des similitudes avec votre vie ? Ayez la volonté de jouer à fond chacun de ces rôles. Pour obtenir encore plus d'efficacité, changez de place à chaque fois que vous changez de personnage.
- Revivez ainsi le rêve jusqu'à sa fin et observez ce qui se passe ensuite. Y a-t-il un message à votre intention ?

Ayez toujours sur votre table de chevet un stylo et du papier. Le simple fait de consigner vos rêves fera ressortir un certain nombre de thèmes et de symboles récurrents, dont la signification se fera ensuite progressivement sentir.

Les gens dont la fonction pensée est bien développée ont tendance à avoir du monde une approche logique et analytique. Ils réagissent plus facilement aux idées des autres personnes et ne montrent pas volontiers leurs émotions.

Ils aiment les théories et les modèles, qu'ils utilisent pour des prévisions. Lorsqu'ils prennent une décision, ils le font généralement d'une façon objective et impersonnelle. Lorsqu'ils ont à considérer une série de critères, ils savent adopter la meilleure ligne de conduite. Cependant, leur froideur est un handicap : lorsqu'ils parviennent à un résultat, apprécient-ils ce résultat en lui-même ? Ne sont-ils pas plutôt fiers d'avoir réussi à atteindre leur objectif ?

QU'EST-CE QUE LA PENSÉ ?

Dans notre culture occidentale, on attache une grande importance aux capacités intellectuelles, et les systèmes éducatifs ont toujours accordé beaucoup d'attention à la pensée. Malgré cela, peut-être avez-vous l'impression qu'on ne vous a jamais appris à penser et à raisonner.

La pensée peut se définir comme le résultat d'un brassage d'idées qui utilise différents moyens : examens, réflexions, critiques, associations, produits de votre imagination, souvenirs, prise de conscience, etc.

Bien entendu, tout ce qui concerne l'esprit est complexe et met en jeu, à côté de la pensée proprement dite, l'imagination, la perception et le souvenir.

Ces fonctions contribuent toutes à la pensée ou la complètent ; nous la traiterons cependant ici de manière isolée : il vous sera alors plus facile de la développer.

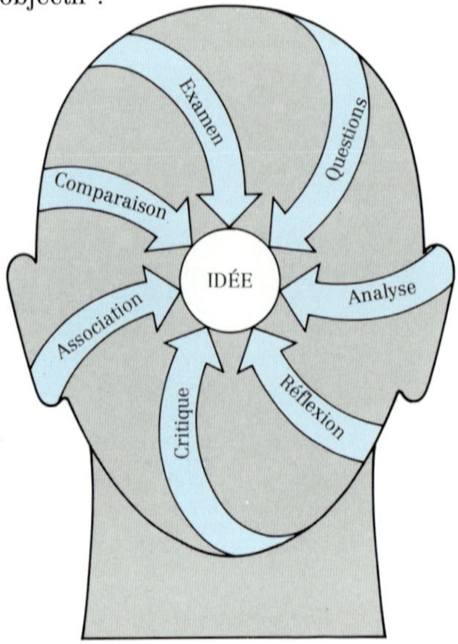

LA STRUCTURE DE VOTRE PENSÉE

Même si nous n'en sommes pas conscients, nous utilisons tous des cadres lorsque nous pensons. Ces cadres (théories, modèles, concepts, schémas) nous permettent d'organiser nos connaissances et notre expérience.

Ainsi, lorsque vous rencontrez pour la première fois quelque chose ou quelqu'un, vous avez une expérience qui vous permet d'établir les bases d'une construction de l'esprit, d'une façon de voir le monde.

Cette construction entraîne une compréhension de ce qu'est le monde et de la façon dont il fonctionne. Elle vous permet également de réaliser une évaluation ou un jugement émotionnel sur vous-même, sur le monde, et sur votre relation au monde.

Vous abordez et comprenez le monde en fonction de ces constructions de l'esprit. La plupart de vos constructions évoluent pour vous permettre d'appréhender de nouvelles expériences. Ces évolutions se font souvent de façon intuitive et inconsciente sans être véritablement formulées. Plus vous avancez en âge, mieux vous comprenez.

Un concept (c'est-à-dire la partie cognitive d'une construction) est la représentation mentale que vous vous faites de la façon dont les choses sont organisées. Les concepts (théories, modèles, schémas) sont les outils de prédilection du penseur. La valeur de celui-ci dépend de sa capacité à décrire, à expliquer et à prédire. Notons que, dans la vie, il est plus utile de prédire que de décrire.

Les schémas et modèles descriptifs servent la démarche de reconnaissance. Les schémas et modèles explicatifs, quant à eux, répondent aux questions « Pourquoi » et « Comment ». Enfin, les schémas et modèles qui prédisent permettent d'extrapoler sur ce qui peut arriver dans certains contextes et conditions. Ils vous aident à préparer et à planifier les événements, donc à en tirer le meilleur profit.

LES TECHNIQUES DE BASE

Les gens qui savent bien penser utilisent de façon consciente de nombreux schémas, modèles, concepts ou théories. La plupart de ces théories et concepts sont développés et utilisés dans le cadre de certaines disciplines scolaires : modèles et règles mathématiques, cartes de géographie, théorie de la gravité, lois de physique, embryologie... La plupart de ces disciplines ont permis le développement de modes de pensée spécifiques. Vous n'avez pas besoin d'un jargon de spécialiste pour penser, mais vous avez besoin d'avoir sur le sujet qui vous préoccupe des connaissances théoriques et expérimentales, et cela demande des qualités et techniques spécifiques.

Définition
Ne partez pas du principe, lorsque vous employez un mot, que la personne en face de vous a la même structure d'esprit que vous et comprend donc la même chose.

Mise entre parenthèses de ce que vous croyez
Pour découvrir une nouvelle construction ou un nouveau concept, il faut que vous sachiez faire temporairement abstraction de vos anciens concepts et accepter une certaine confusion avant que se dessine le nouveau schéma.

Questions et formulations du problème
Pour avoir une pensée efficace, il est essentiel de poser les bonnes questions et de poser le problème dans des termes qui facilitent sa résolution.

Réflexion
Considérez ce que vous savez déjà : vous évaluerez et jugerez plus tard.

Établissement de catégories et de priorités
En ordonnant les données dont vous disposez, vous clarifierez les choses.

Analyse
L'analyse s'effectue généralement dans le cadre d'une structure ou d'une théorie existante, par exemple pour faire la distinction entre des faits et des hypothèses. Elle permet de décomposer les informations, met en évidence les relations sous-jacentes et les principes d'organisation.

Déduction
Il existe des éléments non énoncés qui se déduisent des informations qui sont disponibles.

Comparaisons et oppositions
Entre plusieurs propositions, examinez les points de similitude ou de différence, le pour et le contre de chacune. C'est un exercice très utile pour la prise de décision.

Hypothèses et réfutations
Créez ou inventez une théorie ou une façon d'extrapoler ou d'expliquer, et essayez de prouver qu'elle est erronée. Une hypothèse est considérée comme exacte jusqu'à ce qu'on prouve qu'elle ne l'est pas.

Particularisation et généralisation
Cela permet de prévoir en s'appuyant sur des preuves.

L'avocat du diable
Envisagez un certain nombre d'hypothèses pour éprouver une idée ou pour l'examiner sous un angle critique.

Cycle de résolution des problèmes
Procédez par séquences : allez des causes aux effets, et des solutions possibles aux solutions retenues.

Les gens chez qui le facteur émotionnel prédomine ont souvent des jugements qui se réfèrent à ce qu'ils aiment ou n'aiment pas : il s'agit de réactions viscérales. Ils ont tout à fait conscience de la façon dont ils se sentent et sont sensibles aux sentiments des autres. Ils sont souvent attirés par les souvenirs, la chaleur, l'harmonie ; la qualité des relations qu'ils entretiennent avec les autres a une grande importance pour eux.

Leurs valeurs, et parfois celles de leurs proches, interviennent largement lorsqu'ils prennent des décisions. L'intensité de leurs sentiments peut les amener à la morosité, mais en général ils ont un sens relationnel très développé qu'ils savent utiliser avec le plus grand brio.

QU'EST-CE QU'UNE ÉMOTION ?

Fondamentalement, les émotions sont des distinctions subtiles de la réponse plaisir-douleur. On considère ainsi que la colère répond à un manque de choix, la peur à un manque de compréhension, et le chagrin à un manque d'amour. Nos besoins fondamentaux sont connectés de façon dynamique à nos états émotionnels. La joie, le bonheur, l'exubérance ou l'extase sont ainsi des aspects de la réponse plaisir.

Pour tirer parti de vos émotions, vous pouvez recourir à un certain nombre d'options ; la plupart des gens ont recours à la première option que nous vous présentons ci-dessous, mais il en existe d'autres.

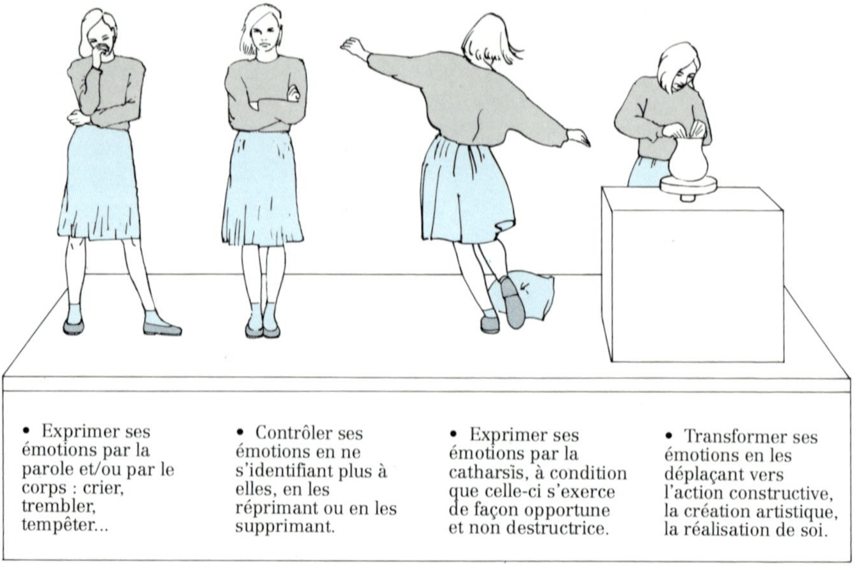

- Exprimer ses émotions par la parole et/ou par le corps : crier, trembler, tempêter...
- Contrôler ses émotions en ne s'identifiant plus à elles, en les réprimant ou en les supprimant.
- Exprimer ses émotions par la catharsis, à condition que celle-ci s'exerce de façon opportune et non destructrice.
- Transformer ses émotions en les déplaçant vers l'action constructive, la création artistique, la réalisation de soi.

Les gens qui savent tirer parti de leurs émotions :

- Ont conscience que leur réponse physique est liée à certains événements particuliers ou à certaines personnes.
- Savent reconnaître les différents types de réponses.
- Savent identifier les différentes réponses physiologiques et les désigner correctement.
- Savent choisir les moyens d'action les plus efficaces et ne sont pas dominés par leurs émotions.
- Savent reconnaître et limiter les effets d'une détresse et se remotiver dans la vie de tous les jours.
- Acceptent leurs sentiments et leur accordent de la valeur, qu'ils soient positifs ou négatifs.
- Assument leurs sentiments sans chercher à en rejeter la responsabilité sur quelqu'un d'autre.
- Savent manier leurs sentiments de plusieurs façons : expression, contrôle, catharsis...

DÉCOUVREZ VOS ÉMOTIONS

On a souvent du mal à reconnaître ses sentiments, particulièrement lorsqu'ils sont négatifs.

La distinction et l'identification des sentiments sont des choses qui s'apprennent. Mais, avant d'en arriver à ce stade, il faut déjà que vous sachiez accepter vos sentiments et leur accorder de la valeur.

Vous recevez souvent des messages de la part de votre entourage. Ils vous indiquent, par exemple, que vos émotions sont puériles et honteuses. La réponse à l'émotion est alors l'inquiétude ou la gêne, plutôt que le respect et l'acceptation.

Afin d'éviter cette censure extérieure, vous avez peut-être tendance à dissimuler des émotions puissantes derrière un rideau d'émotions plus acceptables : par exemple, l'ennui, la gêne ou la tension.

Si vous allez un peu plus loin, par exemple en parlant sans arrêt, en riant, en vous étirant ou en bâillant, vous masquez peut-être les émotions primaires fortes : colère, peur, chagrin, bonheur, joie.

Quels sont vos choix ?

Pour exprimer vos émotions, vous avez le choix entre de très nombreux comportements. Tout d'abord, il faut que vous observiez quelle est votre réponse physiologique et que vous rangiez celle-ci dans une catégorie.

Une personne sensible devinera peut-être à votre attitude ou à votre expression quelle émotion vous ressentez, mais vous n'êtes pas obligé de formuler verbalement cette émotion ou vous y conformer lorsque vous en prenez conscience.

La deuxième option découle de la première. Vous pouvez exprimer verbalement votre émotion en choisissant la formulation appropriée, afin de permettre au récepteur de comprendre et de mesurer ce que vous ressentez. Par exemple, si vous êtes en colère, vous pouvez dire, selon l'intensité, que vous êtes ennuyé, irrité, ou fou de rage. De même, si vous avez peur, vous pouvez dire que vous êtes inquiet ou terrorisé. Pour exprimer le chagrin, vous pouvez parler, soit de déception, soit de désespoir.

Ces différences d'intensité vous indiquent bien à quelle point une chose est relative et définissent vos priorités. Lorsque vous voulez faire comprendre à d'autres personnes combien quelque chose est important pour vous, vous communiquez en ayant recours à diverses intensités d'expression : sinon, vous créez des malentendus.

Une troisième option consiste à formuler vos sentiments sur un mode non destructeur. Par exemple, pour exprimer la colère, vous pouvez tempêter, crier ou vous exalter ; vous pouvez aussi joindre le geste à la parole. De la même façon, pour exprimer la peur, vous pouvez trembler ou pousser des cris.

La plupart des gens trouveront ce mode d'expression difficile à utiliser. Nous vivons en effet dans une culture qui le réprime, de manière implicite ou explicite. Il nous faut donc réapprendre à exprimer nos sentiments.

Il faut redécouvrir l'expression corporelle, ou tout au moins cesser d'entraver celle-ci. En éduquant ou en rééduquant nos capacités d'expression, on dévoilera mieux et plus opportunément ses sentiments lorsque le besoin s'en fera sentir. A cet égard, c'est la démarche cathartique qui est la meilleure.

Par ailleurs, il est vraisemblable que les sentiments les plus profonds sont partagés et qu'on les vit en termes de félicité, d'accord, d'extase, d'absence de limites, d'apogée. La plupart des gens, malheureusement, n'éprouvent ces joies que très épisodiquement. En exploitant mieux votre potentiel, vous éprouverez plus souvent ce genre de sentiments, et vous n'aurez pas alors besoin de mots pour les exprimer.

★ N'OUBLIEZ PAS

Lorsque vos émotions fonctionnent bien, elles peuvent :

- *Vous aider à déterminer ce que vous voulez et ce qui vous convient.*
- *Vous faire comprendre que quelque chose doit changer chez vous, chez les autres, dans le monde.*
- *Vous avertir d'un danger.*
- *Vous aider à dire aux autres quels sont vos besoins et vos priorités.*
- *Vous amener à avoir une attitude empathique avec les autres et avec vous-même.*
- *Vous motiver pour progresser.*
- *Vous aider à déterminer nettement quelles sont vos propres valeurs et vous guider.*

L'intuition est une qualité qui est très utile pour voir, dans une situation donnée, quels en sont le potentiel, les possibilités et la direction qui se dessine.

Elle vous permet de découvrir des choses sur les relations et les significations, au-delà des données purement sensorielles.

Les gens dont l'intuition est très développée peuvent être des visionnaires, des entrepreneurs, des inventeurs ou des artistes, car ils s'intéressent à ce qu'ils pourraient devenir et à ce que l'avenir a en réserve.

Les intuitifs ne sont pas conventionnels ; ils suivent leur inspiration, arrivent rapidement à des conclusions et n'aiment pas la routine. Comme la précision demande du temps, ils font parfois des erreurs. Ils aiment trouver des solutions, apprendre de nouvelles choses, travailler dans une débauche d'énergie et d'enthousiasme, et savent se mettre à l'écoute de ce qui est sous-jacent ; leur perspicacité et leurs pressentiments se situent à un niveau inconscient. Ils les utilisent, en fait, tout naturellement.

QU'EST-CE QUE L'INTUITION ?

L'intuition est une conscience holistique, qui permet de concevoir les choses dans leur globalité ; elle concilie l'expérience du passé, la connaissance du présent et l'environnement externe pour donner naissance à la perspicacité. L'intuition n'est pas un acte volontaire, c'est un état de réceptivité et d'attention. Pour certains, le fait d'être intuitif peut vouloir dire faire cesser le bruit interne de leur pensée et créer un espace où projeter leurs prédictions. Pour d'autres, il entraîne une perte de contact avec soi-même et un déplacement sur les aspects sensoriels de la réalité extérieure.

Votre intuition peut être pénétrante et sûre ; mais, à d'autres moments, elle peut être très loin de la vérité. Les intuitions doivent donc être vérifiées à la lumière de l'expérience. Une chose est d'avoir de l'intuition, une autre chose est de savoir l'articuler et l'interpréter utilement.

Vous ne pouvez pas contrôler votre intuition ; plus vous chercherez à la forcer, moins elle sera disponible.

L'IMPORTANCE DE L'INTUITION

Dans notre société, on peut observer que la fonction de l'intuition est moins importante que la fonction rationnelle. Le système éducatif ne la favorise ni directement, ni indirectement, alors que c'est pourtant une capacité très recherchée. Il est vrai qu'on ne peut guère «apprendre» à être intuitif.

Il est certain que, si vous souhaitez développer votre intuition, il faut que vous le vouliez vraiment et que vous ayez conscience que l'apprentissage ne passe pas seulement par la perception sensorielle et ne se trouve pas dans les livres.

ÉVEILLEZ VOTRE INTUITION

Voici quelques techniques pour vous y aider :

La relaxation
La relaxation est essentielle pour développer votre intuition, ou pour vous aider à la mobiliser. Pour vous relaxer, reportez-vous aux techniques exposées pages 86 et 87

La méditation
La méditation vous aide à créer en vous le silence intérieur et à apaiser ainsi votre esprit. Vous pouvez favoriser votre concentration en prenant conscience de votre respiration et en empêchant votre attention de vagabonder. Les exercices de méditation demandent de la persévérance.

LES CLEFS DU DÉVELOPPEMENT DE L'INTUITION

Il existe un certain nombre d'exercices qui peuvent stabiliser et valoriser vos intuitions. Par ailleurs, ils vous aident aussi à leur faire confiance et vous permettent de vérifier leur validité auprès d'autres personnes. Ainsi, si vous voulez développer votre intuition, observez les attitudes suivantes.

- Ne jugez pas : c'est un principe essentiel si vous voulez avoir une bonne perception. Pour cela, il faut que vous appreniez à vous accepter et à accepter les gens et les choses tels qu'ils sont.
- Soyez ouvert. Si vous avez peur d'être vu, vous risquez de vous fermer et de ne plus rien voir vous-même.
- Identifiez-vous à une autre personne, par l'empathie émotionnelle, par exemple. L'identification est un élément fondamental de l'intuition. Celle-ci est favorisée par l'amour et la compassion ; elle est au contraire entravée si vous vous faites des illusions sur vous-même ou si vous prêtez à quelqu'un d'autre des désirs ou des pensées qui n'appartiennent qu'à vous.
- Faites partie d'un groupe de soutien avec lequel vous pourrez partager vos intuitions : vous accélérerez ainsi vos progrès.

L'ESPACE MENTAL

Pour faire fonctionner votre intuition, il faut que vous stoppiez l'hyperactivité que développe habituellement votre cerveau. L'exercice qui suit permet de clarifier votre espace mental pour permettre à votre intuition de s'exercer.

- Tout d'abord, asseyez-vous dans un endroit calme.
- Fermez les yeux, inspirez et expirez profondément, relaxez-vous.
- Demandez-vous ce qui vous empêche vraiment d'être satisfait en ce moment précis.
- Faites surgir une réponse verbale ou une image.
- Accueillez cette réponse avec bienveillance, sans chercher à résoudre ou à approfondir le problème.
- Évacuez le problème : imaginez-vous que vous mettez celui-ci dans une boîte et que vous vous en débarrassez : vous pouvez ranger la boîte dans un endroit sûr, l'enterrer, l'attacher à un ballon qui monte dans le ciel, ou encore la lancer dans un lac.
- Une fois que vous avez évacué le problème, reposez-vous la question. Refaites l'exercice jusqu'à ce que vous ayez clarifié l'espace dans votre esprit.
- Avec un peu de pratique, votre capacité à clarifier ainsi l'espace augmentera.

VOS CAPACITÉS SENSORIELLES

Les gens dont les qualités sensorielles sont développées excellent à percevoir la réalité. Ils ont les pieds sur terre et sont attentifs aux détails concrets. Aimant les choses normalisées et la routine, ils n'ont pas une imagination foisonnante, mais se trompent rarement sur les faits et sont généralement doués pour les travaux de précision.

Ils sont patients pour ce qui concerne les détails, mais trop de complexité les ennuie. Bien qu'ils n'aient pas toujours une vision globale des projets, ils persévèrent dans leur travail jusqu'à leur aboutissement. Ils aiment l'action, parfois jusqu'à s'y lancer avant que le plan ne soit complètement élaboré.

QU'EST-CE QUE LA FONCTION SENSORIELLE ?

L'expérience sensorielle est essentielle. Dans de très nombreuses écoles, on a d'ailleurs remis à l'honneur l'enseignement pratique pour compléter la culture livresque, trop abstraite. Une théorie, aussi bien exposée soit-elle, ne remplace ni l'observation ni l'expérience concrète.

Par manque d'occasions, on privilégie souvent la vue et l'ouïe au détriment des autres sens, ce qui est regrettable. Une bonne perception du monde ne s'acquiert qu'avec la participation de toutes les fonctions sensorielles.

Mais l'appréciation sensorielle demande du temps. La plupart des citadins sont trop occupés à réussir leur carrière et trop stressés, pour prendre le temps de savourer ce que leur procurent leurs sens.

Les artistes, les scientifiques, les poètes ou les cuisiniers savent, eux, à quel point il est important de toujours perfectionner leurs qualités sensorielles. Leur compétence repose en effet sur leur capacité à observer, à goûter, à toucher, à écouter ou à sentir.

Nous vivons dans une civilisation qui accorde une grande importance à la science et dans laquelle prévaut l'éthique du travail : peu de plaisirs, beaucoup de sang, de sueur et de larmes. La plupart des gens passent donc trop peu de temps à profiter de la vie. Si vous essayez de dresser la liste de ce que vous avez à faire, elle sera probablement très longue ; beaucoup plus que celle des choses qui vous procurent du plaisir, quel qu'il soit.

Or le plaisir et la vitalité sont contagieux. Si vous acceptez votre propre plaisir, celui-ci se communiquera à votre entourage qui en tirera profit. Les problèmes sembleront moins graves et les gens difficiles moins désagréables.

COMMENT ÉVEILLER VOS SENS

Il est tout à fait évident que la qualité de votre expérience sensorielle joue un très grand rôle dans votre capacité de mémorisation et dans le développement de votre intelligence. La qualité et la quantité de données sensorielles que vous recevez sont des éléments clefs pour résoudre les problèmes.

Bien peu de gens contestent la nécessité et les charmes de l'acuité sensorielle ; mais peu nombreux aussi sont ceux qui cherchent à l'améliorer lorsqu'ils sont adultes.

Les exercices qui suivent vous permettront d'éveiller et de développer vos sens.

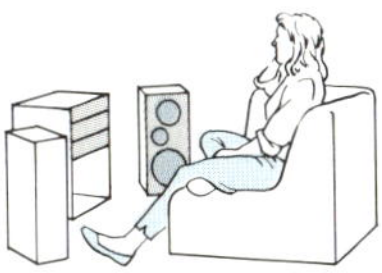

- Observez un groupe de gens dans un endroit public et essayez de mémoriser la scène. Pouvez-vous faire une distinction entre les données sensorielles, et vos pensées, vos sentiments, ce que vous imaginez ? Dans ce que vous avez retenu, quelle est la part qui provenait de vos sens ? Qu'en concluez-vous par rapport à l'utilisation que vous en faites ? Faites cet exercice avec un ami et comparez ce que chacun d'entre vous a mémorisé.

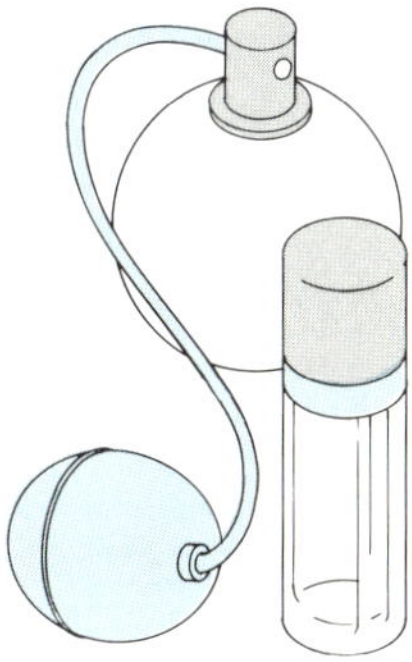

- Dressez une liste de vos sources de bonheur et de plaisir. Essayez d'imaginer que vous éprouvez un de ces plaisirs. Quels sont les sens que vous mobilisez pour le retrouver ?
- Regardez par la fenêtre et notez dans le détail ce que vous voyez. Lorsque vous avez terminé, faites une pause. Puis recommencez, en cherchant d'autres détails ; notez vos observations. Faites une pause, recommencez encore. A chaque fois que vous approfondissez votre observation, notez-en le résultat.

- Avec une autre personne, surprenez-vous mutuellement par le plaisir que procurent les cinq sens : par exemple, goûtez des plats délicieux, écoutez une musique reposante, sentez des parfums délicats. Observez la manière dont vos sensations ont évolué après cette expérience. Notez si celle-ci a une influence sur votre activité ultérieure.
- Choisissez un endroit qui vous est familier ou un jardin clos. Fermez les yeux ou bandez-les. Ensuite, explorez l'espace en utilisant le toucher, le goût et l'odorat. Notez les différences par rapport à votre façon habituelle de percevoir les choses.

A un moment ou un autre de votre vie, on vous a demandé d'apprendre un texte «par cœur», puis de savoir le réciter comme un perroquet : à cause de cela, peut-être vous êtes-vous convaincu que vous aviez une très mauvaise mémoire.

On ne peut rien apprendre sans recourir à la mémoire ; cela vous a peut-être amené à vous dire que vous n'étiez pas fait pour les études, ou même que vous n'étiez pas très intelligent. Or, vous emmagasinez le moindre détail de ce qui vous arrive ; simplement, vous ne savez pas comment accéder à votre mémoire et comment faire ressurgir au bon moment le matériel qui y est stocké.

QU'EST-CE QU'UNE BONNE MÉMOIRE ?

On a constaté que les gens qui ont une bonne mémoire utilisent celle-ci de façon régulière, évitant ainsi une sorte d'atrophie de leurs capacités à se souvenir.

Ainsi, les gens qui mémorisent bien savent recueillir les informations, les stocker, puis les restituer lorsqu'ils en ont besoin. La bonne mémoire comporte ces trois volets indispensables.

Valeurs et besoins
Pour vous aider à préciser votre motivation, demandez-vous d'abord la raison pour laquelle vous voulez vous rappeler de quelque chose, et si c'est très important pour vous. Plus votre besoin et votre intérêt seront forts, plus vous aurez de facilité à mémoriser.

Image de soi-même et type de personnalité
Si vous vous accordez une valeur en tant qu'individu, si vous croyez que votre mémoire est bonne et que vous pouvez la faire fonctionner, vous êtes déjà sur la bonne voie.

En fonction de sa personnalité, on se souvient de choses différentes. C'est ainsi, par exemple, que les intuitifs retiennent des idées, les sensoriels des détails ou des faits, et les sensitifs les aspects relationnels. Dans quelle catégorie vous situez-vous ? Vous pouvez améliorer votre mémoire concernant certains types d'information en perfectionnant, selon le cas, votre intuition, votre capacité sensorielle, votre sensibilité...

Signification et pertinence
Les gens se souviennent de ce qu'ils comprennent, c'est-à-dire ce qu'ils peuvent rattacher à une expérience passée. Ainsi, une plus grande implication entraînera de meilleurs souvenirs.

Si vous êtes familier avec la matière de ce que vous devez retenir, vous saurez où ranger l'information.

Disposition et préparation
D'une manière générale, si vous êtes disposé à recevoir une nouvelle information, vous aurez plus de chances de vous en souvenir. On a souvent tendance à déformer ou à carrément oublier une information qui représente une menace. En vous relaxant et en choisissant un environnement sûr et familier, vous diminuerez votre attitude défensive.

Le début et la fin
Lorsque vous avez un texte assez long à mémoriser, la meilleure solution consiste à le morceler. On a en effet tendance à retenir le début et la fin d'une information et à oublier le corps du message.

Impact et attention
Les choses et les événements dont on se souvient le mieux sont ceux à qui on a accordé le plus d'attention et/ou qui ont eu sur nous le plus d'impact. Il s'agit souvent de ce qui a été exceptionnel sur les plans émotionnel et sensitif.

Donc, si vous voulez retenir quelque chose, accordez-lui toute votre attention.

Le pouvoir de l'imagination
Pour stocker et retenir des informations, la création d'images fortes est très importante. On se souvient plus facilement de ce qui est actif, passionnant, exceptionnel. Votre imagination a le pouvoir de transformer les choses les plus insignifiantes. Utilisez-la.

AMÉLIOREZ VOTRE MÉMOIRE

Acquérir une bonne mémoire demande un certain travail, que la plupart des gens ne prennent pas le temps d'effectuer. Pourtant, ils se répètent plusieurs fois les choses pour s'en souvenir, ce qui leur fait perdre du temps, car la répétition n'est pas une bonne technique si elle est employée seule.

Vous avez une mémoire à court terme et une mémoire à long terme, comme les ordinateurs. Votre mémoire à court terme couvre quinze secondes, pendant lesquelles s'opère la sélection de ce que vous allez stocker ou rejeter. La mémoire à long terme, elle, a emmagasiné des informations qui peuvent être rappelées à tout moment.

On peut dire que votre mémoire à court terme est la partie active du processus. Pour que votre mémoire à long terme enregistre une information, il faut que, pendant cette phase active, vous la sélectionniez au lieu de la laisser s'échapper. Voici quelques conseils pour vous y aider.

Voici quelques phrases mnémotechniques fameuses, concernant les domaines les plus divers.

- Orthographe : "Le chapeau de la cime est tombé dans l'abîme".
- Mathématique : "La circonférence est toute fière d'être égale à 2 pi R, et le cercle est tout joyeux d'être égal à pi R 2".
- Géographie : "L'aube est loin et sonne l'heure où la Marne et l'Oise séparées par la haine se battront comme des lionnes" (les affluents de la Seine : Aube, Loing, Essonne, Eure, Marne, Oise, Aisne, Yonne).
- Littérature : "Une corneille, sur une racine de bruyère boit l'eau de la fontaine Molière" (les six écrivains majeurs du XVIIe siècle).
- Biologie : "Le très lyrique Tristant fait méchamment valser Iseult" (les acides aminés essentiels : leucine, thréonine, lysine, tryptophane, phényl-alanine, méthionine, valine, isoleucine).

Dans la vie quotidienne, c'est à chacun de se construire ses propres formules. Les exemples ci-dessus montrent assez qu'aucun sujet n'est inaccessible à ce codage !

Coder

Pour vous rappeler le nom de quelqu'un, regardez-le bien, tout en créant une image forte qui vous permettra de mémoriser son nom. Répétez-vous ce nom tout en visualisant l'image.

De même, si vous voulez vous souvenir d'une liste de mots, par exemple, faites correspondre à chaque mot une image. Vous pouvez ensuite relier les images entre elles au moyen d'un « scénario » qui vous permettra de restituer la liste sans aucune omission. Prenons par exemple la liste : oiseau-pomme-arbre. Votre scénario sera : «L'oiseau a picoré la pomme qui est tombée de l'arbre»

Vous pouvez aussi :

- Relier l'information à un endroit.
- Noter, dessiner, danser, visualiser ou formuler l'information à voix haute.
- Établir des catégories, comprendre comment est articulée l'information.
- Imaginer une histoire qui intègre les points que vous voulez mémoriser.

Retenir

- N'essayez pas de mémoriser d'un seul coup une masse importante d'information ; fractionnez-la.

Se rappeler

- L'imagination instantanée consiste à capter des images fugitives plutôt que de travailler sur des réminiscences.
- L'association permet à une image de déclencher l'image suivante.
- La description littérale restitue en détail les aspects sensoriels ou concrets d'un sujet, même si c'est périphérique par rapport à ce que vous essayez de vous rappeler. Elle incorpore des détails abstraits.
- Les schémas de l'esprit consistent à transcrire les souvenirs en mots clefs. Ils ne se présentent pas sous une forme linéaire, mais sous forme de schémas associatifs dans lesquels une idée est reliée à une autre autour d'un thème central.

Pour pratiquer le self-management, il faut d'abord que vous sachiez de quoi il s'agit. On peut dire que son but consiste à répondre à tous vos besoins ; parmi ces besoins figure votre désir de trouver harmonie et soutien dans vos relations avec les autres et avec votre environnement.

Abraham Maslow, un psychologue américain, a établi un schéma des besoins, à la suite d'une étude sur une population de gens de toutes conditions sociales qui avaient réussi d'une façon ou d'une autre. Il appelait ces gens des auto-réalisateurs, car ils se réalisaient eux-mêmes ; ils étaient très probablement aussi des self-managers efficaces.

L'ACTIVITÉ DE L'INDIVIDU

Le premier devoir de tout individu est de parvenir à la réalisation de soi-même. Vous devenez alors ce que vous êtes vraiment, vous prenez conscience des capacités qui sont les vôtres et vous atteignez des objectifs significatifs. La réalisation de soi-même donne à la vie de la profondeur, une signification et une direction.

La réalisation efficace de vous-même suppose que vous exploitiez votre potentiel personnel et que vous tiriez parti de votre activité sociale, dans un objectif de réalisation de vous-même. Cela implique que vous choisissiez les comportements qui répondent à vos propres besoins et à ceux de la société, même si les deux points ne semblent pas toujours faciles à concilier.

Il y a les gens qui cherchent à se réaliser, il y en a d'autres dont le seul souci est de survivre. Cela s'explique en partie par le fait qu'il existe une hiérarchie et une chronologie des besoins : ce n'est que quand on a satisfait ses besoins primaires qu'on peut chercher à satisfaire des besoins plus élevés (voir ci-contre).

En général, la satisfaction d'un besoin fondamental entraîne la recherche de satisfaction d'un besoin plus sophistiqué. Mais, dans certains cas, on s'en tient à ce que l'on a et l'on n'adopte pas un comportement de réalisation de soi-même.

Il y a plusieurs raisons qui peuvent expliquer cette stagnation : le fait d'être enfermé dans des comportements hérités du passé (habitudes), la pression sociale ou les défenses internes, comme l'orgueil ou la mauvaise foi, qui empêchent de se remettre en question.

QUELS SONT LES BESOINS FONDAMEN

Les besoins fondamentaux sont les suivants :

- Besoins physiologiques : nourriture, sommeil, eau, chaleur...
- Besoins de sécurité : abri, ordre, stabilité, absence de peur et de violence.
- Besoins d'appartenance et d'amour : par exemple, amitié, appartenance à un groupe ou à une famille, approbation et acceptation de la part d'un groupe social...
- Besoins d'estime : respect de soi-même, statut social, maîtrise d'un savoir-faire, indépendance, estime des autres.

Lorsque vous étiez enfant, ces besoins étaient satisfaits de diverses façons. On a pu alors vous aider à développer des comportements de réalisation de soi-même : par exemple, avoir de la réalité une perception efficace, parvenir à l'acceptation de soi-même et des autres, à la spontanéité, à une attitude combative devant la vie. Malheureusement, tout le monde n'a pas la chance d'avoir vécu dans un environnement aussi attentionné.

Quelle qu'ait été votre enfance, vous êtes aujourd'hui à un âge où vous devez satisfaire vous-même vos besoins.

Plus un besoin se situe bas dans la hiérarchie, plus l'exigence qu'on a à le satisfaire est puissante et immédiate. Avant de pouvoir donner aux besoins plus élevés l'attention nécessaire, il faut avoir assouvi les besoins les plus primaires.

En revanche, lorsque votre survie est en jeu, vos besoins primaires reprennent le dessus. Par exemple, le fait de jouer et celui d'être curieux sont des comportements de réalisation de soi-même. Or, ces deux comportements disparaissent quand nous sommes sous l'emprise de la faim ou d'une menace.

Les besoins méta, eux, sont des besoins qui sont liés aux archétypes, qui ont une motivation spirituelle. Il s'agit, par exemple, de la quête de la justice, de la foi, de la paix.

Quant à la connaissance et à la liberté, il s'agit de besoins permanents qui se ressentent à tous les échelons de la hiérarchie.

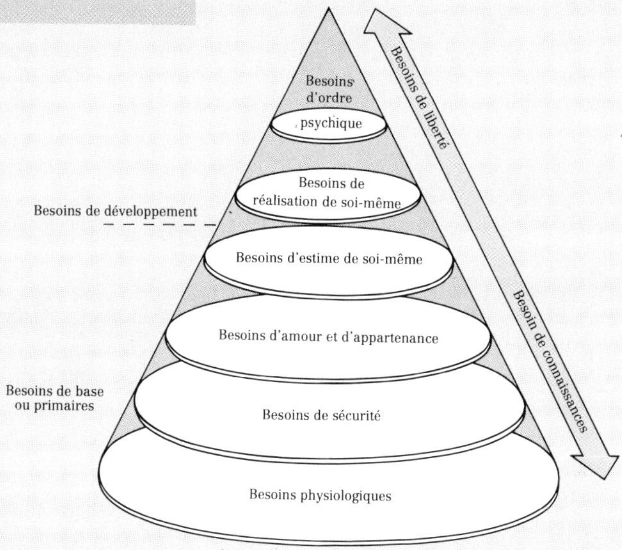

QUE CHERCHEZ-VOUS À RÉALISER ?

Que vous souscriviez ou non au schéma de Maslow, il faut que vous sachiez clairement ce que vous cherchez à faire. Si vous ne faites pas cette démarche, vous finirez par réagir aux pressions extérieures et intérieures de façon désorganisée et inutile. Qui que vous soyez, si vous voulez devenir autonome et exploiter au mieux votre potentiel, il faudra que vous releviez un certain nombre de défis dans la vie. L'enjeu de ces défis consiste essentiellement à :

- Survivre.
- Entretenir votre personne et vos relations.
- Apprendre et vous développer.
- Vous transcender et prendre des risques.

Chacun de ces enjeux implique des actions qui demandent des qualités spécifiques. Vous devez tenir compte du fait que votre contexte personnel est perpétuellement en train de changer : vous prenez de l'âge, vous changez de résidence, etc. De même, un certain nombre d'éléments indépendants de votre volonté peuvent évoluer.

LE SELF-MANAGEMENT EFFICACE

Pour arriver à un self-management efficace, il faut que vous gardiez le "sens de l'équilibre". Vous devez, par exemple, répartir votre temps entre le travail et les loisirs, concilier ce que demandent votre tête et votre cœur, mettre en harmonie ce que vous faites et ce que vous êtes.

Un self-management efficace demande du courage, de la souplesse, une connaissance de la direction dans laquelle on va, et la capacité de penser aux détails tout en continuant à avoir une vue d'ensemble.

Vous pouvez envisager le management de plusieurs façons : satisfaction de certains besoins, réponse aux défis de la vie, etc. Mais, de toute façon, si vous voulez réussir, il faut absolument que vous ayez un objectif ou une direction.

Paradoxalement, c'est souvent quand on doit diriger d'autres personnes qu'on s'aperçoit qu'on ne se contrôle soi-même pas si bien que cela. Or, l'un découle de l'autre.

★ EXERCICE

Décrivez certaines sphères de votre vie ; famille, travail, amis. Pour chacune de ces sphères, déterminez à quel niveau fonctionne votreself-management : par exemple, survie, entretien, transcendance. Déterminez aussi le degré de satisfaction que vous en retirez. Quels changements souhaiteriez-vous ?

VOTRE COMMUNAUTÉ INTERNE

"Savoir faire faire les choses par les autres", telle est la définition qu'on donne souvent du management. Or il existe en vous une communauté interne, c'est-à-dire des subdivisions de votre personnalité (voir le chapitre "Faites le point", pages 12 à 27). Le management s'applique aussi à votre communauté interne, qu'il convient de savoir diriger efficacement.

DIRIGEZ VOTRE COMMUNAUTÉ INTERNE

Votre communauté interne se compose de "gens" que vous allez devoir contrôler ; selon le cas, soit ils vous aideront à réaliser vos objectifs, soit ils vous gêneront. En l'occurrence, c'est vous qui prendrez les décisions et choisirez entre les différentes options ; c'est votre volonté qui mènera à l'action.

Votre communauté interne se compose de toutes les subdivisions de votre personnalité et de tous vos besoins qui demandent à pouvoir s'exprimer. Pour connaître cette communauté interne, il faudra que vous identifiiez les différents rôles sociaux que vous jouez.

Vous pourrez aussi utilement déterminer quels sont les personnages du monde des arts, du cinéma ou de la littérature avec lesquels vous vous êtes identifié ou qui ont eu sur vous un impact émotionnel : vous en apprendrez ainsi beaucoup sur votre communauté interne.

CONNAISSEZ VOTRE COMMUNAUTÉ INTERNE

Vous pourrez faire connaissance avec des membres de votre communauté interne dont vous ignoriez l'existence si vous examinez les relations que vous avez avec des personnes qui vous attirent fortement ou qui vous dégoûtent. En effet, vous révélez alors des aspects de votre personnalité dont vous n'êtes pas conscient ou que vous n'avez pas encore acceptées comme faisant partie de vous-même.

Un bon self-management passe par la connaissance de tous les membres de votre communauté interne. Peut-être y a-t-il en vous un saboteur ou un génie créatif qui ne s'est pas encore révélé ? Peut-être aussi auriez-vous besoin d'accueillir quelques membres supplémentaires qui équilibreraient "l'équipe" ?

C'est à vous qu'il revient de veiller à un équilibre et de vous garder d'une suridentification à l'un des membres du groupe. C'est à vous aussi qu'il revient de vous assurer que les besoins de votre communauté interne sont satisfaits et que toutes ses qualités et tout son savoir-faire seront exploités.

Il faudra aussi que vous sachiez dénouer les conflits afin de maintenir l'harmonie entre des intervenants qui ont souvent des besoins contradictoires. Il faut que votre volonté soit l'outil de cet équilibre : peut-être aurez-vous besoin de développer cette volonté (voir le chapitre "Développez vos capacités", pages 50 à 65).

En effet, le self-management ne déroge pas aux règles du management : il faudra donc, là aussi, que vous soyiez crédible et que vous gagniez la confiance et la coopération de l'équipe. Si vous adoptez à son égard une attitude autocratique, par exemple en réprimant certains membres de votre communauté ou en ignorant leurs besoins, vous favoriserez l'apparition de rebelles et de saboteurs et vos décisions ne se concrétiseront pas. Pour qu'elle fonctionne correctement, votre communauté interne doit être menée loyalement.

★ EXERCICE

• Dressez une liste des personnages et des rôles qui vous ont influencé ou auxquels vous vous êtes identifié.
• Déterminez les buts, les besoins et les qualités (par exemple, affirmation, amour, arrogance, vulnérabilité) auxquels ils correspondent.
• Cela vous éclaire-t-il sur la composition de votre communauté interne ? Par exemple, votre équipe est-elle suffisamment équilibrée pour que vous arriviez à ce que les choses soient faites ?
• Quels personnages ou quels rôles sont actifs, autrement dit quels sont ceux qui se retrouvent dans votre comportement ? Qui domine votre communauté interne, qui bâillonne-t-on, qui n'est pas apprécié ?
• Y en a-t-il dont vous aimeriez vous débarrasser ? Y en a-t-il qui ne s'entendent pas avec les autres ?

INTÉGREZ VOTRE COMMUNAUTÉ

Il se produit parfois une fissure en nous, qui entraîne, soit la créativité, soit la faiblesse. Souvent, par exemple, le parent qui est en nous demande à l'enfant de changer : l'enfant l'ignore, l'évite, se rebelle, obéit sous l'effet de la peur, ou fait semblant d'obéir.

Dans ces cas-là, il ne faut pas qu'un parti cherche à dominer l'autre : il faut au contraire que les deux partis dialoguent, honorent la position de l'autre et trouvent un compromis qui satisfasse les besoins et objectifs de chacun. En fait, cette démarche est exactement celle qu'il faut adopter lorsqu'il s'agit de deux personnes réelles : en l'occurrence, il s'agit de deux aspects de vous-même que vous mettez en scène ; par le jeu des rôles, vous cherchez à rendre le conflit plus accessible et plus facile à résoudre.

★ TEST

Dressez une liste de propositions contenant les verbes "falloir" ou "devoir". Choisissez une de ces propositions. Installez face à face deux chaises. Asseyez-vous sur une chaise et imaginez-vous que vous êtes un autre. Parlez-vous, dites-vous comment vous devriez être, ce qu'il faut que vous fassiez, etc.

Ensuite, installez-vous sur l'autre chaise et répondez, verbalement et par vos attitudes.

Revenez à la première chaise et observez la position de votre corps, l'intonation de votre voix, etc. Tout cela vous rappelle-t-il quelqu'un que vous connaissez ? Il doit certainement s'agir d'un membre de votre communauté interne.

Si vous avez reconnu qui vous a parlé ainsi, continuez le dialogue, mais en utilisant des phrases à la première personne et au présent. Utilisez le langage et les manières de celui que vous venez de reconnaître. Quel est le message ?

Ensuite, redevenez vous-même et répondez. Parlez fort. Que dites-vous ? Déterminez vos besoins et observez vos attitudes.

Le fait que vous reconnaissiez physiquement la personne ou non n'a aucune importance. Ce qui est important, c'est que ce personnage est un membre de votre communauté interne et que votre dialogue avait donc toute sa raison d'être.

VOTRE SANTÉ ET VOTRE ÉNERGIE

Le fait d'entretenir votre santé et de maintenir votre vitalité ne se résume pas à faire de l'exercice physique et à veiller à votre alimentation. Il s'agit de connaître la sagesse de votre propre corps, la force vive de vos émotions, la dynamique de votre esprit et la source de votre âme. Votre corps, votre esprit et vos émotions formulent en permanence des messages: sachez les reconnaître et les interpréter. En faisant cela et en maintenant un équilibre entre vous-même et la façon dont vous agissez dans ce monde, vous serez sur le bon chemin pour trouver la santé et le bien-être.

LA SAGESSE DE VOTRE CORPS

Il est facile de savoir quand on a faim, quand on souffre ou quand on a sommeil. En revanche, la plupart des gens ont des difficultés à avoir conscience de toutes les parties de leur individu. Vous-même, quelles sont les parties de votre corps dont vous êtes spontanément conscient ? Quelles sont celles avec lesquelles la relation est plus difficile à établir ?

Observez-en la tension, les mouvements et l'énergie. Amplifiez volontairement toutes vos sensations. Quels messages vous envoie votre corps ?

LES ÉMOTIONS VÉRITABLES

Dans notre civilisation, on apprend aux enfants, dès leur plus jeune âge, à réprimer leurs émotions. A la longue, la plupart des gens ne sont plus capables de manifester certaines d'entre elles.

Généralement, les femmes perdent plus facilement la capacité d'exprimer la colère ; les hommes, quant à eux, ont tendance à inhiber le chagrin ou la peur.

Ces inhibition peuvent entraîner, dans les cas extrêmes, des maladies physiques ou mentales. Si vous parvenez à libérer ces sentiments qui sont bloqués et si vous réapprenez à exprimer vos émotions, toutes vos émotions, vous augmenterez votre énergie et vous recueillerez davantage d'informations. La première étape consiste à apprendre à reconnaître et à distinguer vos émotions.

★ EXERCICE

Choisissez un symptôme physique qui se manifeste chez vous actuellement, par exemple un mal de tête ou une tension musculaire. Accordez-lui une attention affectueuse, particulièrement s'il est douloureux. Acceptez-le, accueillez-le. Si vous le pouvez, aggravez-le puis soulagez-le.

Maintenant, mettez-vous à la place du symptôme. Vous ressemble-t-il ? Décrivez-vous en tant que symptôme, puis décrivez ce que vous faites à la personne. Quelle est votre attitude à son égard ?

Ensuite, retournez à votre propre rôle et répondez au symptôme. Que se passe-t-il entre vous ? Remettez-vous dans la peau du symptôme : êtes-vous utile à la personne qui souffre ?

Ensuite, réfléchissez à ce que vous avez retenu de cette prise de parole alternée, à ce que chaque partie a dit attendre de l'autre.

Une fois que vous avez terminé, reprenez le rôle du symptôme et discutez avec les gens qui composent la communauté interne de votre victime. Dites-leur comment vous les affectez, ce que vous leur faites faire, etc.

Continuez ainsi le dialogue, puis réfléchissez sur la sagesse de votre corps et observez de quelle manière vous avez réduit le symptôme au silence.

★ TEST

Relaxez-vous dans un fauteuil confortable. Respirez profondément cinq ou six fois.

Ensuite, observez ce qui se passe dans votre esprit, mais gardez-vous d'intervenir : soyez juste témoin. Percevez-vous des images, statiques ou en mouvement, ou plutôt des conversations ? Prêtez-vous attention aux événements passés, présents ou futurs ? Vous concentrez-vous sur un seul événement, ou passez-vous de l'un à l'autre ? Quelles sortes d'images sélectionnez-vous ? Quelles sont celles que vous évitez, celles auxquelles vous n'accordez pas d'attention, celles qui sont agréables et celles qui ne le sont pas ?

Cette observation a-t-elle été satisfaisante ou stimulante ? Que se passerait-il si vous faisiez le contraire de ce que vous avez observé ? Qu'avez-vous appris, sur la façon dont marche votre esprit, qui peut vous aider à entretenir votre santé et votre vitalité ?

LA GYMNASTIQUE DE L'ESPRIT

La plupart des gens ont l'esprit prisonnier. Ils sont comme des bouteilles sous pression dans lesquelles tout se bouscule. Ne nous étonnons donc pas que, pour soulager cet état, ils se tournent vers l'alcool, la drogue ou d'autres dérivatifs.

On a estimé que l'homme n'utilise que 10% de sa capacité mentale. C'est bien peu ; mais il faut savoir que ce faible pourcentage est lui-même mal exploité, ce qui provoque un stress mental tout à fait inutile. Vous-même, réfléchissez un peu sur la façon dont travaille votre esprit, et essayez de le débarrasser d'une partie de sa tension.

★ EXERCICE

Concentrez-vous sur un incident impliquant une personne contre laquelle vous êtes ou vous étiez en colère. Évoquez les détails de la scène, visualisez l'événement, ressentez pleinement un sentiment de colère. Observez les manifestations corporelles qui accompagnent cette colère.

Qu'arrive-t-il à vos bras, aux muscles de votre cou et de vos épaules, à vos yeux, à votre respiration, à votre pouls, à la position de votre corps ? Observez ensuite les symptômes de votre colère : comment l'avez-vous extériorisée ? Quels mots avez-vous employés ? S'agit-il d'un schéma habituel chez vous ? Comment vous sentez-vous maintenant ? Êtes-vous satisfait ou non ?

Choisissez d'autres émotions -par exemple, la peur, le chagrin, le bonheur, l'ennui, la gêne : vous aurez ainsi une vue d'ensemble de la façon dont vous maniez vos émotions.

LA SOURCE DE L'ÂME

L'âme et l'esprit nous donnent des moyens pour décrire les éléments transpersonnels de notre être ou les sources intérieures dont on tire la signification et l'inspiration dans la vie. C'est par eux que vous entrez en contact avec le divin qui est en vous.

Aujourd'hui, la religion a perdu sa signification pour beaucoup de gens. Certains voient dans cette désaffection la cause la plus importante de l'absurdité de la vie et du désespoir intérieur qu'on constate chez beaucoup d'entre nous.

Les psychologies archétypales et transpersonnelles proposent une autre solution pour découvrir et développer son moi supérieur. Même ceux qui rejettent la religion traditionnelle reconnaissent d'ailleurs que la dimension spirituelle est absolument indispensable à l'homme pour qu'il entretienne sa santé et qu'il réalise pleinement son potentiel.

Il existe un certain nombre de méthodes pour entrer en contact avec son esprit ou son âme. En voici certaines qui ont donné de bons résultats :

- Une retraite permettant de méditer et d'écouter la voix profonde de son propre corps.
- La méditation ou la prière.
- Les expériences esthétiques (l'art, la musique, la nature).
- La religion, le rite, la cérémonie.
- Les symboles (rêves et imagination active).

De très nombreuses personnes sont stressées parce qu'elles n'arrivent pas à menter à bien tout ce qu'elles ont à faire dans le temps dont elles disposent. D'autres passent leurs journées à faire des choses qu'elles ne trouvent pas gratifiantes ou dont elles ne perçoivent pas l'utilité.

On a tous besoin de gérer un budget. Les gens très occupés doivent savoir gérer leur temps avec la même rigueur. N'oubliez pas que les journées ont vingt-quatre heures pour tout le monde. Il faut donc faire des choix.

LE SELF-MANAGEMENT ET LE TEMPS

Le temps est quelque chose d'irréversible et d'irremplaçable. Si vous le gaspillez, vous gaspillez votre vie. Si, au contraire, vous valorisez votre temps, vous amènerez les autres à faire la même chose.

La gestion de son temps est partie intégrante du self-management. C'est une forme de philosophie de la vie, c'est aussi un exercice de discipline.

Si vous faites partie de ceux qui ne se soucient pas de hiérarchiser leurs valeurs et leurs priorités et de déterminer le but de

L'ORGANISATION DU TEMPS

Nous allons vous proposer des méthodes de gestion du temps ; grâce à celles-ci, vous exercerez un meilleur contrôle sur votre vie, vous serez plus professionnel et plus efficace. Ces méthodes vous éviteront également d'être débordé par un nombre toujours plus grand de choses à faire ; vous serez donc moins stressé. Dans votre vie professionnelle, choisissez le qualitatif et non le quantitatif. Recherchez l'équilibre.

Les zones clefs
Il s'agit des zones principales de votre vie, celles dans lesquelles vous avez des responsabilités et où vous devez obtenir des résultats. Ces obligations peuvent être soit explicites, comme c'est le cas dans une définition de fonctions, soit implicites et imprécises, par exemple en ce qui concerne les responsabilités familiales.

Il est nécessaire que vous clarifiiez votre rôle : posez-vous la question : "Dans quel but suis-je ici ?"

Contrôlez auprès des personnes concernées qu'elles sont d'accord avec votre réponse. Représentez sur un schéma la façon dont vous répartissez votre temps (voir ci-dessous).

Ensuite, évaluez le temps que vous n'employez pas à la réalisation de vos objectifs, de vos valeurs ou de vos priorités. Redistribuez votre temps si cela s'avère nécessaire.

Les priorités
Certaines personnes ont pour critère de priorité ce qu'il "faut" qu'elles fassent ; ce qu'elles "veulent" faire ne vient qu'ensuite. Leur démarche est basée sur les priorités des autres. Ne soyez pas comme elles : assurez-vous que les priorités que vous avez dégagées sont bien les vôtres.

Voici une méthode pour vous y aider. Utilisez-la par exemple pour la semaine qui vient.

- Dans ce que vous avez à faire, déterminez :
  – ce qui peut être programmé (activités proactives) ;
  – ce qui est fortuit (travaux réactifs).

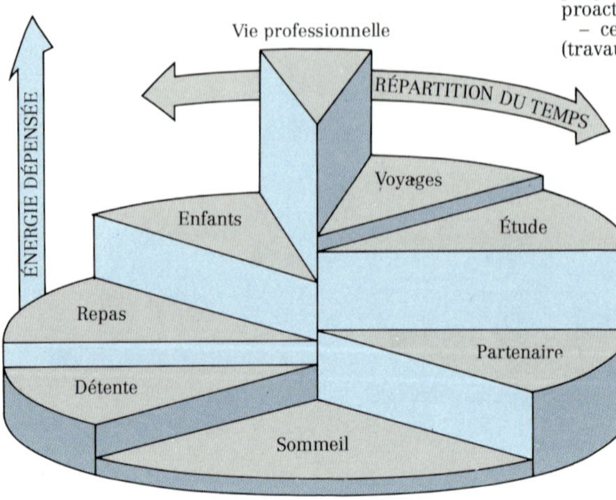

leur existence, aucune technique, si extraordinaire soit-elle, ne pourra vous apporter la satisfaction et réduire votre stress.

Faire des choix et déterminer des priorités exige que vous ayez conscience de vos objectifs, de vos motivations et de vos centres d'intérêt. Les techniques de gestion du temps ne vous seront utiles qu'une fois que vous aurez franchi cette étape.

★ EXERCICE

- *Déterminez quelles sont les choses qui vous font perdre beaucoup de temps.*
- *Réfléchissez à ce que vous pourriez faire pour y remédier.*
- *Choisissez une solution et envisagez ce qu'elle impliquerait pour vous-même et pour les autres.*
- *Mettez cette solution en pratique, puis contrôlez-en les résultats et examinez-en les conséquences.*
- *Procédez régulièrement à cette mise à jour.*

- Définissez ensuite :
  - ce qui est urgent ;
  - ce qui est important.

En général, les travaux proactifs sont ceux qui vous permettent de progresser dans la réalisation de vos zones clefs. Les tâches réactives offrent beaucoup moins d'intérêt pour ces zones.

- Programmez ensuite vos activités :
  - programmez celles qui sont proactives en leur accordant un temps proportionnel à leur importance ;
  - réservez des plages de temps libre pour les travaux réactifs. S'ils sont urgents et peu importants, expédiez-les rapidement. S'ils sont urgents et importants, replanifiez votre temps en fonction de ces impondérables.

Les éléments chronophages

Lorsque vous hiérarchisez vos priorités d'action, pensez toujours à vous poser les questions suivantes : "Pourquoi est-ce que je fais cela ?" ; "Est-ce la meilleure façon d'utiliser mon temps ?" ; "Est-ce quelque chose que je veux vraiment faire ?" Méfiez-vous également des choses suivantes :

- Soyez organisé. Si l'organisation n'est pas votre fort, faites-vous aider, utilisez un agenda, un système de classement efficace.
- Le débordement. Astreignez-vous à dégager des priorités, à déléguer et à dire non. Attendez-vous dans ce cas à observer un certain mécontentement autour de vous pendant quelque temps.
- Les intrus. Débranchez votre téléphone, fermez votre porte, prenez des rendez-vous espacés, ou dites à la personne qui souhaite vous rencontrer que vous êtes occupé et fixez-lui un rendez-vous.
- Les réunions. Arrivez-y en les ayant préparées, exigez la même chose des autres participants. Proposez des procédures plus efficaces, apprenez à terminer une réunion dans les règles et poliment.
- Les habitudes. Ne vous sentez pas obligé de faire quelque chose pour la seule raison qu'"on a toujours fait comme ça". Passez en revue les travaux routiniers et interrogez-vous sur la fréquence à laquelle ils doivent être effectués.
- Les trajets et les attentes. Mettez à profit ce temps pour lire, écrire ou réfléchir. Mieux vaut s'occuper utilement que fulminer sur le temps perdu.
- Les missions mal définies. Évitez tout retard d'exécution en précisant à chaque fois quand, où et comment le travail demandé doit être terminé. Dès que vous constatez un dérapage, soyez précis sur les conséquences que cela peut entraîner. Vous pourrez ainsi tenir vos délais.

EN CAS DE DÉSÉQUILIBRE INACCEPTABLE

Il y a cependant des circonstances où vous décidez, à juste titre, de consacrer plus de temps et d'énergie à certains objectifs, sans quoi ceux-ci ne pourraient pas être atteints. Ce déséquilibre passager se situe souvent dans les périodes de transition. Ainsi, un changement de domicile ou de travail, de nouvelles relations ou la naissance d'un enfant sont des événements qui mobilisent un surcroît de temps et d'énergie.

Le mieux est, dans la mesure du possible, de préparer votre entourage à ce nouveau contexte. Si le déséquilibre se prolonge, votre santé, vos liens affectifs ou vos perspectives professionnelles peuvent se trouver affectées, sans parler de votre satisfaction personnelle. Trouvez des moyens de surmonter le stress et la tension supplémentaires que ce déséquilibre provoquera. Vous éviterez ainsi les écueils que créent de telles situations.

Si vous examinez quels sont les moyens de bien gérer son temps et de maintenir un équilibre dans sa vie, vous remarquerez que la poursuite de certains objectifs entraîne un déséquilibre volontaire. Il existe aussi d'autres facteurs de déséquilibre, non voulus cette fois : il s'agit des crises et des opportunités qui se présentent à mesure que l'on grandit, que l'on mûrit, que l'on vieillit.

QUELLES SONT LES ÉTAPES DE LA VIE

Dans son livre intitulé "Passages", l'Américaine Gail Sheehy décrit les étapes de la vie. En sachant quels types de défis vous devrez relever à mesure que vous traversez ces étapes, relativement prévisibles, de votre vie, vous comprendrez mieux ce qui vous arrive.

De 18 à 22 ans : on coupe les ponts
Cette période de la vie se caractérise généralement par une fuite hors du cocon familial. L'autonomie qui se dessine implique que les valeurs personnelles de l'individu soient précisées. Souvent, l'attitude adoptée est : "Je ne suis pas comme mes parents."

Avant 30 ans, les essais
Pendant cette période, on constate généralement que l'individu se détourne de son moi intérieur : avant, il se tourmentait sur son identité et ses valeurs propres ; maintenant, il cherche à réaliser cette identité dans la société.

Lorsqu'on atteint cette étape, il se produit souvent un conflit entre le besoin de sécurité et le désir d'expériences.

On a peur de faire des choix irréversibles. Les règles commencent à dominer la pensée et l'action. Les relations intimes et les relations de soutien sont importantes.

On arrive à la trentaine
Vers la trentaine, on touche le fond : Certains vont jusqu'à une crise ou une remise en cause de leurs choix de vie. La plupart des gens semblent s'être libérés des choix dictés par le "Je devrais...". Ils se raccrochent à une dimension intérieure qu'ils avaient jusque là évitée ou ignorée.

On constate parfois un virage à 180°, un changement professionnel ou relationnel, une nouvelle direction dans la vie.

30-35 ans : on s'enracine
Au cours des premières années de la trentaine, on se range, on réussit professionnellement, on s'achète une maison, on fait des enfants. Les objectifs à long terme se précisent. On constate un changement dans les relations : avant trente ans, on privilégiait l'intimité ; maintenant, on échange moins de choses avec son partenaire, on est plus axé sur soi-même.

Le/la partenaire peut en déduire qu'il/elle n'est plus aimé(e), ce qui n'est pas forcément le cas. Cette situation se complique encore par le fait qu'on sort moins car il faut s'occuper des enfants.

35-45 ans : la dernière chance
Cette étape de la vie se compose généralement de deux phases. D'abord, il y a le sentiment qu'on approche de la vieillesse, ce qui tend à aiguiser les ambitions. On considère souvent que c'est la dernière chance de sortir du lot ou d'avoir des enfants.

On constate un désir très fort d'affirmer son individualité, indépendamment d'un groupe ou de la société, ou d'être excellent dans son domaine. Il existe une tension entre, d'une part les aspirations et les réalisations, et d'autre part la mise en cause des limites, l'initiative et une moindre envie de plaire.

Cela peut ultérieurement laisser la place à un sentiment de désillusion ou de déception. On se pose des questions : "A quoi ce que je fais sert-il ?", "Ce n'était donc que ça ?".

Cette crise à mi-parcours peut être déchirante.

La perspective de la vieillesse est ressentie douloureusement, on se reforme une nouvelle identité en intégrant des parties de soi-même qui avaient été délaissées.

Nous résumons ici les étapes de la vie telles que les a décrites Gail Sheehy. Bien entendu, les tranches d'âge peuvent varier d'une personne à l'autre.

A 18 ans, on a déjà vécu la séparation d'avec sa mère, on s'est éloigné de sa famille pour aller vers les gens de son âge et l'on a affirmé son identité sexuelle. Il est important de noter que, selon les individus, ces étapes sont ou ne sont pas franchies. Si elles ne le sont pas, elles poseront plus tard des problèmes. Il en va de même pour toutes les tâches de la vie.

La décennie du come-back
Chez ceux qui ne sont pas arrivés à saisir leur chance ou à éviter les embûches de mi-parcours, on constate souvent un manque d'entrain, une rigidité, un laisser-aller, du désespoir. La lutte pour la réussite est moins acharnée.

Ceux qui ont bien surmonté cette phase se contentent plus facilement de ce qu'ils ont. Ils développent de nouvelles stratégies et de nouveaux centres d'intérêt, ils répartissent mieux leur temps de travail et leurs loisirs.

La cinquantaine libre
En général, les enfants sont "tirés d'affaire" et on est donc plus autonome. On a plus souvent l'occasion d'être ensemble avec son partenaire, la solitude commence à poser problème. A l'approche de la soixantaine, on s'interroge souvent sur Dieu, la mort, l'argent et le temps qui court.

La soixantaine sélective
Pendant cette période, on est plus sélectif à l'égard de la vie, de ses amours, de ses amis ; c'est ce à quoi on consacre le plus d'énergie. On peut être soi-même.

Ceux qui auront agi sagement auront su cultiver des centres d'intérêt nouveaux depuis la mi-parcours et passeront très bien le cap de la retraite.

Des septuagénaires actifs
On constate souvent un regain d'intérêt pour les mystères de la vie, qui peut se manifester de diverses manières : on se remet à l'étude, on transmet aux jeunes générations la sagesse qu'on a accumulée...

Fier d'être octogénaire
Cette période est celle du vieillissement. Ceux qui disposent de leurs facultés ont une vie intérieure très riche. Ils sont fiers d'être encore en vie, et trouvent qu'il y a beaucoup de bonnes raisons de vivre. Il existe une distorsion entre, d'une part le besoin d'autonomie et l'envie d'être utile, et d'autre part le besoin d'accepter le confort et le soutien que nécessite l'âge.

On arrive à considérer la mort avec une certaine sérénité, on y est prêt et on accepte son inéluctabilité, même s'il reste encore de nombreuses années à vivre.

UN BON PARCOURS

Vous pouvez franchir plus facilement ces différentes étapes de la vie si vous vous connaissez, si vous êtes bien conscient de ce qui vous arrive, et vous ne vous éloignez pas de vous-même. Vous comprendrez que ces étapes peuvent être vécues avec beaucoup de plaisir pour peu que vous releviez les défis. N'ayez pas peur de vous faire aider. Les conseillers et les psychothérapeutes sont là pour guider les gens normaux qui veulent se transformer.

Il est très important d'avoir soin de vous-même. Vous êtes la seule personne en qui vous puissiez avoir une confiance absolue. Le fait de passer d'une phase de la vie à l'autre implique que vous laissiez sciemment le passé derrière vous. Les avantages que vous trouverez à l'étape que vous entamez vous aideront à oublier la précédente.

Pour la plupart des gens, le terme d'apprentissage est associé à l'école, à l'enfance, à l'inexpérience et à la vulnérabilité. Ils associent l'étude, - surtout s'ils ont eu une scolarité difficile -, à une activité ennuyeuse ou sans importance. Celle-ci n'a que très peu contribué à l'estime qu'ils se portent et n'a pas permis de mettre en évidence les capacités qu'ils ont eu la chance de se découvrir plus tard.

A l'inverse, les personnes qui ont bien réussi leurs études croient parfois que l'apprentissage et les connaissances se trouvent dans les livres, et qu'on arrête d'apprendre en entamant sa carrière à l'âge adulte. A croire cela, on n'apprend plus et on stagne.

POURQUOI CONTINUER A APPRENDRE ?

Qu'elle ait été bonne ou mauvaise, l'instruction que vous avez reçue dans votre jeunesse n'est de toute façon pas suffisante pour vous aider à affronter la complexité de la vie moderne. Une incertitude professionnelle, un licenciement, un changement de poste, le rythme de l'évolution technologique ou des temps de loisirs plus importants sont autant d'éléments qui peuvent vous obliger à reprendre des études. Aujourd'hui, il est clair que la formation dure toute la vie et qu'elle n'est pas seulement limitée aux exigences professionnelles.

Il existe de nombreuses raisons qui peuvent pousser un adulte à suivre une formation :

- Les perspectives professionnelles : espoir d'être reconnu, réussir mieux, avoir plus de sécurité, de satisfactions dans son travail, de promotions.
- L'épanouissement personnel : savoir entretenir des relations de meilleure qualité, être de meilleurs parents, être plus créatif, plus heureux, avoir une meilleure santé, avoir plus d'influence, mieux prendre sa vie en main.
- La curiosité et l'aventure : satisfaction de sa curiosité, recherche de sensations fortes ou de nouveautés, recherche d'expériences extrêmes, désir d'augmenter son degré de conscience.
- L'insatisfaction : travail, relations, mode de vie, collectivité ; peut-être aussi êtes-vous jaloux ou envieux.

LE RÔLE DE CELUI QUI APPREND

Enfant, vous avez dû vous adapter à la société. Vous aviez relativement peu de pouvoir et vous aviez peu de choses à dire sur ce que vous appreniez ou sur la manière dont vous l'appreniez.

Beaucoup d'adultes croient que, s'ils se remettent à étudier, les choses seront identiques. Or elles ne le sont pas, pour bien des raisons.

Tout d'abord, les adultes ne sont pas dépendants financièrement ou légalement comme le sont les enfants, et ils ne sont pas disposés à accepter un enseignement autoritaire et didactique qui ne leur conviendrait pas. Les adultes qui suivent une formation demandent que la richesse de leur expérience soit mise en valeur et utilisée.

Ils veulent intervenir davantage dans le choix de ce qu'ils vont apprendre et la façon dont on va le leur enseigner. Ils ne sont pas des récepteurs passifs, mais des chercheurs actifs. Coopératifs avec les autres personnes qui étudient avec eux, ils sont par ailleurs plus motivés, car ils ne se décident pas en fonction de récompenses et de sanctions.

Les professeurs ne sont pas considérés comme des banques de la connaissance, mais comme des personnes qui sont là pour faciliter la compréhension et l'assimilation. Leur enseignement est généralement axé sur le concret.

LES FILIÈRES

Il existe de nombreux moyens d'apprendre : vous pouvez choisir, entre autres, l'une des méthodes suivantes.

- L'étude individuelle.
- La formation professionnelle.
- Les cours.
- La vie.

Selon leur type de personnalité, les gens choisissent des formes d'enseignement différentes. C'est ainsi, par exemple, que les personnes qui sont dominées par leurs émotions aiment apprendre par technique d'immersion ; celles qui sont sensitives préfèrent l'expérimentation active ; les intuitifs aiment l'observation réflexive ; les penseurs, eux, aiment les concepts abstraits.

Vous devriez, idéalement, être à l'aise dans toutes ces formes d'étude. Il vaut cependant mieux tenir compte de vos forces et de vos atouts : commencez par étudier avec un mode d'enseignement qui convient à votre type de personnalité, puis, tout en apprenant, développez vos capacités à accepter les autres.

LES ÉTAPES POUR APPRENDRE SEUL

Si vous décidez d'étudier seul, il convient de bien définir les points suivants avant de commencer.

Que voulez-vous apprendre ?
Peut-être avez-vous déjà des idées sur les changements que vous souhaiteriez apporter dans votre vie. Si tel n'est pas le cas, ayez recours à des tests, à des entretiens professionnels, au feed-back, à des conseillers en orientation professionnelle.

Déterminez des objectifs précis
Pour chaque sujet ou matière, déterminez quels sont les objectifs généraux et les résultats précis que vous souhaitez obtenir. Par exemple, voulez-vous obtenir un changement de vos connaissances, de vos attitudes, de vos convictions, de vos compétences ?

Définissez des étapes
Décomposez ce que vous voulez apprendre en unités faciles à appréhender. Déterminez, si nécessaire, dans quel ordre chronologique vos besoins doivent être satisfaits.

Par quels moyens apprendre ?
Quelles sont les activités et les ressources dont vous aurez besoin pour apprendre (par exemple, ateliers, livres, cassettes vidéo, groupes). Rapprochez-vous des organismes de formation situés près de chez vous pour obtenir des conseils et connaître les possibilités de stages.

Quelle est l'aide dont vous aurez besoin ?
Peut-être aurez-vous besoin d'un mentor. Si tel est le cas, envisagez pour ce rôle un bibliothécaire, votre patron, un collègue, un des formateurs de votre entreprise.

Quelles sont les contraintes ?
Vous pouvez avoir un certain nombre de contraintes, par exemple des engagements familiaux, un manque de temps ou d'argent, des difficultés à communiquer efficacement ou à vous concentrer. Il faudra que vous examiniez ces contraintes, soit pour les atténuer, soit pour les contourner ; sinon, il faudra que vous rabattiez vos prétentions.

Comment faire ?
De temps en temps, faites un contrôle des progrès que vous aurez réalisés, vérifiez votre niveau et déterminez ce à quoi vous allez ensuite consacrer votre énergie.

La plupart des gens apprennent dans le cadre professionnel où existent de nombreuses opportunités : nouveaux postes, nouveaux projets, promotion, formation interne. La plus grande partie de cet apprentissage vient de l'expérience : soyez donc à l'affût des opportunités, et conformez-vous au cycle d'apprentissage par l'expérience schématisé ci-dessous.
Il ne suffit pas d'apprendre, il faut aussi apprendre à apprendre. C'est ainsi que l'on étudie de façon plus efficace. On appelle souvent cela l'intelligence.

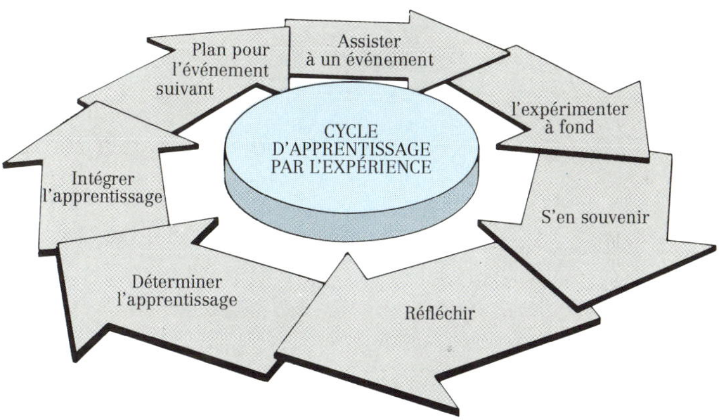

La plupart des gens considèrent que le fait de résoudre les problèmes revient à appliquer des solutions apprises à des problèmes connus. Or cette recette ne peut pas s'appliquer lorsque vous ne connaissez pas la réponse, si le problème ne vous est pas familier ou s'il existe plusieurs solutions possibles. Dans ces cas-là, vous avez besoin d'une méthodologie vous permettant de résoudre les problèmes.

L'une de ces méthodes a été exposée page 22 : il s'agit de l'analyse des forces en présence. Elle consiste à identifier toutes les forces favorables à votre projet et toutes celles qui s'y opposent. On cherche ensuite quels sont les moyens qui permettraient de diminuer les forces hostiles et de renforcer les forces favorables. Nous vous proposons ici une autre méthode de résolution des problèmes.

LE CYCLE DE RÉSOLUTION DES PROBLÈMES

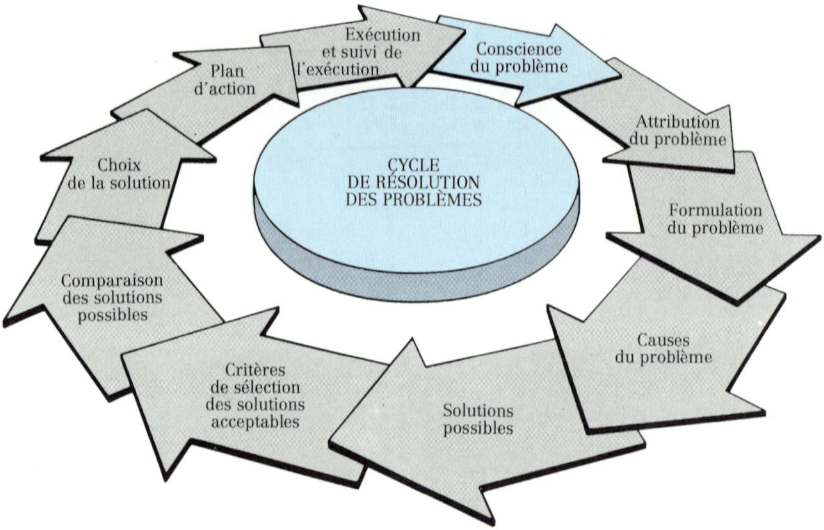

Conscience du problème
Il faut tout d'abord que vous dressiez la liste de tous les détails du problème dont vous avez pris conscience : comment vous l'identifiez, quels en sont les symptômes et les effets...

Attribution du problème
Une fois que vous êtes bien conscient, et de façon précise, de la nature du problème, déterminez qui il concerne. Si ce n'est pas votre problème, ce n'est pas non plus à vous de le résoudre.

Cependant, si ce problème n'est pas résolu par quelqu'un d'autre, il est possible qu'un autre problème surgisse chez vous par ricochet. Il est donc très important que chacun résolve ses propres problèmes. Si un problème est commun à plusieurs personnes, il doit être résolu collectivement.

★ N'OUBLIEZ PAS

Il est possible que, à mesure que vous approfondissez votre compréhension du problème, les perspectives se modifient : par exemple, vous pouvez très bien en découvrir la cause, d'où une nouvelle solution, ou vous apercevoir que le problème que vous pensiez avoir n'est pas le vrai problème, ce qui vous conduira à faire une reformulation.

Si vous en ressentez le besoin, consultez d'autres personnes, faites-leur part de vos réflexions, demandez des conseils.

Certains problèmes ne font pas nécessairement intervenir tous les éléments du cycle, mais il est important que vous connaissiez la méthodologie. Celle-ci peut vous paraître fastidieuse au début, mais avec un peu d'exercice elle deviendra plus rapide à appliquer.

Formulation du problème
Le meilleur moyen de formuler un problème consiste à poser une question se rapportant à l'objectif visé. Par exemple, dites : "Comment puis-je obtenir que ce travail soit fait ?" plutôt que : "Je n'arrive pas à obtenir qu'il fasse ce qui était convenu."

La formulation du problème est une étape importante. Elle vous permet de vous assurer que c'est bien vous, et non quelqu'un d'autre, qui contrôlez la solution.

Causes
Identifiez les causes possibles du problème. Au besoin, organisez une séance de brainstorming. Puis dressez la liste des causes les plus probables ou les plus influentes. Celles-ci indiquent souvent le meilleur chemin pour trouver une solution ; il faudra vérifier que la solution retenue se rapporte bien aux causes que vous aurez déterminées.

Solutions possibles
Élaborez une liste de solutions sans, à ce stade, chercher à en évaluer l'intérêt ou la faisabilité.

Critères de sélection des solutions acceptables
En général, ceux-ci se rapportent aux symptômes, causes et effets que vous aurez mis en évidence. En développant ces critères, vous pourrez vous assurer que la solution retenue est conforme à ce que vous souhaitez. Par ailleurs, cela vous aidera à rendre plus claires les bases sur lesquelles vous faites des choix.

Comparaison des solutions possibles
Cette étape consiste à étudier, pour chaque solution possible, quel est le processus à suivre et quelles en seront les conséquences. Vous examinerez la faisabilité de chaque solution ainsi que son déroulement dans le temps. Vous pèserez le pour et le contre de chaque option.

Il est important de ne pas écarter complètement les options qui ne paraissent pas réalistes : celles-ci peuvent contenir des éléments très positifs qui pourront être intégrés dans la solution retenue.

Choix d'une solution
Le choix d'une solution implique l'abandon des autres possibilités. Il est possible que vous reteniez plusieurs solutions qui interviendront simultanément, ou successivement. Lorsque vous choisissez une solution, la meilleure méthode consiste à envisager celle-ci sous un certain nombre d'angles, par exemple la pensée, le sentiment, la sensation et l'intuition (voir p. 51).

La solution retenue est-elle cohérente avec l'analyse que vous avez faite du problème ? Est-elle pratique à mettre en oeuvre ? Comment se situe-t-elle par rapport à celle que vous suggérait votre intuition ?

Plan d'action
Votre plan d'action doit définir l'objectif, c'est-à-dire la solution, et décomposer celui-ci en étapes ou en sous-travaux nécessaires à sa réalisation. Il doit indiquer des échéances précises, ainsi que les moyens à mettre en oeuvre.

Il doit également préciser quelles sont les ressources en matériel et en hommes qui seront nécessaires. Enfin, il doit aussi prévoir des critères d'appréciation du résultat obtenu, qui vous permettront de mesurer le niveau de réussite de l'opération (voir aussi le chapitre "Savoir faire, savoir faire faire", pages 112 à 123).

Exécution et suivi de l'exécution
Vous pouvez ensuite passer à l'action et au suivi de la réalisation selon les critères de réussite que vous avez définis. Selon les informations que vous recueillerez alors, vous aurez peut-être besoin de procéder à un certain nombre d'aménagements.

Le planning d'action ne se justifie que si la situation est stable et si l'on peut en prévoir l'évolution. Dans le cas d'une situation instable ou incertaine, le fait de passer à l'action peut fournir des informations complémentaires qui impliqueront de modifier l'action qui avait été décidée. Le processus d'approches successives action-révision peut se renouveler jusqu'à ce que vous parveniez à la solution.

QU'EST-CE QUE LE STRESS ?

Chacun d'entre nous subit, a subi ou subira le stress. Il est possible d'apprendre certaines techniques qui vous permettront de le combattre et d'être plus efficace : vous pourrez ainsi surmonter les tensions pour mieux exploiter votre énergie, assumer des responsabilités dont vous ne vous seriez jamais cru capable et vous découvrir des talents nouveaux.

En étant moins vulnérable au stress, vous trouverez à vos relations professionnelles et personnelles davantage d'intérêt. Vous effectuerez dans votre vie les changements nécessaires. En prenant conscience des conséquences du stress dans votre environnement personnel et professionnel, vous en neutraliserez les effets les plus néfastes. Vous pourrez alors perfectionner votre technique pour lutter contre le stress avec encore plus d'efficacité.

A CHACUN SON STRESS

Le stress peut se définir comme un état désagréable d'hypo-stimulation ou d'hyper-stimulation pouvant entraîner des troubles.

Par nature, l'individu a besoin de stimulations et de défis à relever pour fonctionner. C'est une donnée biologique qui conditionne l'énergie et la motivation, mais qui peut aussi provoquer la souffrance morale ou l'anxiété.

Si l'on sent qu'on contrôle la situation, le défi est quelque chose de stimulant. Mais il y a des cas où le stress provoque des sentiments et des attitudes fort désagréables qui peuvent prendre le dessus.

Le stress résulte d'une inadéquation entre les défis dont vous êtes l'objet et la confiance que vous vous accordez pour les relever. Les défis peuvent provenir de facteurs qui vous sont extérieurs. Ils peuvent aussi trouver leur source en vous et sont alors une émanation de votre système de valeurs, de vos besoins ou de vos attentes.

Personne n'a la même expérience de la vie ; autrement dit, chacun a une façon personnelle de percevoir le stress et d'y réagir.

★ TEST

Le stress peut vous affecter de quatre façons différentes :

- *Physiquement, en déclenchant des maux de tête ou des problèmes digestifs.*
- *Émotionnellement, en provoquant tension et irritabilité.*
- *Mentalement, en affaiblissant les capacités de logique.*
- *Au niveau de votre comportement, en affectant votre façon d'agir.*

Notez, face aux moments de stress que vous avez connus, de quelle façon vous avez été affecté. Dans quel domaine êtes-vous le plus vulnérable ? N'avez-vous jamais été éprouvé d'une autre manière ?

LA COURBE DE FONCTIONNEMENT DE L'INDIVIDU

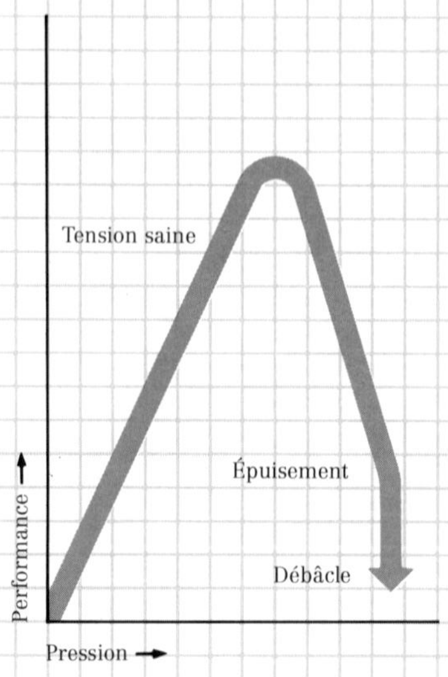

★ N'OUBLIEZ PAS

Si vous voulez surmonter le stress et rester sur la courbe ascendante du graphique, il est important que vous vous perfectionniez dans certaines techniques. Mais sachez que la lutte contre le stress est une démarche personnelle et qu'aucune méthode ne peut prétendre être efficace pour tout le monde.

- *Décelez les signes avant-coureurs de stress, n'attendez pas qu'ils se manifestent de façon trop aiguë.*
- *Veillez à maintenir un équilibre entre la quantité de défis et les ressources dont vous disposez pour les surmonter.*
- *Utilisez de façon équilibrée les différentes méthodes de lutte contre le stress en en augmentant la fréquence si nécessaire.*

LES EFFETS DU STRESS

Aussi fort que vous pensiez être pour affronter la vie de tous les jours, vous n'échapperez pas au stress. Une certaine tension est bénéfique, car elle permet d'améliorer les performances et d'augmenter l'efficacité et la productivité. Mais, à fortes doses, le stress peut provoquer des émotions paralysantes, une anxiété ou une tension accablantes, des difficultés à avoir les idées claires et un certain nombre de troubles du comportement.

La courbe de la page précédente illustre la notion de "tension saine". La partie ascendante de la courbe correspond à une période où l'on est bien, où l'on fonctionne bien, où l'on élimine facilement la fatigue avec du repos. La partie descendante de la courbe correspond à la progression vers l'épuisement.

Cet épuisement se produit de façon progressive ; il se caractérise par une perte d'énergie et de motivation. On l'a décrit comme un syndrome d'épuisement physique et émotionnel qui génère des attitudes professionnelles négatives, ainsi qu'une perte d'intérêt envers ceux avec qui l'on travaille ou qui nous sont proches. Le schéma ci-dessous vous permettra d'évaluer l'intensité du stress.

La quatrième et dernière phase est très dangereuse : vous n'avez plus de réserves qui vous permettraient de faire face à une pression plus importante. Quand vous en êtes à ce stade, le moindre stress supplémentaire peut vous faire dévaler la pente qui vous mènera à une dépression nerveuse ou à un effondrement physique grave. Notez que la transition vers cette phase peut se faire de façon progressive ; elle est donc difficile à déceler.

★ ET VOUS, OÙ EN ÊTES-VOUS ?

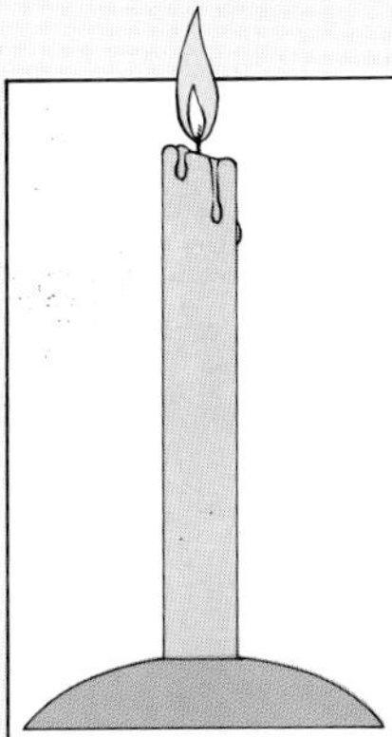

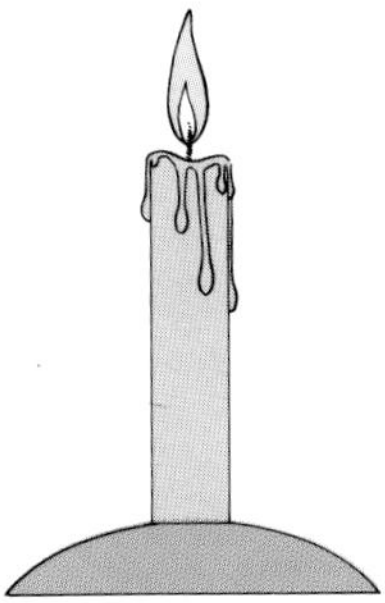

Phase 1
Vous avez beaucoup d'énergie et d'enthousiasme.
Vous êtes surmené et trop consciencieux.
Vous avez un sentiment d'incertitude.
Vous doutez de vos compétences.

Attention si...
- Vous êtes trop occupé pour prendre des vacances.
- Vous ne prenez du repos qu'avec réticence
- Vous rapportez du travail chez vous.
- Vous n'avez pas assez de temps pour votre vie privée.
- Vous êtes déçu de vos résultats.
- Vous êtes incapable de refuser un travail supplémentaire.

Phase 2
Vous avez de courts accès d'irritabilité.
Vous êtes fatigué et anxieux.
Vous avez l'impression de faire du sur-place.
Vous faites des reproches aux autres.

Attention si...
- Vous vous plaignez de la qualité du travail des autres.
- Vous êtes incapable de faire face à la pression de vos responsabilités.
- Vous travaillez longtemps.
- Vous n'arrivez pas à gérer correctement votre temps.
- Vous prenez trop d'engagements.

Phase 3
Vous n'êtes satisfait de rien.
Votre ressentiment augmente.
L'estime que vous vous portez diminue.
Vous vous sentez de plus en plus coupable.
Vous ne vous engagez plus sur le plan émotionnel.
Vous êtes apathique.

Attention si...
- Vous n'avez plus de joie de vivre.
- Vous êtes complètement épuisé.
- Vos engagements professionnels diminuent.
- Vous vous sentez peu concerné par ce qui se passe chez vous.

Phase 4
Vous abdiquez.
Vous tombez malade.
Vous avez un sentiment d'échec.
Vous êtes dans un état de détresse morale.

Attention si...
- Votre absentéisme augmente.
- Vous évitez vos collègues.
- Votre isolement augmente.
- Vous présentez des troubles physiques.
- Vous absorbez trop d'alcool.

LE STRESS : CAUSES ET ORIGINES

Le stress ne résulte pas d'un seul élément, mais de la conjonction d'un certain nombre de facteurs : pression dans la vie professionnelle, engagements sociaux trop importants, cadre de vie ou de travail mal adapté, mauvaise organisation et mauvaise gestion du temps.

Pour que vous déterminiez quelle est la meilleure stratégie pour surmonter votre stress, déterminez d'abord quelles en sont les origines.

LA CASCADE DU STRESS

Le schéma ci-dessous indique les différentes sources possibles de stress :

- Les facteurs individuels : ils découlent de vos convictions, de vos émotions, votre façon de penser et vos actions.
- Les facteurs interpersonnels : ils proviennent des personnes avec lesquelles vous êtes en relations.
- Les facteurs organisationnels sont liés à votre structure professionnelle.
- Les facteurs de communauté dépendent de votre environnement professionnel ou personnel.
- Les facteurs culturels résultent de valeurs, modes de vie et attentes communes du groupe social qui est le vôtre.
- Les facteurs nationaux sont liés à votre pays de résidence.
- Les facteurs internationaux.
- Les facteurs universels : ils concernent le stress qui affecte tous les êtres humains.

En analysant les origines de votre stress selon ces différentes catégories, vous vous sentirez moins perdu et n'aurez pas l'impression que les problèmes que vous avez à affronter sont insurmontables. Sachez bien qu'on peut parfaitement diminuer le stress.

Avant tout, apprenez à faire des plans d'action réalistes. Cherchez à agir sur les facteurs de stress les plus faciles à supprimer. Par exemple, si c'est votre résidence ou votre bureau qui provoque un stress, effectuez les changements et améliorations nécessaires. Il n'est pas utile de tout bouleverser d'un seul coup, faites-le de façon progressive.

Vous pouvez agir sur tous les facteurs de stress, même les plus importants. Par exemple, si vous êtes préoccupé par certains événements se déroulant dans votre pays ou à l'étranger, vous pouvez collecter des fonds ou faire du bénévolat pour la cause qui vous tient à coeur : moyennant un peu de temps et d'efforts, vous pourrez atténuer votre sentiment d'impuissance et donc votre stress.

Vous pouvez aussi recourir aux autres : en parlant à un ami, en écrivant à quelqu'un d'influent, vous réduirez également votre sentiment d'impuissance, vous vous déchargerez d'un poids et atténuerez le stress que vous pouvez ressentir à être seul à l'assumer.

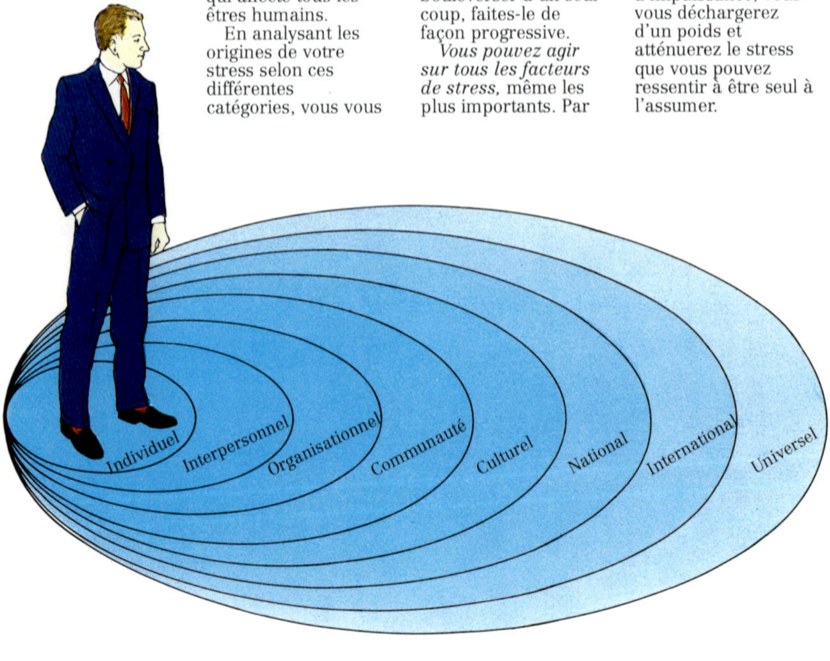

LES CAUSES DU STRESS

Individuelles

- Exigences personnelles trop peu réalistes.
- Incapacité de gérer efficacement son emploi du temps.
- Manque d'organisation.
- Sentiment d'incompétence.
- Sous-estimation ou surestimation de ses capacités.
- Besoin de maîtriser les choses.
- Incapacité à déléguer ses pouvoirs ou son travail.
- Incapacité à fixer des limites (par exemple, ne pas savoir dire non).
- Problèmes financiers.

Interpersonnelles

- Obligation de répondre aux attentes des autres.
- Exigences de perfection de la part de la famille ou des supérieurs hiérarchiques.
- Manque d'autonomie dans le travail.
- Relations agressives ou ambiguës avec les autres.
- Manque de respect de la part des autres.
- Manque d'égards.
- Non-participation à la prise de décisions.

Organisationnelles

- Communication insuffisante au niveau professionnel.
- Style de management exgagérément autoritaire.
- Personnel inexpérimenté.
- Manque de compréhension et d'adhésion aux valeurs et objectifs de l'entreprise.
- Entreprise accordant une considération insuffisante à l'individu.
- Absence de feed-back positif ou négatif.
- Niveau insuffisant du personnel.
- Absence d'esprit d'équipe et d'entreprise.
- Structures très concurrentielles.

Liées à la communauté

- Services publics déficients.
- Pollution sonore.
- Embouteillages.
- Manque d'espace.
- Manque d'esprit communautaire.
- Taux élevé de criminalité et de délinquance.

Culturelles

- Préjugés ou discriminations d'ordre racial, religieux ou sexuel.
- Schémas stricts de comportements selon le sexe, la classe sociale ou le statut, au détriment de l'individu.

Nationales

- Politique gouvernementale en matière de défense, d'économie, d'emploi, de services publics, d'impôts.
- Agitation dans le pays.
- Catastrophes nationales.
- Guerre ou menace de guerre.

Internationales

- Difficultés à comprendre un certain nombre de valeurs, de cultures et d'événements politiques.
- Émigration.
- Guerres et catastrophes dans d'autres pays.
- Catastrophes écologiques touchant de vastes territoires.

Universelles

- Vulnérabilité.
- Acceptation de la faiblesse du corps humain.
- Abandon partiel de son individualité au profit d'un groupe ou d'une personne.
- Phases transitoires au cours de la vie.
- Ambiguïtés au niveau spirituel.
- Sentiment de petitesse de l'individu par rapport à l'univers.
- Inéluctabilité de la mort.

Vous devez tout d'abord évaluer les ressources dont vous disposez et que vous pouvez mobiliser. Ensuite, il vous faut établir un plan de mobilisation de ces ressources.

Pour apprendre à lutter efficacement contre le stress, il faut que vous combiniez plusieurs méthodes et que vous les utilisiez de façon équilibrée. Si vous vous en tenez à un seul remède, vous risquez d'en retirer plus d'inconvénients que d'avantages.

Par exemple, les somnifères ou un peu d'alcool peuvent vous faire du bien de façon occasionnelle, mais si vous y recourez tous les jours, vous deviendrez apathique et dépendant.

De l'enfance à l'âge adulte, vous vous êtes probablement constitué un arsenal anti-stress, une batterie de méthodes qui vous réussissent en cas de stress. Cela dit, il est possible que ces armes aient, avec le temps, perdu de leur efficacité et que vous ne vous en aperceviez pas assez tôt pour réagir correctement en cas de besoin.

★ TEST

Pour estimer vos forces et vos faiblesses, déterminez comment se répartit votre arsenal anti-stress. Sachez que les managers, par exemple, sont généralement aptes à réagir en prenant le problème à bras le corps ou en pratiquant les distractions actives, mais qu'ils utilisent rarement les autres armes contre le stress (voir tableau page 85).

- *Dressez une liste des moyens que vous avez utilisés jusqu'à présent pour combattre votre stress, sans négliger les petits "trucs" ordinaires de tous les jours.*
- *Écartez les méthodes que vous considérez comme négatives ou qui ne font que différer l'effet du stress.*
- *Aidez-vous des exemples proposés dans le tableau de la page 85 pour compléter votre liste.*
- *Classez cette liste selon les quatre catégories du tableau de la page 85.*
- *Voyez quelles sont les catégories où vous êtes le plus fort et celles où vous êtes le moins fort.*
- *Déterminez quelles sont les méthodes que vous avez besoin de perfectionner pour que votre arsenal anti-stress soit équilibré.*

ÉQUILIBREZ LES MÉTHODES

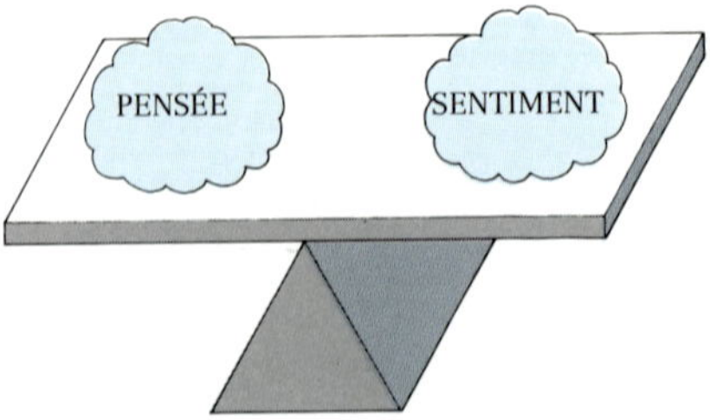

Pour surmonter de façon adéquate les situations de stress, il faut que vous disposiez d'un grand nombre de moyens stratégiques. Il est très important que vous parveniez à un équilibre entre les différents modes de défense que vous utiliserez : si vous comptez trop sur certaines méthodes et pas assez sur d'autres, vous risquez d'augmenter votre stress.

Ainsi par exemple, une personne qui prend le problème à bras le corps sans s'autoriser à exprimer ses sentiments risque de s'épuiser et de ne plus savoir exprimer ses émotions, même avec ses proches. De même, quelqu'un qui ne sait pas"se dorloter" mais pratique la distraction active en aidant ceux qui ont des problèmes, finira par être submergé par d'incessantes demandes.

Le tableau de la page suivante établit quatre catégories de méthodes pour combattre le stress ; à vous de les utiliser de façon équilibrée. Certaines d'entre elles doivent être utilisées à un moment précis : avant, pendant ou après un événement stressant ; d'autres sont destinées à combattre le stress quotidien, celui que provoque la vie de tous les jours. Certaines répondent à ce double objectif.

Déterminez dans quels groupes se situent les méthodes que vous utilisez déjà ; précisez également quelles sont celles dans lesquelles vous avez besoin de vous perfectionner.

Peut-être vous découvrirez-vous une très grande compétence dans une catégorie au détriment d'une autre. Le secret de la victoire sur le stress repose sur une mobilisation de toutes les armes que vous avez à votre disposition.

★ N'OUBLIEZ PAS

Lorsque vous serez parvenu à équilibrer les méthodes de lutte contre le stress, vous pourrez :

- *Mobiliser plus d'énergie.*
- *Développer le potentiel qui est en vous pour assumer plus de responsabilités.*
- *Mettre en oeuvre des talents que vous ne soupçonniez peut-être même pas.*
- *Améliorer la qualité de vos relations personnelles et professionnelles.*
- *Entreprendre des changements qui vous permettront de vous épanouir.*

QUELQUES MÉTHODES POUR LUTTER CONTRE LE STRESS

PRENDRE LE PROBLÈME À BRAS LE CORPS

Réfléchir
Analyser le problème - Réfléchir à des solutions - Définir des priorités et des objectifs - Planifier - Obtenir des informations ou des moyens supplémentaires.

Recourir aux autres
Demander aide et conseils - Affirmer ce que vous voulez et quels sont vos besoins - Provoquer une personne qui vous stresse.

Utiliser les structures sociales
Exprimer votre point de vue à des gens influents - Les amener à envisager un changement dans votre situation - Adhérer à un parti politique.

PRATIQUER LA DISTRACTION ACTIVE

A travers les autres
Discuter de sujets qui n'ont pas de rapport avec le stress - Apporter une aide à une personne qui en a besoin.

A travers des activités
Pratiquer des activités qui vous engagent physiquement et mentalement - Faire de l'exercice physique.

S'OCCUPER DE SOI

Se reposer
Faire des pauses lorsque c'est nécessaire - Faire des exercices de relaxation - Éviter les situations stressantes - Partir en vacances ou en week-end.

Surveiller son régime alimentaire
Bien se nourrir - Manger des choses qui vous font plaisir - Réduire sa consommation d'alcool, de café et d'autres excitants.

Se faire plaisir
S'acheter un petit quelque chose - Prendre un verre ou un repas avec des amis - Prendre un bain ou un sauna - Se faire masser.

EXPRIMER SES ÉMOTIONS

Exprimer verbalement ses sentiments
Se confier à un collègue, un ami ou un conseiller - Dresser une liste de ses sentiments sans se censurer, puis détruire le papier.

Aller jusqu'à la catharsis
Pleurer un bon coup - Exploser, mais sans maltraiter quiconque - Se défouler de la voix et du geste, sur un oreiller ou dans sa voiture (à l'arrêt !).

Exprimer ses émotions à travers la création
Écrire des poèmes ou un roman - Peindre - Jouer d'un instrument de musique - Chanter - Danser.

Si vous prenez le temps d'apprendre quelques exercices très simples de relaxation, vous saurez combattre la fatigue et la difficulté à vous concentrer, qui sont des manifestations de stress.

Le stress provoque une tension physique qui est tout simplement un gâchis d'énergie. De plus, il émousse vos facultés intellectuelles et vous vous fatiguez plus vite.

La tension diminue le flux sanguin vers les muscles, provoquant une accumulation de déchets dans l'organisme qui peut se traduire par certains malaises physiques. Le système circulatoire doit en effet fournir un effort supplémentaire pour assurer la bonne irrigation des tissus, engendrant parfois une hypertension.

Si vous êtes constamment soumis au stress, vous courez le risque d'en accepter les manifestations et de ne plus en reconnaître les effets.

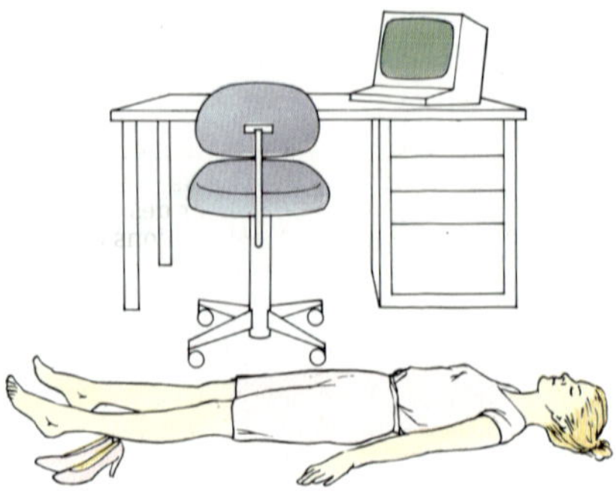

APPRENEZ A FAIRE DES PAUSES

L'art de la relaxation ne consiste pas seulement à se reposer à la fin de la journée ou pendant les week-ends et les vacances. Il faut aussi savoir faire des pauses fréquentes pendant la journée.

Les gens très occupés sont parfois dans un état de tension permanent. Peut-être êtes-vous vous-même constamment sur la brèche et incapable de profiter d'une quelconque accalmie. Dans ce cas, vous êtes sur la mauvaise pente (voir page 81).

En vous ménageant des pauses, vous éviterez ce piège. Vous aurez les idées claires, atténuerez certaines de vos tensions habituelles et tirerez plus grand profit de votre temps et de votre énergie. On peut s'accorder des pauses n'importe où et quelques minutes suffisent.

Au début et à la fin de chaque phase de travail, faites la pause de dix secondes.

La pause de cinq minutes, quant à elle, vous permet de vous ressourcer physiquement et intellectuellement. Observez-la pendant vos déplacements, en attendant quelqu'un, à l'heure du café ou le soir, chez vous.

Pendant la partie de la journée où vous avez le plus d'activités, astreignez-vous à vous accorder au moins trois pauses de cinq minutes, afin de rassembler l'énergie dont vous aurez besoin pour passer, soit à la phase suivante de votre travail, soit à des activités personnelles.

LA PAUSE DE DIX SECONDES

Elle peut se pratiquer partout et à tout moment. Essayez d'en observer plusieurs dans la journée.

- Assis sur une chaise, inspirez lentement et profondément en glonflant le ventre.
- Posez les pieds bien à plat par terre et mettez les mains sur les genoux.
- Expirez lentement en faisant remonter l'air de l'abdomen vers les poumons. Gardez le dos bien droit.
- Retrouvez une respiration normale et reprenez votre travail.

LA PAUSE DE CINQ MINUTES

Avant toute chose, prenez vos dispositions pour ne pas être dérangé. Puis asseyez-vous, les pieds bien à plat par terre, les jambes légèrement écartées, les mains sur les genoux. Assis bien au fond du siège, gardez la tête et le dos droits. Fermez les yeux.

- Inspirez lentement en gonflant le ventre, puis expirez en chassant l'air de l'abdomen vers les poumons.
- Concentrez-vous successivement sur chacune des parties de votre corps, en accordant une attention particulière à la tête et aux mains. Imaginez que chaque partie de votre corps se réchauffe et se détend. Gardez la colonne vertébrale bien droite.
- Commencez par l'arrière du crâne, entre les oreilles. Relaxez ensuite le sommet de la tête, le front, les paupières, les yeux et le visage. Veillez à ne pas crisper vos mâchoires et évitez que votre langue ne touche le palais.
- Continuez par la gorge, le cou et les épaules. Concentrez-vous plus particulièrement sur vos bras, en commençant par le bras droit. Relaxez la main, depuis la paume jusqu'aux phalanges de chaque doigt, puis remontez jusqu'à l'épaule. Sentez bien chaque partie du membre se détendre pendant l'exercice.
- Détendez les épaules, puis le bras et la main gauches.
- Relaxez le dos, l'abdomen, le bassin, les fesses, les jambes et les pieds.
- Inspirez et expirez profondément encore une fois.
- Étirez les mains et les pieds, ouvrez les yeux.

LA RESPIRATION PROFONDE

Il s'agit d'un exercice nettement plus long (comptez vingt à trente minutes) qu'une simple pause, qui doit être pratiqué au moins une fois par jour si vous êtes en période de stress. Vous devez être assis ou couché sur une surface plate qui ne doit pas être trop moelleuse.

Avec de l'entraînement, on peut apprendre la relaxation profonde du corps et de l'esprit, qui augmente de façon significative l'énergie physique et intellectuelle. Elle procure par ailleurs un sommeil plus réparateur et permet même de raccourcir son temps de sommeil.

Il existe un grand nombre de méthodes de relaxation profonde. Celles-ci vous apprennent à vous concentrer sur certaines parties du corps et à solliciter certains muscles afin d'arriver à un niveau de relaxation de plus en plus profond. Selon son tempérament, on est plus réceptif à une méthode qu'à une autre.

Pour débuter, l'utilisation de cassettes de relaxation peut être un bon moyen d'apprendre la technique. A la longue, vous vous en passerez facilement. Avant d'acheter une cassette, assurez-vous que vous trouvez apaisantes la voix et la musique de fond.

Vous pouvez aussi enregistrer votre propre cassette de relaxation. Pour cela, lisez lentement et d'une voix douce les instructions concernant la pause de cinq minutes, en détaillant l'exercice mouvement par mouvement. Répétez trois fois la lecture. Vous pouvez aussi demander à une personne dont la voix est relaxante d'enregistrer votre texte en diminuant progressivement le rythme de lecture. Pour la musique de fond, choisissez un air que vous aimez écouter pour vous détendre.

★ N'OUBLIEZ PAS

- *Pratiquez les exercices de relaxation en augmentant progressivement le temps que vous leur consacrez. Comme pour la plupart des autres méthodes de lutte contre le stress, l'efficacité augmente avec l'expérience.*
- *Commencez à vous exercer à un moment où vous n'êtes pas particulièrement tendu.*
- *Les gens qui sont très stressés se plaignent de ne pas avoir de temps pour pratiquer la relaxation. Or ces exercices peuvent, au contraire, vous faire gagner du temps, puisqu'ils vous rendent énergie et efficacité.*

Toutes les formes de stress contiennent un élément émotionnel ; or, l'énergie émotionnelle peut être exploitée. Les émotions, si elles sont utilisées avec intelligence et savoir-faire, sont positives.

Tout d'abord, il est important d'établir une distinction entre la pensée, l'intuition, les sensations et les émotions. Vous vous apercevrez que souvent, on utilise indistinctement le mot "sentiment" pour désigner ces quatre aspects très différents du fonctionnement de l'individu.

Si vous voulez exprimer une émotion, vous n'utiliserez pas le même langage que pour communiquer une pensée, ou décrire une intuition ou une sensation. Ce langage s'appuie sur certaines techniques.

LES TECHNIQUES ÉMOTIONNELLES

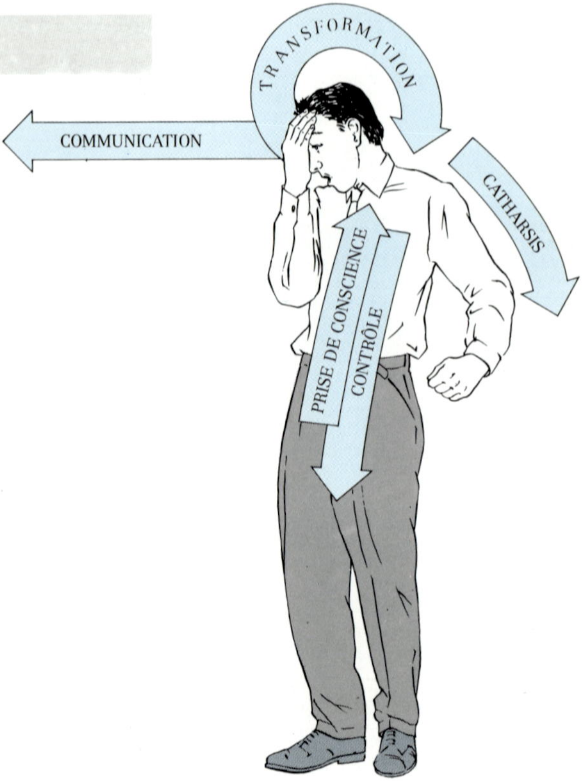

Les techniques émotionnelles s'apprennent et se perfectionnent. On croit souvent, à tort, qu'une fois qu'une personne a atteint la maturité, elle sait tout de ses propres émotions. Or la technique émotionnelle se travaille, de la même façon que les compétences dans d'autres domaines.

Les techniques émotionnelles sont les suivantes :

Le contrôle
Le contrôle des émotions est primordial : il existe de multiples occasions où il faut se retenir de les exprimer, pour éviter de blesser quelqu'un, ou si l'on est en période de stress.

La prise de conscience
Nous devons être conscients de nos émotions et de l'importance qu'elles peuvent avoir sur notre comportement. Cette prise de conscience est essentielle si l'on veut contrôler certaines de ses émotions.

La communication
En se dévoilant, on permet à la confiance de s'instaurer dans les relations. En révélant sa vulnérabilité émotionnelle, on parvient à partager des sentiments positifs et à faire des critiques constructives.

La catharsis
On l'appelle aussi la libération émotionnelle. Il s'agit d'une explosion contrôlée, elle s'analyse donc comme un savoir-faire. Pour cela, il faut que vous soyez conscient de ce que vous faites et que vous choisissiez le bon moment et le bon endroit.

La transformation
Il s'agit de transformer l'énergie émotionnelle en une action ou une réflexion constructive. Ce phénomène est souvent appelé "transmutation", mot qui évoque l'époque des alchimistes qui cherchaient à transformer le plomb en or.

COMMENT UTILISER LES TECHNIQUES ÉMOTIONNELLES

Pour utiliser les techniques émotionnelles, il existe un certain nombre d'étapes possibles : peut-être avez-vous besoin de vous exercer à certaines d'entre elles.

Le contrôle
- Apprenez les techniques de respiration, de relaxation et de méditation : lorsque vous serez en période de stress, vous pourrez les utiliser pour contrôler vos émotions et vos réactions.
- Sachez vous échapper d'une situation de stress en vous recueillant.
- Détournez la conversation vers un sujet sur lequel vous êtes plus à l'aise, afin d'avoir le temps de vous ressaisir.
- Concentrez-vous sur les aspects positifs d'une situation, même s'ils sont peu importants.

La prise de conscience
- Acceptez vos émotions.
- Notez quelles sont les zones de tension dans votre corps. Cela vous permettra, dans bien des cas, de réaliser comment vous vous sentez vraiment.
- Prenez conscience du fait que vous pouvez éprouver plus d'une émotion à la fois, et que ces émotions simultanées sont parfois contradictoires.
- Notez la façon dont certaines émotions influent sur vos actions.

La communication
- Exercez-vous à trouver les termes exacts pour décrire ce que vous ressentez et comment vous vous sentez.
- Émaillez votre conversation de mots qui décrivent des sentiments, que ceux-ci soient agréables ou difficiles à vivre.
- Partagez avec d'autres certaines émotions fortes.
- Lorsque vous vous sentez vulnérable, demandez à quelqu'un de vous écouter, tout simplement. Précisez bien à cette personne que vous n'attendez pas d'elle qu'elle résolve vos problèmes ni qu'elle dise quoi que ce soit.
- Lorsque vous vous sentez mal à l'aise avec quelqu'un, dites-le lui.
- Intéressez-vous aux sentiments des autres, mais ne les prenez pas à votre compte. Ne donnez votre avis que si on vous le demande. Lorsque quelqu'un parle de ses sentiments, écoutez sans critiquer.

La catharsis
- Choisissez bien l'endroit et le moment.
- Si la catharsis est une technique nouvelle pour vous, commencez par de très courtes périodes et utilisez les techniques de contrôle indiquées plus haut.
- N'ayez pas honte d'utiliser la catharsis, même si vous ne vous sentez pas spontané. Le contrôle de la libération est une technique qui exige un certain travail.
- Lorsque vous êtes vraiment à bout, criez un bon coup dans votre oreiller, ou dehors si vous ne risquez pas d'être entendu.
- Conservez de la vaisselle fêlée ou ébréchée dans un endroit d'accès facile, pour la casser quand vous n'en pouvez plus.
- Défoulez-vous à coups de pieds ou de poings sur un coussin, un matelas...

La transformation
- Allez prendre l'air, puis revenez et remettez-vous à vos activités : par exemple, si vous butez sur un rapport à rédiger, faites une bonne balade, puis rentrez et mettez-vous tout de suite au travail.
- Utilisez vos sensations pour faire quelque chose de créatif.
- Perfectionnez progressivement votre forme physique. Vous pourrez ainsi vous défouler physiquement lorsque vous serez stressé.
- Apprenez les techniques de méditation profonde qui permettent de transformer les sentiments en idées créatrices.

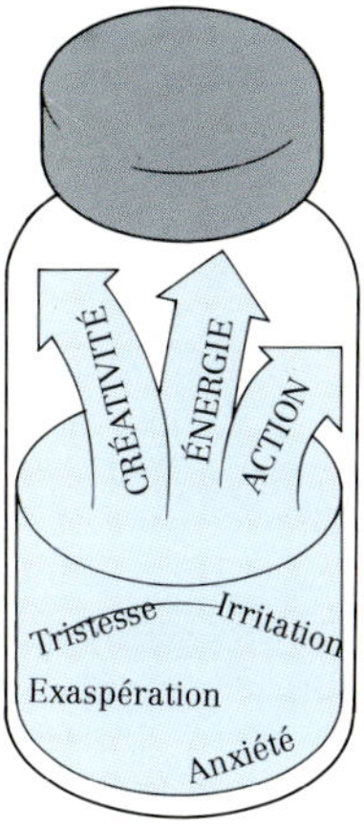

★ N'OUBLIEZ PAS
- *Une fois que vous saurez exploiter votre énergie émotionnelle, vous montrerez davantage de dynamisme dans votre vie personnelle et professionnelle.*
- *Le fait de savoir maîtriser les techniques émotionnelles vous donnera plus d'énergie, de résistance et de créativité, et vous permettra d'obtenir plus d'intérêt et de soutien de la part des autres.*

VOUS
ET
LES AUTRES

L'IMPORTANCE DE LA COMMUNICATION

La communication est aujourd'hui la clef du succès dans la vie professionnelle et sociale. Capacités et stratégies de communication sont indispensables pour partager des idées et des expériences, pour découvrir les choses qui vous intéressent et expliquer aux gens ce que vous attendez d'eux. Si vous devez exprimer vos sentiments et vos points de vues, il faut absolument que vous développiez vos moyens de communiquer, aussi bien par le langage que par vos attitudes. C'est en apprennant comment communiquer de façon efficace que vous parviendrez à faire un choix entre deux options : affronter la vie telle que vous la connaissez ou façonner activement votre monde comme vous voudriez qu'il soit.

QU'EST-CE QU'UNE BONNE COMMUNICATION ?

Certaines personnes n'ont aucun problème de communication. Voici leurs points communs :

- Elles savent ce qu'elles veulent dire.
- Elles captent l'attention du récepteur ou de l'auditoire.
- Elles savent établir et entretenir des relations.
- Elles connaissent les goûts et les centres d'intérêt de leurs interlocuteurs.
- Elles ont recours à de nombreuses formes de communication.
- Elles sont habiles dans leur façon de communiquer.
- Elles choisissent leur moment et leur endroit.
- Elles s'expriment de façon claire et concise.
- Elles savent écouter.
- Elles savent comprendre et analyser les messages.
- Elles ne se laissent pas distraire.
- Elles savent terminer une conversation ou une communication.

Les mauvais communicateurs au contraire, savent rarement avec précision ce qu'ils veulent dire et à qui. Ils n'ont pas une notion suffisante des besoins et des centres d'intérêt de leurs interlocuteurs, et s'expriment donc à des moments et dans des endroits qui ne sont pas propices. Ils font rarement attention aux attitudes de leur auditoire et ne réagissent pas aux feed-backs verbaux et non verbaux qui leur indiquent pourtant si la communication fonctionne correctement.

PERFECTIONNEZ VOTRE TECHNIQUE

Si vous communiquez bien, vous pourrez vous faire connaître, vous faire des amis, créer un nouveau type de relations qui vous donnera satisfaction. En revanche, une mauvaise communication suscitera en vous des sentiments d'isolement, de confusion, de frustration, et vous donnera l'impression qu'on vous ignore ou qu'on vous en veut.

Une bonne communication consiste à envoyer et recevoir des messages dans le contexte d'une relation de soutien.

Aussi curieux que cela puisse paraître, on oublie trop souvent que la communication consiste à véhiculer des informations d'une personne à une autre. Il faut garder à l'esprit que l'émetteur et le récepteur sont deux individus différents qui, s'ils veulent bien se comprendre, doivent tenir compte de leurs différences.

L'IMPORTANCE DES RELATIONS

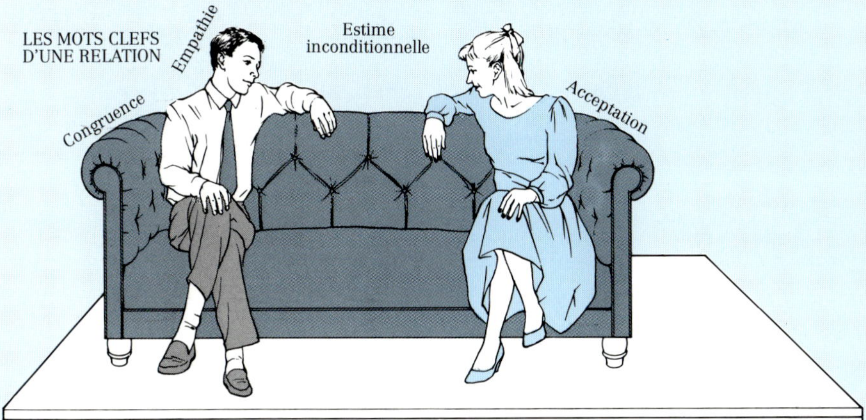

Une bonne communication demande souvent des relations de soutien et de franchise. On peut évaluer la qualité des relations d'après l'"atmosphère" dans laquelle se déroule une communication. Ainsi, si l'atmosphère est orageuse le message sera mal perçu ; si l'atmosphère est sereine, la communication aura beaucoup plus de chances d'être fructueuse.

Pour que des relations de soutien et de franchise s'instaurent, il faut que les participants :

- Soient disposés à donner et à recevoir le feed-back.
- Se reconnaissent une valeur mutuelle et acceptent de passer du temps ensemble..
- Montrent un respect mutuel pour leurs besoins et centres d'intérêt.
- Soient disposés à parler franchement d'eux-mêmes.
- Croient à la bonne volonté de la plupart des gens.
- Reconnaissent à autrui le droit à son libre arbitre.
- Aient conscience qu'ils ne peuvent pas être appréciés par tout le monde.

Les conditions d'une bonne relation
Un certain nombre d'éléments favorisent le développement de relations de franchise et de soutien ; ce sont les suivants :

- L'empathie : c'est la capacité de voir le monde tel que le perçoit et l'analyse l'interlocuteur, et de ressentir les mêmes choses que lui.
- L'estime inconditionnelle : c'est la conviction que, quelle que soit la personne avec laquelle vous vous trouvez, elle est intéressante. Cela ne veut pas dire qu'on apprécie toujours son attitude mais c'est un état d'esprit a priori positif.
- La congruence : cela signifie qu'au sein d'une relation, vous êtes considéré comme quelqu'un qui dit ce qu'il pense. Cela implique que vous soyez honnête et que vous émettiez un message identique par vos paroles et par vos attitudes.
- L'acceptation : c'est la capacité d'établir des relations avec les gens tels qu'ils sont et non comme ils devraient être ou comme vous voudriez qu'ils soient. Cela implique que vous les acceptiez avec tous leurs défauts et leurs erreurs.

C'est dans ce contexte que pourra s'instaurer la meilleure qualité de communication. A l'inverse, une mauvaise communication proviendra autant de mauvaises relations que de capacités insuffisantes à émettre et à recevoir.

Indépendamment de la qualité des relations, il existe un certain nombre d'autres facteurs qui peuvent conditionner le succès ou l'échec d'une communication : l'image que vous avez de vous-même, la manière dont vous vous exprimez, votre capacité d'écoute, votre capacité à tirer parti de vos sentiments, votre volonté d'apprendre, votre facilité à vous livrer.

L'IMAGE QUE VOUS AVEZ DE VOUS-MÊME

L'un des principaux éléments qui conditionnent votre aptitude à communiquer, c'est l'estime que vous vous portez. C'est elle qui détermine la valeur de votre message. Si vous ne pensez pas que ce que vous avez à dire est intéressant, il n'est pas étonnant que les autres n'y prêtent pas attention.

Un individu qui a une haute estime de lui-même a confiance en lui et se sent compétent. Il a de l'assurance, ce qui lui permet d'exprimer des sentiments positifs ou négatifs, d'accepter la critique, les défis et la confrontation, et de surmonter les conflits. En revanche, une faible estime de soi-même provoque un sentiment d'infériorité et un manque de confiance en soi. Une personne dans cette situation a l'impression de n'avoir aucun intérêt pour les autres ; elle éprouve des difficultés à dialoguer, reconnaît rarement qu'elle a tort, n'admet pas les critiques constructives et ne parvient pas à exprimer des idées originales.

LA CLARTÉ D'EXPRESSION

Pour vous exprimer clairement, il faut que vous sachiez ce que vous voulez dire. Quelqu'un qui communique bien est réceptif aux signaux psychologiques et délivre le bon message au bon moment.

A l'inverse, certaines personnes ont une pensée confuse. Ne sachant pas précisément ce qu'elles veulent communiquer, leurs messages sont parfois déconcertants. De plus, elles n'utilisent pas les mots et le style adéquats, et ne parlent pas toujours distinctement.

Elles espèrent en fait que les auditeurs auront reçu le message simplement parce qu'elles savent vaguement ce qu'elles ont voulu exprimer. Mais la réaction de l'auditoire sera bien souvent : "Mais qu'a-t-il bien voulu dire ?"

LA CAPACITÉ D'ÉCOUTE

Écouter est beaucoup plus qu'entendre. Entendre, c'est simplement recevoir des informations. Écouter, c'est mettre en œuvre un processus intellectuel et émotionnel qui décode un ensemble de signaux pour en trouver la signification et en comprendre le sens.

Il existe malheureusement trop peu de gens qui savent écouter. Environ 75% de ce qu'on dit passe inaperçu, est mal compris ou est tout de suite oublié.

L'écoute n'est pas quelque chose de passif. Si vous voulez bien écouter, suivez les conseils suivants :

- Ayez une bonne raison d'écouter.
- Faites preuve d'attention.
- Alternez les silences et les questions originales.
- Encouragez l'autre à parler.
- Ne condamnez pas immédiatement, même si vous n'êtes pas d'accord.
- Réfléchissez avant de répondre.
- Sachez répéter ce que dit la personne qui parle.
- Sachez reformuler à votre manière ce que dit votre interlocuteur.
- Soyez prêt à répondre.
- Soyez prêt à découvrir ce que cachent les mots.

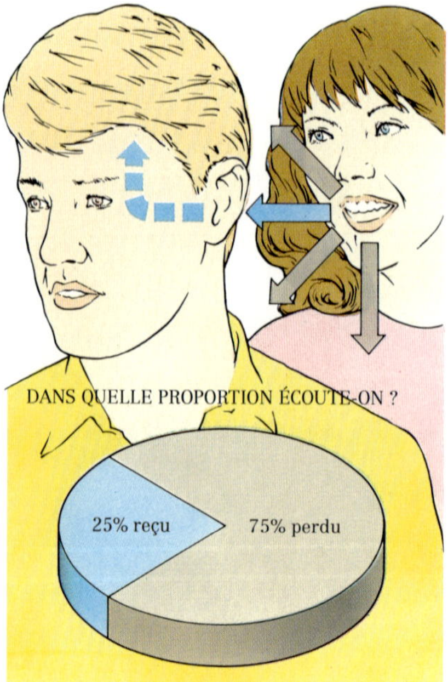

L'EXPRESSION DES SENTIMENTS

Le propre de l'être humain est d'éprouver en permanence des émotions et des sentiments divers. Mais dans nos sociétés, les gens éprouvent des difficultés à exprimer le côté émotionnel de leur nature, ce qui provoque de très sérieux problèmes de communication.

On apprend aux gens à masquer leurs sentiments. Cela peut conduire à deux conséquences :

- On n'a pas toujours conscience de ses émotions.
- On est incapable d'exprimer ses émotions.

Or, pour construire des relations fructueuses avec les autres, il est important de pouvoir exprimer ses sentiments. L'homme a besoin de communiquer ce qu'il ressent pour épanouir pleinement sa personnalité. Pour y parvenir, voici quelques conseils :

- Soyez conscient de vos émotions et identifiez-les correctement.
- Autorisez-vous à éprouver des émotions.
- Acceptez vos émotions, ce sont des éléments précieux de vous-même.
- Partagez vos émotions, c'est indispensable pour parvenir à une communication profonde.
- Lorsque vous communiquez, utilisez vos émotions au même titre que d'autres éléments signifiants, comme par exemple votre esprit et votre volonté.

SACHEZ VOUS CONFIER

La communication efficace passe par la capacité de parler honnêtement et complètement de soi. Chaque individu a une richesse propre qui est constituée par sa sensibilité, ses expériences, ses émotions, ses pensées et ses idées.

Si vous voulez que les autres vous connaissent, il faut que vous vouliez et que vous puissiez vous dévoiler au moment opportun. Il s'agit là d'une démarche réciproque : si deux personnes se connaissent bien, la communication entre plus efficace.

Il existe de nombreux obstacles à une telle attitude. La plupart des gens éprouvent des craintes quant à la manière dont les autres les perçoivent. Ils ont peur d'être rejetés ou mal compris, ou de se sentir sans valeur.

Il est important d'arriver à remplacer la crainte par la confiance. Il est évident qu'on ne se livre pas si l'atmosphère est orageuse. Il faut savoir créer un climat de confiance réciproque.

LA VOLONTÉ D'APPRENDRE

Lorsque vous communiquez, vous recevez deux sortes d'informations : celles qui concernent les autres et celles qui vous concernent. Vous en apprenez presque autant sur vous-même que sur vos interlocuteurs. Ainsi, vous améliorez la qualité de vos échanges en observant leurs réactions.

La communication totale constitue donc toujours un apprentissage dans la mesure où l'on sait tirer des enseignements de ses erreurs et où l'on est disposé à expérimenter de nouvelles façons de communiquer. Si l'on ne s'implique pas activement dans cet apprentissage, on passe à côté des éléments qui permettent d'améliorer la qualité de ses relations.

LES DEUX TYPES DE FEED-BACK

★ N'OUBLIEZ PAS

Ne réprimez pas vos émotions. Au contraire, étudiez-les, acceptez-les, intégrez-les. Vous découvrirez beaucoup de choses sur vous-même et pourrez établir de meilleurs rapports avec les gens qui vous entourent.

La communication est fondamentalement une forme de transaction entre deux personnes qui ont chacune leurs besoins, leurs objectifs, leurs façons de voir les choses et leurs valeurs. Certains contacts sont bénéfiques, constructifs et procurent une satisfaction. D'autres, au contraire, sont destructeurs et laissent insatisfait l'un des interlocuteurs, sinon les deux. L'analyse transactionnelle est un outil qui permet de faire la distinction entre les bonnes et les mauvaises transactions, et qui aide à déterminer ce qui permettra de parvenir à des résultats satisfaisants.

Tous les bons échanges d'opinion entraînent une réalisation satisfaisante du travail à faire, tout en maintenant ou en augmentant la qualité des relations entre les participants. Chacun d'entre eux sort gagnant au bout du compte et se dit : "Je suis OK, tu es OK."

L'ANALYSE DES TRANSACTIONS

Pour analyser vos transactions, vous devez partir de l'hypothèse que tout le monde a intériorisé un certain nombre de modes relationnels. Ceux-ci découlent le plus souvent de la façon dont vos parents vous ont élevé. Ces rôles, ou modes relationnels, sont déterminés par des scénarios psychologiques ou par des convictions profondément enracinées en ce qui concerne la personne que vous êtes et ce que vous faites sur terre.

Le scénario reflète les messages de vos parents à l'enfant que vous étiez. Il se rattache à la perception que vous aviez alors de la réalité et de votre identité. Il est aussi étroitement dépendant de l'idée et de l'estime que vous avez de vous-même. Votre scénario personnel débouche sur l'une des quatre attitudes avec lesquelles vous pouvez aborder le monde et vos relations avec les autres. Ces attitudes sont les suivantes :

- Je suis OK, vous êtes OK.
- Je suis OK, vous n'êtes pas OK.
- Je ne suis pas OK, vous êtes OK.
- Je ne suis pas OK, vous n'êtes pas OK.

Il n'y a que la première de ces propositions qui favorise une communication efficace et satisfaisante. Elle résulte vraisemblablement d'une éducation tendre et valorisante. A l'âge adulte également, une attitude spontanément positive, une écoute attentive ou des compliments inattendus, peuvent vous rendre alerte et actif et vous donner de l'importance et de la valeur.

En revanche, un contexte négatif s'établit souvent lorsque quelqu'un adopte les propositions "pas OK" : on dévalorise les gens lorsque l'on ne fait pas attention à eux, qu'on les tourmente en les humiliant, ou en se moquant d'eux ; le contact ne peut être que mauvais si l'on n'accorde pas d'importance aux problèmes des autres, ou si l'on nie leur capacité à trouver une solution.

Souvent, la dévalorisation se manifeste aussi par la voix (intonation méprisante) ou par le regard (désapprobation).

Tout le monde a besoin d'un contexte favorable pour bien communiquer. Soyez "OK", vous aurez une relation réussie avec les autres.

★ N'OUBLIEZ PAS

Pour améliorer l'efficacité de votre communication et vous assurer des relations ou des résultats plus satisfaisants :

- *Donnez des «caresses» et établissez un contexte positif, au lieu de dévaloriser l'autre.*
- *Entretenez des transactions complémentaires (voir page ci-contre).*

L'EFFET DU MOI

Si vous voulez comprendre votre mode relationnel, vous pouvez vous aider en imaginant que votre ego englobe trois personnages : le parent, l'adulte et l'enfant.

L'élément parent qui est en vous est protecteur et nourricier ; il critique et donne des conseils ; il peut édicter toutes sortes de règles et de règlements. L'élément adulte, lui, résoud les problèmes. Il recueille et analyse les données, il découvre ce dont vous avez besoin et ce que vous voulez. Enfin, l'élément enfant peut être en colère, indocile, modelable, effrayé, spontané, insouciant ou peut aimer s'amuser.

En matière de communication, l'intérêt principal de la distinction PAE (parent, adulte, enfant) est qu'elle permet de distinguer entre les transactions complémentaires celles qui sont utiles et celles qui ne le sont pas, qu'on appelle parfois les jeux.

Examinez les transactions ci-dessous : il vous paraîtra vite évident que cette secrétaire et son patron sont dans une transaction enfant/parent :
"Je suis contrariée par ce travail, j'ai peur de ne pas pouvoir tenir les délais."
"Ne vous en faites pas, je vais voir si je peux vous faire aider par Marie."

Il s'agit là d'une transaction utile ou parallèle : la secrétaire s'est placée dans la position de l'enfant devant un patron qui était dans une position de parent nourricier. La réponse du patron est donc celle du parent à l'enfant dépendant.

De la même façon, on peut envisager bien d'autres transactions complémentaires, par exemple parent/parent, enfant/enfant ou adulte/enfant.

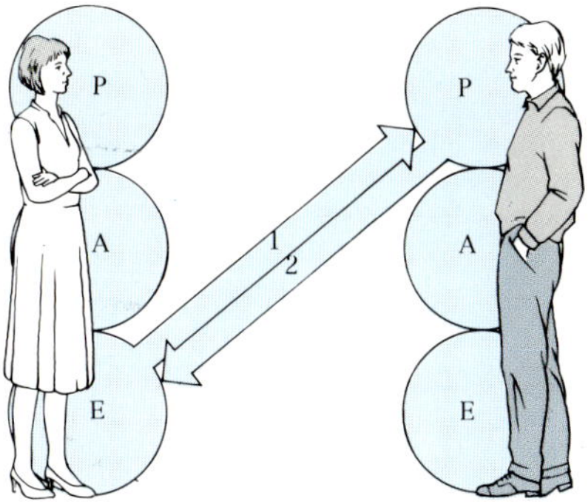

"Je suis contrariée par ce travail, j'ai peur de ne pas pouvoir tenir les délais.

"Ne vous en faites pas, je vais voir si je peux vous faire aider par Marie."

Dans l'exemple, ci-dessous, il s'agira d'une transaction croisée entre un patron et sa secrétaire.
"Allons voir le nouveau micro-ordinateur de Jean-François.
"Vous ne pourrez donc jamais vous tenir à un rendez-vous ?"

Dans le cas présent, le patron/enfant attendait la réponse d'une secrétaire/enfant. En fait, il a eu en face de lui une secrétaire/parent critique. On a ici affaire à une transaction croisée qui laisse chaque participant insatisfait. De telles transactions croisées peuvent être :
- Indirectes, par exemple si une personne parle à une autre en présence d'un tiers dont elle espère qu'il "recevra le message".
- Diluées, lorsqu'il y a un message délivré avec à la fois affection et hostilité.
- Faibles, si l'intensité des sentiments n'est pas assez forte.

Il existe des transactions croisées qui sont doubles et donc, beaucoup plus complexes, la transaction se situant à deux niveaux à la fois. Par exemple, un message est explicite tandis que l'autre est tacite.

Lorsqu'il y a des transactions ambiguës ou inavouées, on ne sait jamais avec certitude quel est le véritable message.

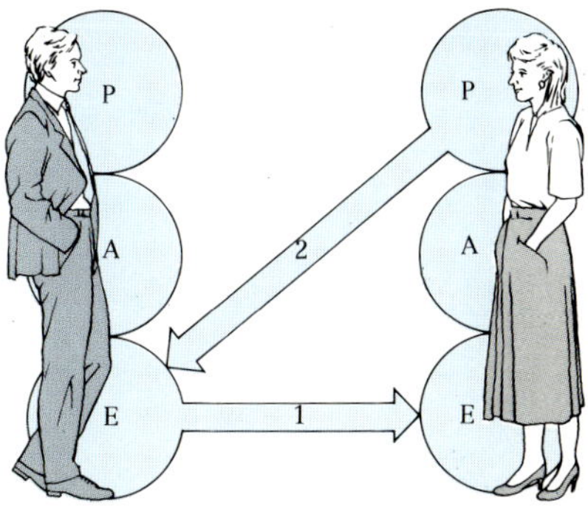

"Allons voir le nouveau micro-ordinateur de Jean-François.

"Vous ne pourrez donc jamais vous tenir à un rendez-vous ?"

STRATÉGIE POUR BIEN COMMUNIQUER

On a intérêt parfois, lorsque la communication est faite dans un but particulier, à envisager une transaction complète ou un face-à-face interactif en respectant certaines étapes qui soulignent les points importants de la communication.

Selon la transaction, ces étapes, qui sont au nombre de huit, revêtiront une importance plus ou moins grande, mais elles seront toutes nécessaires à un moment ou à un autre si l'on veut arriver à une communication efficace.

1 Préparation du message
2 Préparation de l'émetteur
3 Captation de l'attention ou établissement du contact
4 Préparation du récepteur
5 Envoi du message
6 Réception du message et explications
7 Fin de la communication
8 Suivi

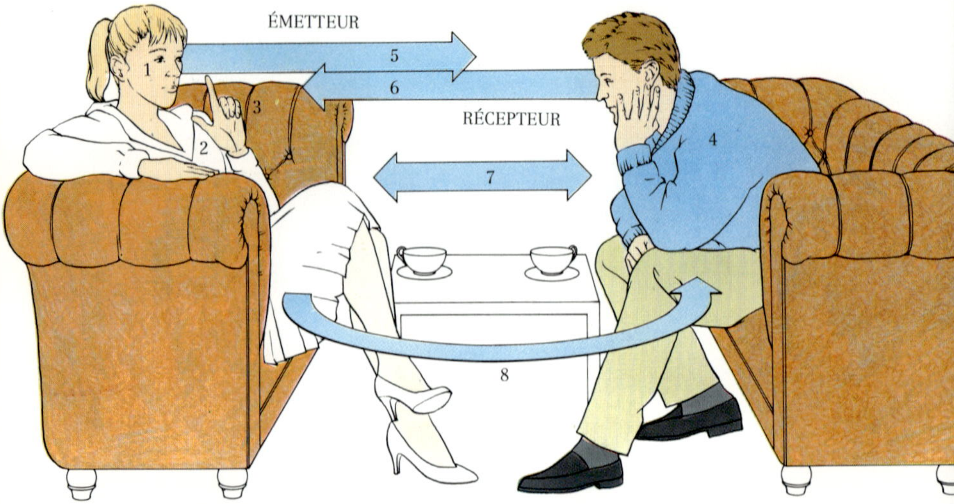

PRÉPARATION DU MESSAGE

Le nombre de personnes qui communiquent sans savoir où elles veulent en venir est tout à fait surprenant. Soyez bien conscient de ce que vous voulez communiquer ; vérifiez que c'est vraiment ce que vous souhaitez dire en vous demandant "Pourquoi fais-je cela ?"

Le fait d'avoir un objectif clairement défini vous aidera à maintenir le cap et à ne pas dévier. Soyez clair, concis et explicite. Allez rapidement au fait, quitte à donner ultérieurement des explications.

Pour vous aider à préparer votre message, voici une liste de questions à vous poser :

- Quel est le message principal ?
- A qui est-il vraiment destiné ?
- Quel est le résultat que j'en attends ?
- Comment vais-je choisir de communiquer ?
- Quel est le meilleur moment pour communiquer ?
- Quel est le meilleur endroit ?
- Les principaux points du message sont-ils clairs ?
- Existe-t-il une ambiguïté ?
- Les faits décrits sont-ils exacts ?
- L'action demandée est-elle clairement formulée ?
- Le message comporte-t-il toutes les informations nécessaires au récepteur ?

PRÉPARATION DE L'ÉMETTEUR

Si vous ne vous valorisez pas vous-même, il y a toutes les chances pour que vous ne valorisiez pas le message que vous transmettrez.

N'oubliez pas qu'à chaque fois que vous parlez, vous êtes dans la ligne de mire. Les messages non verbaux en disent aussi très long sur le type de personne que vous êtes et indiquent si vous avez ou non conscience de votre valeur. Montrez de l'assurance et créez l'environnement qui mettra en évidence le meilleur de vous-même.

CAPTER L'ATTENTION

Il est indispensable que le destinataire du message réagisse positivement lorsque vous chercherez à capter son attention.

Les communications importantes ne doivent pas être le fruit du hasard ; de même, il vaut mieux les différer lorsqu'il existe d'autres pressions ou qu'il y a matière à distraction.

Dans une communication en face-à-face, voici quelques moyens de capter l'attention :

- La demander.
- L'humour.
- Le regard.
- Éveiller l'intérêt du récepteur.
- Les images visuelles.
- L'intensité de la voix.
- Les gestes et positions.
- Votre apparence.

Quelle que soit la façon dont vous mènerez votre communication, assurez-vous que vous avez obtenu l'attention du récepteur avant d'émettre votre message.

PRÉPARATION DU RÉCEPTEUR

Vous aurez peut-être besoin de consacrer un peu de temps à préparer les récepteurs au message que vous allez émettre. Ce sera le cas si ce que vous avez à dire est choquant, si le récepteur ne s'attend pas à la teneur de votre message ou s'il n'est pas prêt à le recevoir. Voici quelques conseils pour préparer votre interlocuteur :

- Annoncez ce que vous voulez communiquer.
- Indiquez l'avantage qu'en retirera le récepteur.
- Assurez-vous que votre interlocuteur est disposé à communiquer.
- Prévenez-le que la communication que vous allez faire est importante.
- Posez des questions de pure forme pour éveiller sa curiosité.

ÉMISSION DU MESSAGE

Pendant que vous diffusez votre message, gardez toujours à l'esprit l'objectif de votre communication. Parlez simplement, évitez les détails superflus. Aidez le récepteur en insistant sur les points essentiels.

Dans votre discours, utilisez aussi bien le registre émotionnel que celui de la logique, vous y gagnerez en efficacité. N'oubliez pas, en émettant votre message, de respecter les points suivants.

- Parlez distinctement.
- Changez de ton et d'intonation, variez l'intensité de votre voix.
- Réagissez aux manifestations de trouble ou de désintérêt.
- Réservez du temps pour les questions et explications.
- Récapitulez pour favoriser la compréhension.
- Adressez-vous véritablement au récepteur.
- Changez de méthode si celle que vous avez adoptée n'apporte pas de résultats.

RÉCEPTION DU MESSAGE ET EXPLICATIONS

L'écoute est la première des capacités qui vous serviront ici (voir pages 104-105). Le fait d'écouter ne se réduit pas à ne pas parler ; il s'agit au contraire d'un processus actif. Gardez en mémoire les points suivants :

- Ne tenez pas compte des réponses si elles vous semblent stupides ou si vous n'êtes pas d'accord.
- Accrochez-vous aux détails ou aux points essentiels qui vous ont échappé.
- Concentrez-vous sur votre propre problème et non sur ce qui se dit.
- Efforcez-vous de convaincre l'autre et ne vous contentez pas d'écouter.

FIN DE LA COMMUNICATION

Lorsqu'une communication a atteint son but, ou si la conversation piétine, devient ennuyeuse ou tourne mal, il faut disposer des moyens appropriés pour y mettre un terme. En voici quelques-uns :

- Demander une action ou une réaction.
- Proposer des solutions.
- Récapituler ce qui a été conclu.
- Fixer un autre rendez-vous.
- Indiquer que la communication est terminée.
- Remercier la personne pour le temps qu'elle vous a consacré.

SUIVI

Pour être efficace, une communication a souvent besoin d'être suivie afin que les choses soient faites, que le contact soit maintenu et que la relation soit entretenue.

Dans les affaires, il est souvent utile de récapituler les entretiens en rédigeant un mémo. Il vous servira ainsi qu'aux personnes qui sont concernées, soit pour action, soit pour information.

Lorsque vous communiquez, vous avez besoin d'avoir un objectif final. Cependant, en cours d'échange, vous aurez à poser des jalons afin de vous assurer que vous avancez vers ce but.

Pour inciter votre interlocuteur à accepter votre plan d'entretien, vous devrez adopter des comportements spécifiques. Mais avant tout, déterminez ce que vous cherchez à atteindre lorsque vous communiquez.

QUE CHERCHEZ-VOUS A FAIRE ?

Lorsque vous cherchez à communiquer, vous avez à votre disposition un certain nombre de techniques qui peuvent correspondre à votre objectif.

Ainsi, vos communications peuvent être :

- Directives : elles indiquent la direction à prendre et rendent les gens plus dociles.
- Informatives : elles cherchent à étendre les connaissances des autres et favorisent l'indépendance d'esprit.
- Confrontantes : elles remettent en question les attitudes et comportements restrictifs, et aident le récepteur à être capable de s'affronter lui-même.
- Cathartiques : elles favorisent le relâchement de la tension ou des émotions refoulées et permettent une action constructive contre les bloquages émotionnels.
- Catalytiques : elles accélèrent chez une personne les processus de découverte de soi-même et façonnent la confiance qu'elle a en elle-même pour se prendre en charge.
- Encourageantes : elles affirment la valeur de quelqu'un et l'encouragent à bien se sentir avec lui-même et avec les autres.

Les trois premières catégories supposent que vous parliez autoritairement ou comme un expert, ce qui n'est pas le cas pour les suivantes.

Toutes ces techniques ont leur utilité dans une bonne communication. Mais, selon le résultat escompté et les rôles ou responsabilités des participants, elles revêtiront des importances diverses.

Chaque façon de mener un entretien implique un savoir-faire particulier qui sert un but différent. La technique, le style, la gestion du temps et la forme verbale doivent être contrôlés de près pour que la communication ne dégénère pas. Autrement dit, celle-ci ne doit pas devenir tendancieuse, contraignante ou spontanée à l'excès, et ne doit pas empiéter sur les droits d'autrui.

EXEMPLES DE TECHNIQUES SPÉCIFIQU

Pour chaque catégorie de communication que nous avons indiquée, voici quelques exemples de techniques spécifiques.

Communication directive

Vous pouvez prescrire à quelqu'un des objectifs, des méthodes, un comportement ou des valeurs. Bien sûr, votre interlocuteur n'est pas obligé de prendre vos prescriptions à la lettre. Il est libre d'utiliser ou de rejeter toutes vos suggestions, quitte à en subir les conséquences. Si votre message est directif, voici quelles peuvent être vos attitudes :

- Commander, conseiller, proposer, suggérer.
- Évaluer ou corriger le travail de quelqu'un.
- Donner du travail à faire chez soi ou des responsabilités.
- Conseiller l'action ou l'étude.

Votre prescription peut prendre une forme autoritaire, mais vous pouvez aussi consulter préalablement la personne concernée. Cette forme de communication ne doit pas être utilisée si elle est capable d'autonomie, et ne doit pas saper sa liberté de choix.

Communication informative

Il y a en la matière certains dangers dont il faut se méfier, notamment le fait de donner des informations qui n'intéressent personne ou de faire des déclarations décousues ou "hors sujet". Veillez à ne pas devenir trop dogmatique, ni dans le fond, ni dans la forme.

- Sachez précisément quelles informations vous souhaitez transmettre.
- Choisissez le meilleur moment et le meilleur endroit.
- Déterminez quelle forme prendra l'information : exposé raisonné, commentaire, analyse, feed-back.
- Déterminez le niveau et la quantité d'informations qui seront nécessaires.
- Choisissez la forme la plus appropriée : entretien, rapport, conversation téléphonique, document dactylographié...

Communication confrontante
Il vous appartient de décider si cette confrontation sera à votre bénéfice ou à celui du récepteur du message. Ménagerez-vous la chèvre et le chou, serez-vous impitoyable, ou direz-vous affectueusement la vérité ? Gardez à l'esprit qu'une confrontation, même amicale, aboutit à un état de malaise et qu'il faut donc prévoir un soutien pour le récepteur. Voici quelques techniques possibles :
- Donner un feed-back qui suscite la prise de conscience.
- Mener un interrogatoire direct destiné à découvrir certaines choses.
- Se faire l'avocat du diable lorsque vous avez peu de preuves à votre disposition.
- Se mettre en colère (juste ce qu'il faut) afin de donner à la confrontation du poids et de l'importance.

Communication cathartique
Essayez vous-même cette forme de libération. Le bien-être et la confiance que vous y trouverez rassurera les autres et les autorisera à faire de même.
- Donnez du réconfort et permettez l'expression des sentiments si cela se fait d'une façon non destructive.
- Encouragez les cris, les rires, l'algarade, les pleurs.
- Fournissez des coussins. Selon le cas, ils procureront un contact agréable ou permettront de se défouler.
- Après une libération d'émotions, aidez la personne à s'exprimer.
- Ne laissez pas quelqu'un seul avec sa détresse, détournez son attention en suscitant une rupture, par exemple en comptant à rebours ou en faisant de l'humour.

Communication catalytique
Ce type de communication permet de montrer à une autre personne comment faire quelque chose par elle-même et ne pas le faire faire par d'autres. Utilisez au maximum ses capacités de mobilisation.
- Répétez après elle des mots ou des groupes de mots afin de l'encourager.
- Assurez-vous qu'elle comprend bien et récapitulez de temps en temps.
- Posez des questions ouvertes ou fermées selon les cas.
- Proposez des structures lui permettant de se révéler, comme par exemple des cycles de résolution de problèmes et des cycles d'étude.
- Aidez votre interlocuteur à tracer les grandes lignes de ce qu'il a compris.

Communication encourageante
Ne jugez pas, effacez-vous et portez secours aux gens.
- Accordez-leur toute votre attention et pratiquez l'écoute active.
- Encouragez, louez, appréciez, soutenez.
- Glorifiez leurs idées, leur apparence, leurs valeurs et leur comportement.
- Manifestez votre attention à leur égard, avec honnêteté.
- Ayez une attitude nourricière.
- Montrez vos forces et vos faiblesses.
- Faites quelque chose pour la personne ou offrez-lui de l'aider.

★ TEST

Dans chacune des six catégories présentées, évaluez vos forces et vos faiblesses.
- *Quelles sont les catégories dans lesquelles vous auriez besoin de vous perfectionner ?*
- *Utilisez-vous certaines de ces catégories pour manipuler les autres d'une façon coercitive, ou trop spontanée ?*

Vous pouvez améliorer votre technique en vous exerçant seul. La plupart des gens découvrent ainsi qu'ils ont besoin de conseils pour utiliser les techniques confrontante et cathartique.

LES OBSTACLES A LA COMMUNICATION

Lorsqu'on communique, il existe un certain nombre de bloquages, le plus courant étant le malentendu. Ce manque de compréhension, comme tous les autres blocages, ne peut être dissipé que si vous l'avez décelé.

Comment savoir qu'une communication est inefficace ? Lorsque vous écoutez ou que vous êtes le récepteur, prêtez-y attention et dressez une liste de ce que vous avez relevé. De même, lorsque c'est vous qui dirigez la communication, écoutez et soyez attentif aux signaux d'alarme.

IDENTIFIEZ LES BLOCAGES

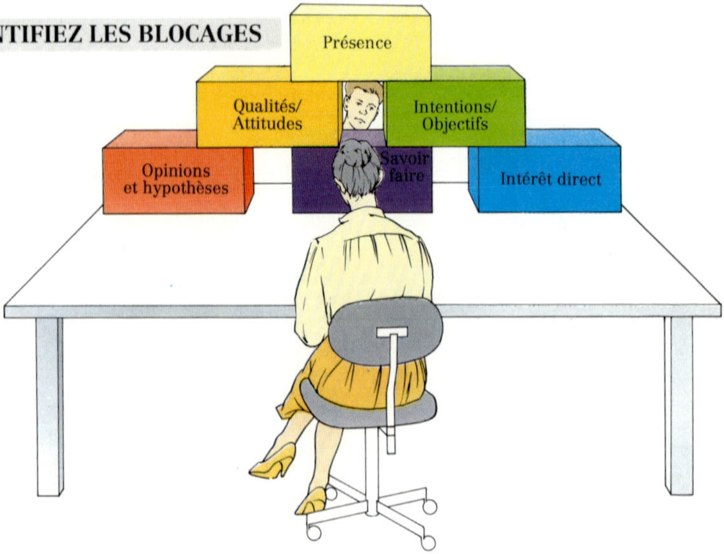

Une fois que vous avez pris conscience que la communication ne fonctionne pas, essayez d'en déterminer l'origine. Celle-ci se trouvera souvent dans l'un des cas de figure suivants:

Présence
Les participants sont-ils mutuellement disponibles l'un pour l'autre ? Si ce n'est pas le cas, l'un d'eux au moins n'est peut-être pas disposé à communiquer.

Qualités/Attitudes
Les participants montrent-ils l'un pour l'autre du respect, de l'empathie et de la compréhension ? S'ils manifestent de l'indifférence ou de l'hostilité, c'est peut-être qu'il existe un problème relationnel plus important.

Intentions/Objectifs
Les participants savent-ils ce qu'ils attendent de la communication ? Connaissent-ils les intentions et objectifs de l'autre ? Des facteurs tels que la déception, l'ambiguïté ou les messages doubles peuvent compromettre la communication et, éventuellement, la relation de confiance.

Savoir-faire
Les problèmes de communication les plus fréquents résident dans l'élocution (mauvaise articulation) et dans un choix de techniques et de stratégie inopportun. Il n'est pas toujours facile de dire ce qu'on veut dire et de savoir écouter.

Opinions et hypothèses
On fait continuellement des hypothèses, conscientes ou non, sur ce que les gens savent, sur ce qu'on leur a dit et sur ce qu'ils ont compris. On peut aussi avoir des opinions sur la façon dont les gens devraient se comporter.

Des problèmes de communication surgissent fréquemment lorsque ces opinions et hypothèses sont fausses.

Intérêt direct
Nous connaissons des gens avec qui, pour une raison ou une autre, nous ne serions ni ouverts ni honnêtes dans une communication. On peut, par exemple, redouter qu'ils ne fassent pas preuve de tolérance envers nos défauts. On préfère alors éviter ces personnes, ou on reste très formel avec elles.

Dans ce cas, vous vous apercevrez souvent que vous essayez, soit de les dominer, soit de vous protéger. Pour améliorer votre communication, déterminez quels sont les besoins que vous cherchez à satisfaire en vous comportant ainsi.

LES BLOQUAGES COMPORTEMENTAUX

Il existe un certain nombre de types de comportements qui compromettent la qualité de la conversation. Vous en connaissez probablement certains. Ceux que nous vous présentons ici sont à éviter dans une communication.

★ N'OUBLIEZ PAS

Face à l'un de ces comportements, vous devez faire preuve de beaucoup d'adresse. Méfiez-vous aussi des gens qui se plaignent continuellement, qui sont toujours négatifs ou désagréables ou qui se mettent facilement en colère. Reportez-vous aux chapitres "Savoir faire...", page 112 à 123 et "Les gens difficiles", pages 124 à 133.

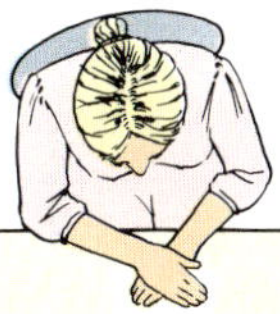

Celui qui sait tout
Il compense son sentiment d'infériorité en faisant étalage de connaissances réelles ou imaginaires, ou en montrant peu d'enthousiasme devant les révélations des autres.

Celui qui coupe la parole
Il n'écoute pas vraiment, termine les phrases de celui qui parle et l'interrompt continuellement.

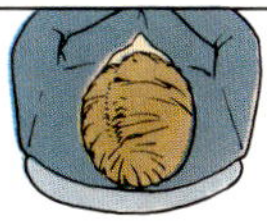

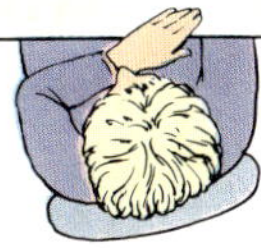

Celui qui parle pour ne rien dire
Il parle pour retenir l'attention, pour éviter qu'on ne s'aperçoive qu'il n'a rien à dire, ou qu'il a du mal à formuler ce qu'il pense. Ses déclarations sont généralement pleines de répétitions.

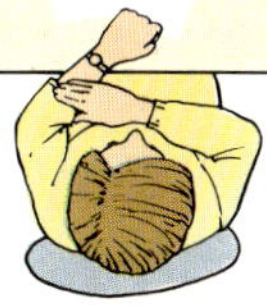

Celui qui monologue
Il parle sans arrêt, fait les questions et les réponses, rit de ses propres plaisanteries avant d'avoir fini sa phrase.

L'égotiste
Il ne peut pas s'empêcher de dire "Je" à toutes ses phrases; il cherche à susciter l'admiration pour masquer son manque de confiance en soi. En agissant ainsi, on arrive au résultat contraire.

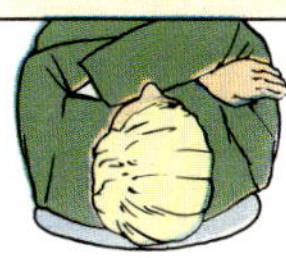

L'ÉCOUTE ACTIVE

Écouter est bien plus qu'entendre : cela consiste à décoder les messages, à reconstituer ce qui n'est pas formulé, à clarifier les phrases ambiguës et à comprendre le point de vue de l'autre. Dans vos activités professionnelles, c'est ce qui vous prend le plus de temps.

Dans la vie professionnelle, environ 70% du temps de travail est représenté par la communication. Dans ce temps, 45% est constitué par l'écoute.

La décomposition du temps consacré à la communication s'établit en moyenne comme suit. Écoute : 45% ; parole : 30% ; lecture : 16% ; rédaction : 9%. Mais notre capacité d'écoute conditionne de très nombreux autres aspects de notre existence.

Pour écouter, on utilise quatre types différents d'attitudes : l'attention, l'encouragement, l'écoute réflexive et l'écoute supérieure. Si vous voulez améliorer vos capacités d'écoute, le mieux est d'améliorer successivement chacune de ces attitudes.

POURQUOI N'ÉCOUTE-T-ON PAS BIEN ?

La plupart des individus ne savent pas écouter. Dans des circonstances normales, l'écoute efficace dépend de très nombreux facteurs.
Vous-même, vous reconnaissez-vous dans la liste qui suit ?
- Vous n'êtes pas entraîné à écouter.
- Vous n'accordez pas à la personne qui parle l'attention nécessaire.
- Vous vous laissez distraire.
- Vous perturbez souvent le processus d'écoute en interprétant et en jugeant ce que dit la personne qui parle.
- Vous passez souvent à côté de la signification réelle, profonde ou cachée du message.
- Au lieu de recevoir le contenu véritable du message, vous retenez ce que vous vous attendiez à entendre.

L'ATTENTION

Les conditions nécessaires pour écouter efficacement sont favorisées par une relation saine avec la personne qui s'exprime, une attitude d'intérêt réel et d'ouverture à son égard.

Si vous adoptez les attitudes que nous vous indiquons ci-dessous, vous créerez un climat favorable à l'échange.

- Donnez la priorité aux besoins de la personne qui parle.
- Faites preuve d'ouverture, même si vous n'êtes pas d'accord avec ce qui est dit ou si vous trouvez cela sans intérêt.
- Penchez-vous vers la personne qui parle, dans une attitude empathique.
- Regardez la personne qui parle. Gardez le contact du regard.
- Réservez-lui du temps et de l'espace.
- Répondez avec pertinence et à-propos.
- Observez les réactions verbales et non-verbales de la personne qui parle, ainsi que les vôtres, sans pour autant vous polariser là-dessus.
- Ne vous laissez pas distraire.

LE SUIVI ET L'ENCOURAGEMENT

Savoir écouter c'est aussi laisser à la personne qui parle le temps suffisant et l'inciter à exprimer totalement sa pensée. Le savoir-faire en la matière consiste à :
- Lancer des perches.
- Prodiguer des encouragements.
- Accorder un silence attentif.
- Poser des questions ouvertes.

Souvent, les gens donnent l'impression d'avoir quelque chose à communiquer. Celui qui écoute doit alors envoyer une perche à son interlocuteur en utilisant une des techniques suivantes :
- Décrivez-lui le langage de son corps.
- Invitez-le à parler.
- Gardez le silence. Donnez-lui le temps de décider s'il veut ou non répondre.
- Soyez attentif. Montrez votre intérêt par votre position, établissez le contact du regard.

Les encouragements sont indispensables pour que celui qui parle réussisse à s'exprimer. Ils lui donnent une preuve concrète qu'il est au centre de l'intérêt et de l'attention.

Les encouragements sont généralement brefs : "Vas-y", "Continue", "Je vois"... On peut aussi reprendre un ou deux mots clefs des phrases qui viennent d'être prononcées.

RÉPARTITION DU TEMPS PASSÉ A COMMUNIQUER

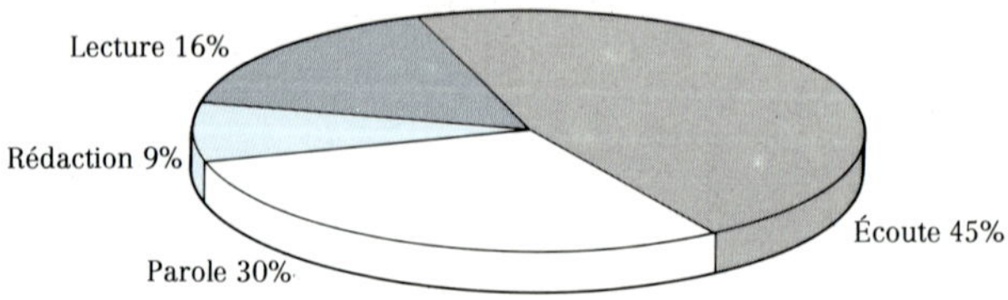

L'ÉCOUTE RÉFLEXIVE

Le silence observé par celui qui écoute donne à celui qui parle le temps de réfléchir à ce qu'il va dire et à la façon dont il va le dire. Pendant les silences, le récepteur a également l'occasion d'analyser les messages gestuels et verbaux de son interlocuteur.

Les questions ouvertes permettent d'explorer pensées, sentiments et expériences. Elles commencent souvent par "Comment", "Pourquoi", "Qui".

Voici des exemples de questions ouvertes : "A quoi pensez-vous ?", "Que pensez-vous de votre travail ?". Elles s'opposent aux questions fermées, dont la réponse se réduit à "Oui", "Non" ou à un seul mot. Voici des exemples de questions fermées : "Êtes-vous heureux ?", "Voulez-vous parler de travail ?".

L'attention et l'encouragement sont bien entendu très importants dans le processus d'écoute, mais ne suffisent pas. Il faut encore que la personne qui parle sente qu'elle a été comprise. Pour cela, utilisez les quatre techniques suivantes d'écoute réflexive : la paraphrase, la réflexion du sentiment, la réflexion de la signification et la réflexion totale.

- La paraphrase sert à vérifier qu'on a bien compris. Elle se concentre sur ce qui a été dit. Celui qui écoute fait une brève réponse à celui qui a parlé, en exprimant les points principaux du discours avec les mots mêmes de l'émetteur.
- La réflexion du sentiment consiste à fournir à l'émetteur le reflet de ses émotions passées ou présentes. Le récepteur dira, par exemple : "Vous aviez l'air furieux" ou "Vous avez le moral à zéro."
- La réflexion de la signification. Dans cette technique, la personne qui écoute combine faits et sentiments dans une réponse succincte. Souvent, on utilise la formule suivante : "Vous vous sentez..... parce que.....". Mais, que vous l'utilisiez ou non, l'essentiel est que vous soyez capable d'indiquer que vous avez compris quels étaient les sentiments de l'émetteur et quelle en est (ou était) l'origine.
- La réflexion totale consiste à faire une brève reformulation des principaux thèmes et sentiments que l'émetteur a exprimés au cours d'une longue période de conversation. Elle prend souvent la forme suivante : "J'ai l'impression que vous avez regardé X, que le lien était établi avec Y, mais que vous avez évité Z. Vous avez été bien en colère du début à la fin."

Si vous les utilisez correctement, les trois dernières techniques que nous venons de décrire amélioreront votre capacité d'écoute et de compréhension. Vous serez sur la bonne voie pour communiquer efficacement, car vous pourrez fonder votre relation aux autres sur des bases solides.

Vous pouvez perfectionner votre technique de réflexion en observant les conseils que voici :

- Ne faites pas semblant d'avoir compris.
- Concentrez-vous sur les sentiments et essayez d'améliorer la perception que vous en avez. Utilisez la voix pour manifester votre empathie : l'intonation et l'inflexion de votre voix doivent s'accorder à l'état d'esprit de celui qui parle.
- Pratiquez la réflexion concrète.
- Ne répondez pas aux questions de l'orateur, essayez plutôt de mettre en évidence les sentiments qu'elles véhiculent.
- Ne dites pas à l'émetteur que vous savez ce qu'il ressent : on ne peut jamais se mettre complètement dans la peau de quelqu'un d'autre.

★ N'OUBLIEZ PAS

- *Si votre esprit commence à vagabonder pendant que l'émetteur parle, dites-vous "C'est à lui de parler", pour raviver votre attention.*
- *Environ 85% de notre communication se situe à un niveau non-verbal ; "l'écoute" du non-verbal est donc essentielle.*
- *Si vous connaissez déjà celui qui parle, vous pouvez l'aider à mieux se comprendre et à mieux cerner ses problèmes. Les réponses que vous pouvez faire dans ce but doivent lui permettre de mieux analyser sa situation, d'être lui-même plus réflexif et de se sentir soutenu.*

Ces techniques d'écoute réflexive reposent bien sûr sur le discours de la personne qui parle, mais la capacité d'intuition permet de deviner le non-dit.

Pendant une communication, on se fie parfois davantage au message véhiculé par le langage du corps qu'à ce qui est dit. Cela est particulièrement vrai si ces deux formes d'expression se contredisent tout en étant simultanées. Votre corps envoie en permanence - par votre position, vos gestes et l'expression de votre visage - des messages. Ceux-ci permettent aux autres de formuler des jugements très pertinents sur le type de personne que vous êtes, sur votre état d'esprit à l'instant et sur vos pensées réelles.

Le langage du corps, ou communication non verbale, peut venir renforcer le message parlé que vous émettez ; mais il peut aussi le desservir. Il est souvent l'élément décisif par lequel les gens décident si ce que vous dites vaut ou non la peine d'être écouté. Les bons communicants savent très bien manier la communication non verbale.

COMMENT UTILISER LE LANGAGE DU CORPS

Il vous est certainement arrivé d'entendre des messages dont le contenu était digne d'intérêt, mais qui ont été sapés par un élément extérieur : par exemple, la personne qui parlait avait une voix désagréable, ou présentait un signe particulier qui détournait l'attention. Évitez cet écueil lorsque vous parlez : pour utiliser efficacement le langage du corps, suivez les conseils suivants.

- Installez-vous face à votre interlocuteur.
- Ayez une attitude de réceptivité.
- Penchez-vous légèrement vers l'autre.
- Installez-vous suffisamment près pour que la distance ne crée d'inconfort ni à l'un, ni à l'autre. Évitez si possible l'obstacle que représente un bureau entre deux personnes.
- Quelle que soit votre façon de vous habiller, faites attention à votre apparence.
- Parlez en variant votre intonation.
- Parlez moins fort quand vous voulez donner de l'importance à quelque chose.
- Accordez le langage de votre corps à celui de l'autre, vous créerez l'empathie ; mais surtout, ne le copiez pas.
- Évitez d'avoir une apparence choquante, sauf si votre propos est d'attirer l'attention.
- Manifestez de l'enthousiasme et soyez sincère.

Il existe d'autres formes non verbales de communication à prendre en considération. Ce sont les suivantes.

- L'expression et les mouvements du visage : par exemple, le sourire, la grimace ou le froncement de sourcils.
- Le contact visuel et la qualité du regard : par exemple, le fait de fixer quelqu'un.
- L'apparence physique : âge, sexe, silhouette, coiffure, style vestimentaire...
- La position physique : ouverte, fermée, raide, souple, alerte...
- Le placement du corps, la distance qui vous sépare de la personne à laquelle vous parlez.
- Les mouvements et les gestes, notamment les mouvements du corps entier et les gestes expressifs.
- La qualité de la voix, son intonation, son débit, son volume.

COMMENT INTERPRÉTER LE LANGAGE DU CORPS

Même si vous n'en êtes pas conscient, vous savez déjà beaucoup de choses sur le langage du corps. La plupart des gens perçoivent instinctivement le véritable message au-delà des mots. Il faut toutefois se méfier de ce qu'un signal peut avoir plusieurs significations.

Il existe plusieurs moyens d'améliorer sa réceptivité au langage du corps :

- Considérez que chaque élément du langage du corps a une signification. Il peut s'agir, soit de quelque chose de facile à interpréter (quelqu'un habillé à la mode, etc), soit d'éléments plus complexes (regard fuyant, etc).
- Soyez attentif aux faisceaux de signaux. Il est très rare qu'une partie du corps se trouve isolée et véhicule un message particulier. Plusieurs signaux concordants, au contraire, correspondent à un message.

COMMENT PASSEZ-VOUS LA RAMPE ?

Pour savoir quelle est l'impression que vous produisez sur les autres, notamment au niveau de la communication non verbale, utilisez une caméra vidéo et un écran de contrôle. Il faut, bien sûr, que quelqu'un vous aide.

- Asseyez-vous sur une chaise face à l'écran. L'autre personne maniera la caméra (voir le dessin ci-contre).
- Parlez de vous durant environ quatre minutes. Pendant ce temps, l'objectif de la caméra se déplace lentement et le rythme change : plans longs, plans rapprochés, gros plans sur certaines parties du visage et du corps.
- Pendant que vous vous regardez à l'écran, l'autre personne vous pose les questions suivantes :
  – La personne que vous voyez à l'écran attire-t-elle votre attention ?
  – Quels sentiments vous inspire-t-elle ?
  – Aimez-vous l'entendre parler ?

Réfléchissez ensuite à ce qui favorise votre message verbal et à ce qui l'occulte :

- Le langage de votre corps est-il ou non en harmonie avec votre message ?
- Comment pouvez-vous améliorer la façon dont vous vous présentez ?

A la fin de cet exercice, repassez tout ce qui a été enregistré, puis analysez les impressions que vous en retirez.

★ TEST

Si vous ne disposez pas d'une caméra vidéo, enregistrez votre voix au magnétophone, si possible face à un miroir, ou parlez de vous à un ami qui vous restituera les impressions qu'il en retire.

Que remarquez-vous de particulier en faisant cet exercice ? Posez-vous les questions qui vous sont proposées dans le paragraphe ci- contre.

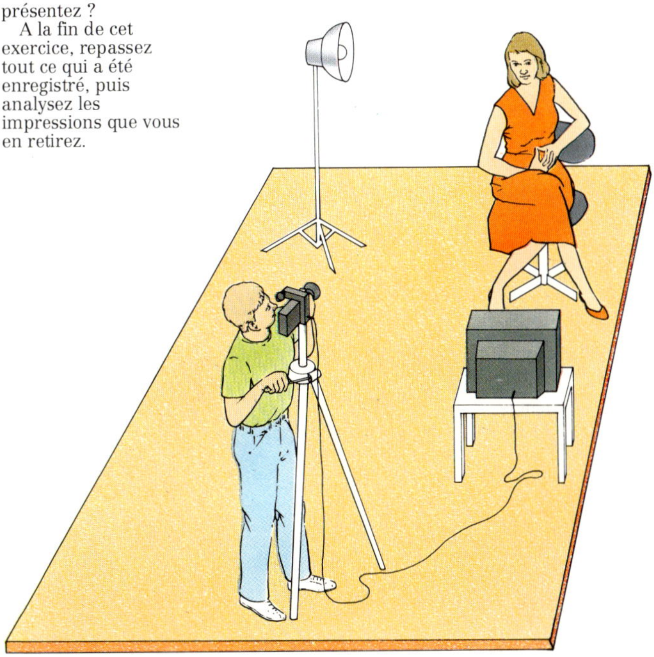

★ EXERCICES

De temps en temps, mettez-vous à l'écoute des différentes formes de langage du corps. Vous améliorerez ainsi votre sensibilité et votre prise de conscience.

- *Une bonne technique consiste à observer une ou deux personnes ou un petit groupe de gens de loin dans un endroit public.*

Notez ce que vous voyez, quels sentiments cela vous inspire, et quelle en est votre interprétation.

- *Faites cet exercice avec un ami et voyez si vos remarques correspondent. Il est probable que vous aurez relevé différents aspects du langage du corps. Peut-être même interpréterez-vous différemment un même message non verbal. Que concluez-vous ?*
- *Pour vous entraîner à interpréter les messages non verbaux, allumez votre téléviseur, coupez le son et regardez ainsi quinze minutes d'émission par jour. Observez tous les messages non verbaux et analysez-les.*
- *De même, lorsque vous écoutez une conversation, essayez de vous abstraire des mots et de n'écouter que la qualité de la voix.*
- *Exercez-vous, avec un collègue de travail, à privilégier une forme déterminée de communication.*

La lecture est une activité complexe qui consiste à reconnaître et à décoder les mots, puis à en extraire la signification. Le fait de lire implique de comprendre le texte, de savoir le rapprocher de ce que l'on connaît déjà, et de sélectionner les informations qui seront ensuite stockées dans la mémoire.

L'information doit pouvoir être rappelée, communiquée et mise en application au moment opportun.

SÉLECTIONNEZ VOS LECTURES

La plupart des gens très occupés sont submergés par la masse de documents qu'ils ont à lire tous les jours ou toutes les semaines. Il faut absolument qu'ils sélectionnent ce qu'ils vont lire et qu'ils soient impitoyables dans leurs choix.

L'un des moyens de faire cette sélection consiste à grouper par catégories les différentes communications sous forme écrite. Si vous avez plusieurs bacs à courrier, vous classerez plus facilement les documents à lire. Ces bacs seront étiquetés "Urgent", "A voir", "Pas urgent", "Faire circuler", "Sans intérêt".

Il faut utiliser ces différents bacs dès que vous recevez une communication et les vider régulièrement.

Une autre méthode efficace est de trier les documents selon le temps que prend leur lecture : d'un côté, ceux qu'on peut lire rapidement, de l'autre ceux dont la lecture exige une attention soutenue, une réflexion, une mémorisation ou une réponse structurée.

POURQUOI LIRE ?

Vous devez vous poser une question très importante : "Pourquoi est-ce que je veux lire tel ou tel document ?" La plupart des gens ne se posent pas cette question, et par conséquent lisent sans aucune efficacité.
Vous mémoriserez plus facilement les informations si vous êtes préparé à les recevoir. Autrement dit, il faut que vous ayez préalablement éveillé votre intérêt ou votre curiosité en déterminant nettement ce que vous avez besoin de savoir ou de découvrir.

★ EXERCICE

Pour lire plus vite et plus efficacement :
- *Sachez précisément ce que vous attendez de la lecture.*
- *Dégagez les points principaux.*
- *Cherchez les mots clefs et prononcez-les à haute voix.*

★ TEST

Pour améliorer en un mois votre vitesse de lecture, faites les exercices suivants pendant un quart d'heure par jour, à raison d'un exercice par semaine. Vous pourrez ainsi habituer vos yeux aux bons réflexes de lecture, et votre esprit à se concentrer rapidement sur les points clefs. Exercez-vous sur de courts romans plutôt que sur une matière difficile.
- *1ère semaine - Apprenez à lire des groupes de mots plutôt que des mots isolés.*
- *2e semaine - Guidez votre oeil en parcourant les lignes avec un crayon. A la fin d'une ligne, positionnez le crayon au début de la ligne suivante, au rythme qui vous convient.*
- *3e semaine - Faites le même mouvement avec le crayon, mais de plus en plus vite, en doublant la cadence chaque jour. Vous vous apercevrez que vous mettez moins de temps à décoder les mots et à en extraire la signification.*
- *4e semaine - Astreignez-vous à lire plusieurs lignes à la fois, puis une page, en l'espace de quelques secondes. L'important est de savoir trouver les mots clefs.*

SAVOIR BIEN LIRE

A buts différents, techniques différentes. Un survol vous permettra de décider si l'information contenue dans un document vous intéresse ou non ; pour avoir une vue d'ensemble, vous feuilleterez l'ouvrage; une lecture superficielle vous permettra de retenir un texte facile ; une lecture en profondeur ou mot à mot peut être nécessaire s'il s'agit d'un document très technique ou concernant un domaine nouveau.

N'oubliez pas le principe suivant : ce n'est pas parce que quelque chose est écrit qu'il faut absolument que vous le lisiez. N'hésitez pas à sélectionner vos lectures, n'ayez aucun scrupule à feuilleter simplement un document ennuyeux ou sans intérêt.

Vous trouverez ci-dessous les phases de lecture que préconise Tony Buzan, un spécialiste de la question.

Survol

- Lisez la couverture et les rabats.
- Parcourez la table des matières.
- Lisez les têtes de chapitres, les sous-titres, les notes de bas de page, les graphiques.
- Regardez les illustrations et les photographies.
- Décidez si vous souhaitez approfondir ou non.

Aperçu

- Lisez le chapitre récapitulatif ou la conclusion.
- Lisez les résumés des chapitres.
- Lisez le début et la fin des chapitres.
- Cherchez les mots et les phrases clefs.

Première lecture

- Lisez les parties du livre que vous n'avez pas encore lues.
- Sautez les passages difficiles.
- Signalez par un trait en marge les passages importants, essentiels ou difficiles.

Relecture

- Relisez les passages importants.
- Faites des annotations (n'en portez pas avant cette phase).
- Comblez les lacunes qui vous restent.
- Reportez-vous à vos annotations pour vérifier que vous aviez bien compris et pour faire la relation avec ce que vous saviez déjà.

La plupart des gens commencent leur lecture au début du document et y apportent une attention régulière, quel que soit l'intérêt réel du texte : résultat, ils perdent leur temps et ils retiennent très peu de ce qu'ils ont lu. Une stratégie de lecture performante, comme celle que nous venons d'exposer, permet d'améliorer considérablement sa capacité à décoder et à extraire la substance d'un texte, aussi ardu soit-il. N'oubliez jamais que c'est vous et vous seul qui décidez ce qui est important à lire et ce qui vaut la peine d'être retenu. La lecture efficace n'est ni un test d'endurance, ni une affaire de pure volonté, mais un savoir-faire forgé par l'exercice.

La prise de parole en public peut revêtir différentes formes : lecture, discours, débat ou présentation. Si chacun de ces modes d'expression met en oeuvre des techniques particulières, ils exigent tous que l'attention de l'auditoire se polarise sur l'orateur.

Prendre la parole en public peut répondre à des buts très divers : informer les autres des idées qu'on a, les divertir, les amener à partager un point de vue, ou à adopter une ligne de conduite commune. Un discours efficace sera toujours structuré.

PRÉPARATION

Un exposé oral peut être improvisé ou préparé. Il a généralement un objectif principal et un certain nombre d'objectifs secondaires. Il doit éveiller la curiosité de l'auditoire, entretenir son intérêt et répondre de façon significative à ses principales attentes.

Voici une bonne méthode de préparation d'exposé :

- Choisissez un sujet qui soit adapté au cadre et au public.
- Limitez votre exposé à un seul thème pour lequel vous avez les qualifications et l'expérience requises.
- Réunissez les données qui vous seront nécessaires.
- Préparez un canevas de votre exposé, qui vous permettra de n'oublier aucun point important.
- Articulez vos arguments de manière attrayante.
- Rédigez votre exposé dans sa forme définitive. Il doit être le plus vivant et le plus intéressant possible, mais n'oubliez pas le thème central.
- Enfin, parlez le plus clairement possible.

Connaissez votre auditoire
Comme dans toute communication, il est essentiel de savoir à qui l'on s'adresse. Votre auditoire s'attend-il à recevoir une information ou à être diverti ? Que savent vos auditeurs sur le sujet traité ? Qu'ont-ils besoin de savoir en plus ?

Réunissez le maximum de renseignements sur les personnes à qui la communication est destinée ; ils vous aideront à faire

STRUCTURATION DU MESSAGE

Pour faciliter la réception d'un message, il faut que vous structuriez celui-ci. En général, votre exposé s'articulera en trois parties : introduction, développement, conclusion ou résumé des principaux points.

Voici quelques types d'exposés structurés.

Thématique
Il implique que vous divisiez votre communication en un certain nombre de parties ou de sujets, que vous les ordonniez le plus efficacement possible. Traitez chaque thème séparément et établissez un lien général au début et/ou à la fin de l'exposé. Ce type de communication se prête bien à la transmission d'informations.

Historique ou chronologique
L'information ou l'expérience est exposée dans l'ordre chronologique des événements. Cette forme d'exposé se prête bien à la formation.

Spatial
Un exposé spatial est structuré en fonction de l'endroit où il a lieu ou auquel il se rapporte. Il se justifie, par exemple, lorsque qu'il se déroule dans plusieurs endroits successifs (exposition, visite d'un chantier de construction...).

Logique
Ce type d'exposé est utilisé pour présenter une argumentation ou une démonstration raisonnée. Chaque point apporte une preuve et amène le point suivant.

Destiné à neutraliser l'opposition
Ce type d'exposé, appelé aussi raisonnement résiduel, consiste à passer en revue un certain nombre de solutions et à démontrer qu'elles sont inefficaces ou inopportunes. Le but étant de parvenir à une seule solution vraiment valable, celle en faveur de laquelle on plaide.

Qui résoud les problèmes
Dans ce type d'exposé, on assiste à une résolution successive de problèmes.

Oratoire
L'exposé oratoire est persuasif et favorise l'action et la motivation. Les points sont abordés dans un ordre d'importance croissant. On fait appel aux réactions émotionnelles de l'auditoire tout autant qu'à sa capacité de raisonnement.

Personnalisez et étayez votre exposé
Votre exposé sera mieux mémorisé et plus performant si vous le personnalisez et si vous étayez les idées que vous avancez. La personnalisation consiste, par exemple, à illustrer l'exposé d'exemples et d'anecdotes tirés de votre expérience.

Si vous voulez étayer ce que vous dites :
- Fournissez des statistiques et des résultats de recherches.
- Fournissez des données tirées de l'expérience.
- Fournissez des preuves de ce que vous dites.
- Émaillez l'exposé de citations.
- Produisez des déclarations d'experts.
- Faites des comparaisons et des oppositions.
- Ayez recours à l'audiovisuel.

L'introduction de votre exposé doit "accrocher" votre auditoire, le préparer à entendre la suite et lui faire comprendre l'intérêt de ce que vous allez dire. Pour capter l'attention, ayez également recours aux déclarations contradictoires, aux défis lancés à l'assistance, aux citations fortes et pertinentes, et - pourquoi pas - à l'humour.

ÉMISSION DU MESSAGE

Si vous lisez simplement votre texte, vous direz fatalement ce que vous avez à dire d'une façon plate et monotone. Pour parler en public, il faut que votre exposé soit vivant. Sachez que vous disposez d'une plage d'attention très courte. On retient en général le début et la fin des exposés ; assurez-vous qu'ils contiennent les informations les plus importantes.

Servez-vous de vos notes comme d'un aide-mémoire. Tenez les auditeurs en éveil en variant votre intonation, faites des gestes. Les gens ont tendance à oublier la plus grande partie de ce qu'on leur dit : pour pallier cela, utilisez des diapositives, des maquettes, du matériel audiovisuel. Vous favoriserez ainsi la compréhension et la mémorisation, notamment si votre exposé est long.

Mettez en valeur les points importants : en observant un silence avant de les énoncer et en abaissant la voix. Au besoin, remettez à vos auditeurs un dossier contenant le texte de votre exposé.

★ N'OUBLIEZ PAS

Pour que ce que vous voulez dire soit clair, vous devez savoir :
- *De quoi vous parlez.*
- *Quel est le message.*
- *Quel est le meilleur moyen de le véhiculer.*
- *Quel résultat vous espérez.*
- *Pourquoi vous parlez.*

DES IDÉES A L'ACTION - 1

Pour que les choses soient faites efficacement et que vous obteniez des résultats satisfaisants, il faut que vous puissiez passer des idées à l'action. Cela implique que vous utilisiez de façon opportune l'énergie disponible et entreteniez cette énergie et votre motivation de façon ininterrompue jusqu'à ce que le travail soit terminé.

Un travail, quel qu'il soit, nécessite de réfléchir avant de passer à sa réalisation. Ces deux phases mettent en œuvre une série de capacités personnelles. Les travaux plus importants, ceux qui requièrent le concours d'autrui , exigent en plus des qualités interpersonnelles et éventuellement des dons de leader et de coordinateur. Enfin, il vous faut savoir mobiliser les forces positives qui vous permettront de réaliser vos objectifs, tout en minimisant l'effet des forces inutiles.

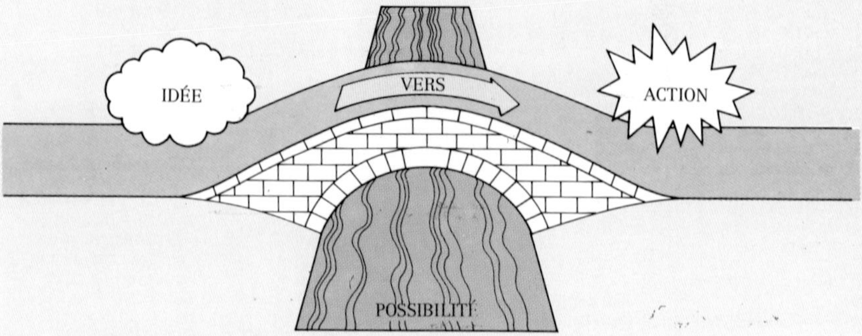

VOTRE PLAN D'ACTION

Votre plan d'action doit être extrêmement détaillé : il doit indiquer de façon précise qui fait quoi, où et quand le travail doit être fait, comment il doit être fait.

C'est essentiel si vous voulez obtenir le résultat escompté.

Vous avez en vous toute une équipe de "collègues". Mettez-les à contribution, appliquez la méthode du plan en prenant pour exemple quelque chose de simple : par exemple, acheter un cadeau relativement cher à un ami.

Le rêve
Tout d'abord, fixez au rêveur qui est en vous la tâche d'imaginer l'ami en question en train de déballer son cadeau (voir page 116). Imaginez sa joie au moment où il découvre ce que vous lui offrez. Il est visiblement touché de cette attention et de la justesse de votre choix. Notez toutes ses réactions positives.

La recherche d'informations
Maintenant, mobilisez l'informateur qui est en vous pour rassembler tout ce que vous savez sur votre ami : ce qu'il aime et aime faire, dans quel domaine il voudrait se

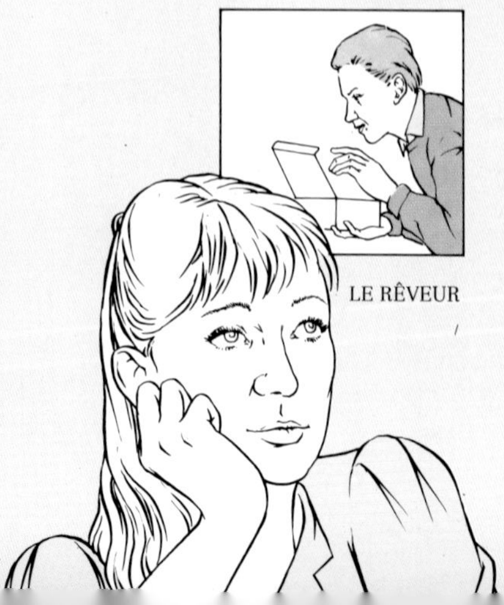
LE RÊVEUR

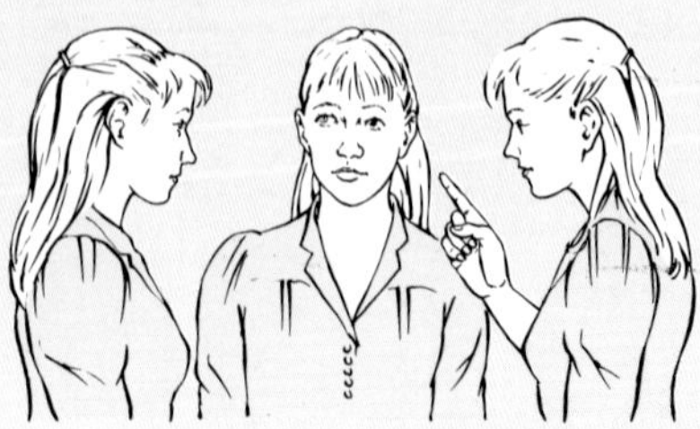
L'INTUITIF ET L'INFORMATEUR

LA COMMUNAUTÉ INTERNE

Pour que les travaux importants soient menés à terme, on attribue aux personnes qui y participent des rôles ou des fonctions spécifiques : chef, trésorier, etc. Sur ce modèle, il est intéressant d'agir comme si, intérieurement, vous aviez des rôles ou des divisions fonctionnelles pour réaliser telle ou telle partie du travail.

Les divisions de vos ressources personnelles sont parfois appelées collègues internes ou communauté interne.

Dans cette communauté, il est très important que vous vous adressiez à chaque membre selon sa compétence :

- Le rêveur, qui crée la vision ou l'objectif.
- L'informateur, qui collecte les données.
- L'analyste, qui décompose le travail en étapes ou en séquences réalistes.
- Le planificateur, qui répartit les tâches.
- L'exécutant, qui fait le travail.
- Le contrôleur, qui vérifie la qualité du travail et délivre un feed-back constructif.

LES POINTS CLEFS

Pour passer de l'idée à l'acte, il faudra que vous évaluiez quelques points clefs. Vous devrez approfondir votre réflexion, réunir les informations nécessaires, puis arrêter ce qui doit être fait.

D'abord, le rêveur qui est en vous vous aidera à clarifier l'idée de ce que vous voulez réaliser.

Ensuite, il faudra que vous recueilliez les informations dont vous aurez besoin pour arriver à un plan d'action. Ainsi, par exemple, vous devrez déterminer :

- Quelles sont les ressources nécessaires.
- Quelles sont les ressources disponibles actuellement.
- Qui pourra vous aider en cours de réalisation.
- Qui peut vous aider dès maintenant.
- Quelles sont les options ou les possibilités.
- Quels sont les risques que comporte chaque option.

Puis, vous devrez déterminer ce qui doit être fait. Il vous faudra dresser une liste des étapes à franchir avant d'arriver au résultat final, puis établir une chronologie de ces étapes.

---

perfectionner... Essayez de vous rappeler des choses particulièrement agréables que vous avez faites ensemble, ou des cadeaux qu'il vous a offerts et qui peuvent vous donner des indications sur ses goûts et ses envies.

Vous aurez peut-être alors besoin des conseil de l'intuitif et du penseur latéral qui sont en vous. Ils pourront, par exemple, orienter votre choix sur un cadeau à partager, comme des billets pour un spectacle.

Peut-être cherchez-vous aussi d'autres types d'information :

- Quelle est la somme que vous pouvez consacrer à ce cadeau ?
- De combien de temps disposez-vous pour le trouver ?
- Quand l'événement que vous voulez célébrer (anniversaire...) aura-t-il lieu ?
- Pouvez-vous prendre le risque d'offrir quelque chose d'original qui ne plaira pas forcément ?
- Souhaitez-vous vous cotiser avec quelqu'un d'autre ?

L'analyse

Une fois que votre informateur a recueilli et trié toutes ces données, vous êtes à même de décider de votre plan d'action.

Cette phase d'analyse est la première étape du planning. Demandez à votre analyste de déterminer les sous-travaux qui peuvent être, par exemple :

- Décider que vous manquez d'informations et en recueillir auprès d'un ami commun.
- Choisir deux cadeaux possibles en remettant à plus tard votre décision finale.

LA VÉRIFICATION

LA RÉALISATION

DES IDÉES A L'ACTION-2

Une fois que vous aurez réalisé votre plan d'action, il faudra que vous soyez capable de passer en revue la façon dont les choses se sont déroulées.

Vous tirerez ainsi parti de l'expérience pour améliorer vos performances ; vous pourrez également déterminer, parmi vos collègues internes, ceux sur lesquels vous pouvez compter.

★ EXERCICE

Pour vous exercer à la démarche idées/action, choisissez une tâche relativement simple et organisez le travail selon les étapes proposées ; au besoin, autorisez-vous à sauter une étape. Cette facilité que vous vous accordez ne vous dispense pas de toujours savoir à quelle phase vous en êtes.

LES ÉTAPES FINALES

Lorsque vous commencez à passer des idées à l'action, vous pouvez mobiliser votre planificateur : c'est lui qui devra préciser qui fait quoi, où, quand et comment. Enfin, avant de demander à votre exécutant d'entrer en scène, faites appel une dernière fois à votre rêveur afin de vérifier que le projet du planificateur correspond bien à sa vision. S'il est satisfait du plan, allez-y. Sinon, demandez à votre informateur de trouver les raisons de cette insatisfaction.

Maintenant, vous pouvez lâcher votre exécutant.

LE CONTRÔLE

Vous devez passer en revue ce que vous avez fait et repérer, parmi vos collègues internes, ceux qui ont été particulièrement efficaces et ceux qui l'étaient moins ou qui manquaient de confiance en eux.

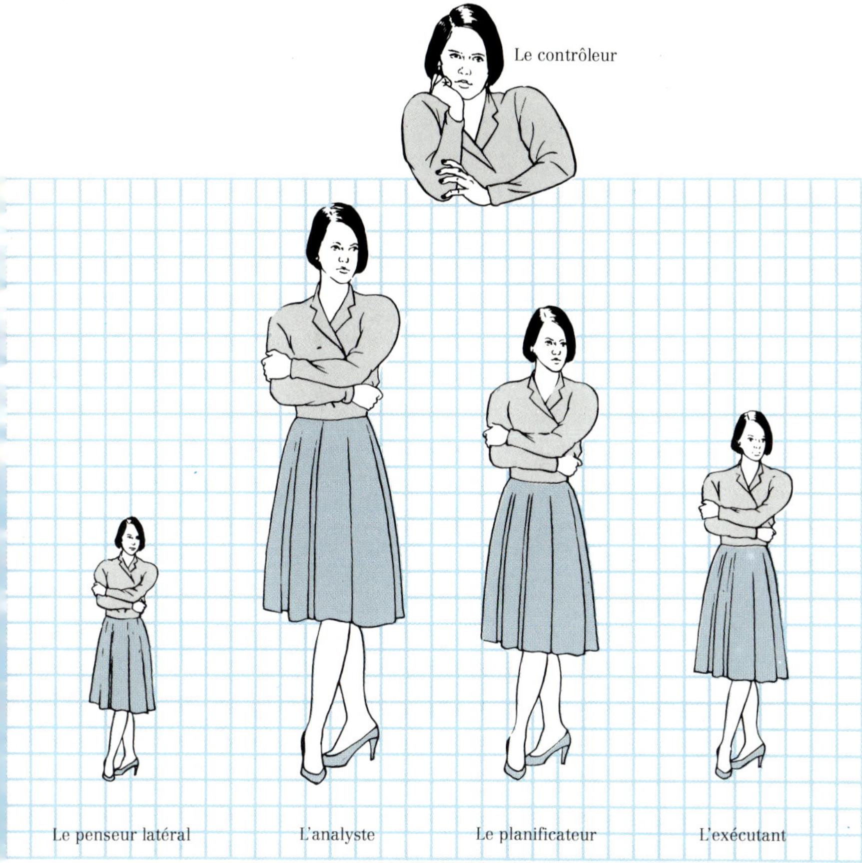

En tirant les leçons de cette expérience, vous pourrez améliorer vos performances la prochaine fois.

Pour mener à bien cette analyse :

- Vérifiez que le résultat final correspond bien à votre intention de départ.
- Soulignez ce qui a été particulièrement réussi et déterminez les raisons de ce succès.
- Notez tous les domaines où se sont posés des problèmes, et faites un plan pour améliorer ces points.

En donnant ainsi du travail à votre contrôleur, vous choisissez la meilleure façon d'agir pour le bien de votre équipe interne.

★ CE QUI N'ALLAIT PAS

Lorsque vous analysez la façon dont les choses se sont déroulées, vous pouvez constater certaines choses qui ne vont pas dans votre démarche, par exemple :

- *Vous n'accordez pas suffisamment de temps à la phase de contrôle, parce que vous avez l'impression que les réponses sont évidentes.*
- *Vous vous polarisez trop sur les réussites et esquivez l'analyse des échecs.*
- *Vous vous polarisez trop sur les échecs, et finissez par vous déprimer, vous et votre équipe interne. Vous négligez de noter ce qui marche vraiment bien et qui pourrait être mis de nouveau en pratique à l'avenir.*
- *Vous théorisez, vous vous interrogez, vous généralisez, au lieu de préciser de manière détaillée ce qui s'est passé et les conséquences que cela a entraînées.*

116 FIXEZ-VOUS UN OBJECTIF

Pour que les choses soient faites efficacement, il faut déterminer ce que vous voulez réaliser. Pour cela, il faut que vous mobilisiez votre rêveur. Il s'agit d'un membre très précieux de votre communauté interne, auquel on accorde souvent trop peu de temps et d'attention.

Votre rêveur ne s'entend pas toujours très bien avec votre exécutant : en fait, ils se frustrent beaucoup mutuellement. C'est à vous de les réconcilier, car ils ont besoin l'un de l'autre et vous, vous avez besoin des deux. C'est là l'une des clefs d'un self-management efficace.

UTILISEZ VOTRE RÊVEUR

Votre rêveur peut vous apporter sa contribution à trois niveaux :

- Il sait ce que vous voulez, et connaît les idéaux et les buts auxquels vous souhaitez consacrer votre énergie. C'est lui qui sait ce qui vous satisferait, ce qui vous anime, ce qui correspond à vos valeurs.
- A partir de pensées juste ébauchées, il brosse un tableau cohérent de votre avenir une fois que l'objectif sera atteint. Il sait symboliser et formuler vos espoirs.
- Il fixe pour vous le niveau de réalisation auquel vous désirez parvenir et vous indique vos critères de réussite.

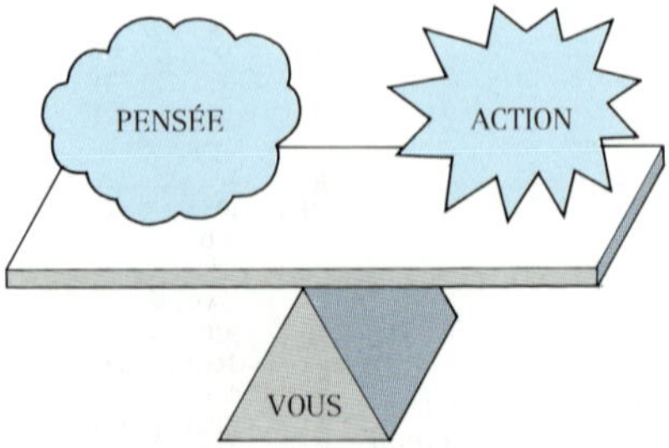

SACHEZ OÙ VOUS ALLEZ

Pour permettre à votre rêveur de fonctionner au maximum de ses capacités, posez-lui les questions suivantes à chaque fois que vous envisagez d'agir.

BUTS

- Pourquoi suis-je en train de faire ceci ?
- Pour qui ? Pour quoi ?
- Quel est le bénéfice que je peux en tirer, que les autres peuvent en tirer ?

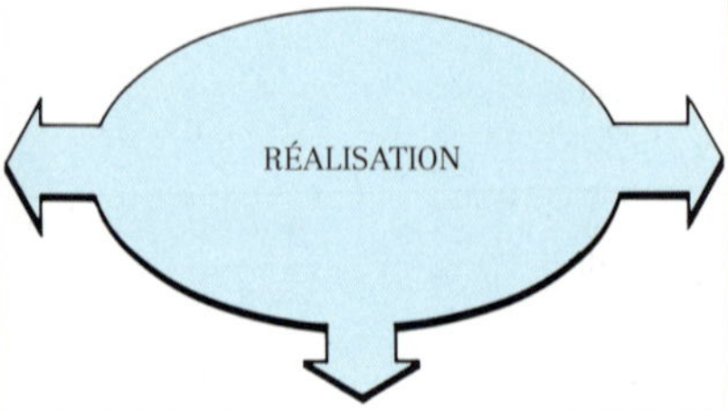

CRITÈRES DE JUGEMENT

- Comment saurai-je que le résultat est satisfaisant ?
- Comment pourrai-je mesurer l'avancement du travail ?
- Quelle quantité ? Quelle qualité ?

RÉSULTATS FINAUX

- Qu'est-ce que je veux réaliser ?
- Qu'est-ce que je deviendrai ?
- Quelle est ma vision de l'avenir ?
- Qu'est-ce que j'aurai réalisé dans une semaine, dans un mois ?

COMMENT FONCTIONNE VOTRE RÊVEUR

Voici un exemple qui vous permettra de mieux comprendre comment fonctionne votre rêveur. Il s'agit de présenter un dossier à une personne haut placée dans la hiérarchie de votre entreprise.

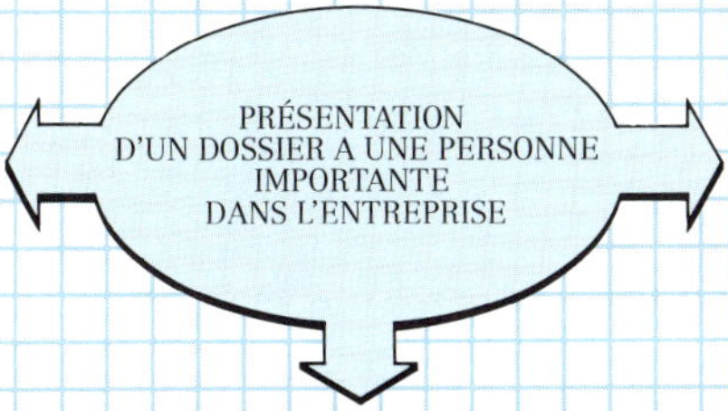

BUTS

Pourquoi avez-vous constitué ce dossier ?
• Pour attirer l'attention sur ce que vous avez déjà réalisé jusqu'à présent.
• Pour apporter la preuve que vous êtes digne d'une promotion.
• Pour mettre les gens au courant d'un certain nombre d'évolutions fondamentales.

Pourquoi faites-vous cela ?
Par exemple, pour informer personnellement votre supérieur.

Qu'est-ce que vous pouvez en retirer ?
• Être justement reconnu pour vos efforts, ou être promu.
• Faire profiter les autres de l'information.
• Aider l'entreprise à rester à la pointe d'un marché très concurrentiel.

RÉSULTATS FINAUX

Quels moyens allez-vous mettre en œuvre pour présenter ce dossier ? C'est à vous d'en décider, en fonction du temps dont vous disposez.
• Une présentation de dix minutes attirera l'attention sur trois points ; la plus grande partie du temps sera consacrée à démontrer pourquoi et comment certaines évolutions sont cruciales pour l'entreprise, et quels sont les risques pris si l'on n'en tient pas compte.
• Une présentation de vingt minutes, chiffres et graphiques à l'appui, traitera successivement chaque dossier auquel vous avez apporté une contribution majeure.
• Une présentation de trente minutes sera divisée en deux parties. La première partie sera consacrée à ce que vous avez réalisé jusqu'à présent. La seconde partie sera consacrée aux idées que vous avez pour favoriser le développement de l'entreprise. Vous insisterez en outre sur le potentiel qui est en vous et que l'entreprise n'utilise pas actuellement.

A la fin de cet exposé, vous pouvez vous trouver confronté à diverses réactions.
• Un interlocuteur impressionné, un peu ennuyé à l'idée que vous alliez proposer vos services à une autre entreprise si on ne vous augmente pas.
• Un interlocuteur impressionné qui voit comment vous fonctionnez et pourriez fonctionner.
• Un interlocuteur mieux informé qui peut grâce à vous continuer à assurer le succès de l'entreprise.

CRITÈRES DE JUGEMENT

Comment saurez-vous que le résultat final est satisfaisant ?
• Si vous êtes augmenté de plus de 10% avant trois mois (quantitatif).
• Si, dans le délai de six mois, vous êtes promu à tel ou tel poste (qualitatif).
• Si, dans le délai de six mois, l'entreprise prend des décisions qui lui permettront d'assurer son avantage sur ses concurrents (qualitatif).

Comment pourrez-vous mesurer l'intérêt que suscite votre dossier ?
• Si, dans un délai d'un mois après votre présentation, vous apprenez que votre interlocuteur a discuté à fond de ce que vous avez dit avec des gens dont il estime les compétences.
• Si, dans un délai de trois mois, vous apprenez par des bruits de couloirs qu'on envisage de vous promouvoir.

★ N'OUBLIEZ PAS

• C'est avec des phrases commençant par "Afin de..." ou "Pour pouvoir..." que s'énoncent les objectifs.
• Répondez aux "pourquoi ?" par des phrases commençant par "parce que...". De telles réponses vous aident à mettre au clair les visions de votre rêveur.
• Le fait d'analyser ses erreurs passées n'est pas aussi bénéfique qu'on pourrait le croire. L'analyse sera peut-être correcte, mais partielle, ce qui peut entamer votre confiance en vous-même et votre disposition à prendre des risques.

MOBILISATION : LES MAUVAISES APPROCHES

Pour qu'une action soit efficace, il faudra que vous vous assuriez la coopération d'autres participants. Pour cela, il existe de nombreuses méthodes et d'approche qui ne donnent pas toutes les mêmes résultats.

Selon la situation et votre état d'esprit, votre approche pourra être affirmative, soumise, agressive ou indirecte. Si vous ne vous sentez pas en sécurité et si vous n'avez pas confiance en vous, vous risquez d'adopter une mauvaise approche, agressive, soumise ou indirecte.

L'APPROCHE AGRESSIVE

Lorsque vous êtes dans une situation d'approche agressive, vous exigez que vos priorités soient satisfaites sans que les autres puissent exprimer les leurs. Vous êtes brutal ou vous donnez des ordres, alors qu'il serait beaucoup plus opportun de discuter de ce qui doit être fait.

Vous insistez pour que les choses soient réalisées selon votre plan personnel et ne laissez pas les autres faire les choses à leur façon.

Lorsque vous êtes agressif, vous ne délivrez pas de feed-back positif, sauf si vous ne pouvez pas faire autrement : dans ce cas, vous neutralisez immédiatement ce feed-back positif par une critique non constructive. Vous jugez facilement les gens et vous les attaquez sur les points où ils sont le plus vulnérables en ne leur reconnaissant que des défauts ou en leur faisant des reproches.

Ses effets

Si vous recourez à une approche agressive :

- Vous obtiendrez parfois des résultats à court terme parce que les gens se laisseront intimider.
- A long terme, il peut y avoir manque de coopération. Les autres risquent d'être moins motivés, de se sentir blessés et de saboter vos efforts en coulisses.
- Le travail peut être mal fait, ou voir sa réalisation retardée ; les autres risquent de vous rendre la pareille en se montrant à leur tour agressifs avec vous. On ne prendra pas toujours votre discours au sérieux même si ce que vous vociférez est fondé.

L'APPROCHE SOUMISE

Lorsque vous êtes dans une situation d'approche soumise, vous ne définissez pas clairement le travail à effectuer, peut-être pour éviter de passer pour un "petit chef", peut-être pour être apprécié. Vous espérez que les autres accompliront leur tâche sans que vous ayez besoin de les guider. Vous délivrez peu de feed-back et vous ne faites pas de compliments. Lorsque les gens ne font pas leur travail, vous réagissez mollement, vous tournez autour du pot et vous ne dites pas ce que vous pensez.

Vous pouvez ne pas laisser transparaître du tout vos sentiments et vos impressions; les autres supposent alors que vous les approuvez ou pensent que vous vous moquez du résultat : ils cessent de tenir compte de vous.

Ses effets

Si vous recourez à une approche soumise :

- A court terme, les gens penseront peut-être que vous êtes sympathique et coopératif.
- Ils feront peu attention à vous car ils ne ressentiront pas le besoin de vous témoigner d'égards.
- Vous risquez d'être submergé par des tâches qui ne sont pas de votre ressort ; vous n'aurez plus ni le temps, ni l'énergie de vous occuper de votre propre travail.
- Vous pouvez susciter chez les autres une tendance à l'agressivité devant votre attitude permanente de soumission.

★ N'OUBLIEZ PAS

Dans le cas d'un travail impliquant toute une équipe, le succès dépend des relations que vous saurez établir avec chacun de ses membres. A long terme, c'est une approche affirmative qui donnera les meilleurs résultats (voir page suivante).

Certaines autres approches peuvent, à court terme, convenir à la situation, mais compromettent la coopération future. Vous réaliserez peut-être vos objectifs mais ce sera au détriment de vos relations avec les autres participants.

L'APPROCHE INDIRECTE

Vous êtes un type bien. Vous allez être d'accord avec moi.

L'approche indirecte consiste à obtenir ce qu'on veut par la flatterie, à être brutal sous couvert de bienveillance, à utiliser la menace indirecte, le chantage émotionnel, le flirt, le sarcasme ou l'insinuation. Vous essayez de persuader les autres de penser ou de faire ce que vous souhaitez en leur suggérant qu'il s'agit de leurs propres idées ; ou alors, vous dites que les ordres à exécuter émanent de quelqu'un d'autre, ce qui est rarement vrai.

Vous faites des compliments pour vous faire valoir. Sous couvert de plaisanterie, vous pratiquez l'agression verbale indirecte, par le sarcasme ou l'humiliation. Vous faites également des critiques non verbales : vous levez les yeux au ciel, vous haussez les épaules, vous soupirez, et vous vous arrangez pour que tout le monde vous voie faire ces gestes, sauf l'intéressé. Vous savez également observer un silence critique.

Le fait d'envoyer des messages critiques par le biais d'une tierce personne est une façon indirecte d'insulter le destinataire, mais aussi l'intermédiaire, car c'est souvent lui qui fait l'objet de représailles.

Ses effets

Si vous recourez à une approche indirecte :

- Vous trouverez peut-être que c'est la méthode la plus efficace pour obtenir ce que vous voulez, pour peu que vous ne soyez intéressé que par les résultats à court terme.
- A long terme, les gens réaliseront que vous les manipulez ; soit vous aurez à subir des représailles indirectes ou directes, soit on n'aura plus confiance en vous et on vous évitera.

La méthode de mobilisation la plus efficace est l'approche affirmative. Elle consiste à faire savoir aux autres quels sont, pour une situation précise, vos priorités, vos préférences, vos droits et vos besoins, tout en les laissant exprimer leurs propres attentes et en en tenant compte.

Lorsque vous utilisez une approche affirmative, vous énoncez ces besoins ou demandez les choses avec l'intensité qui convient et qui indique aux participants à quel point vous leur attachez de l'importance. Si ce que vous exprimez ou ce que vous demandez n'est pas compris ou réalisé, vous insistez, ce qui est très important pour la coopération future.

Cette attitude affirmative peut vous venir tout naturellement si vous vous sentez confiant en vous-même. Si vous êtes stressé, votre équilibre interne peut être ébranlé, ce qui risque de vous amener à adopter une autre approche (agressive, soumise ou indirecte).

LA POSITION DU CORPS

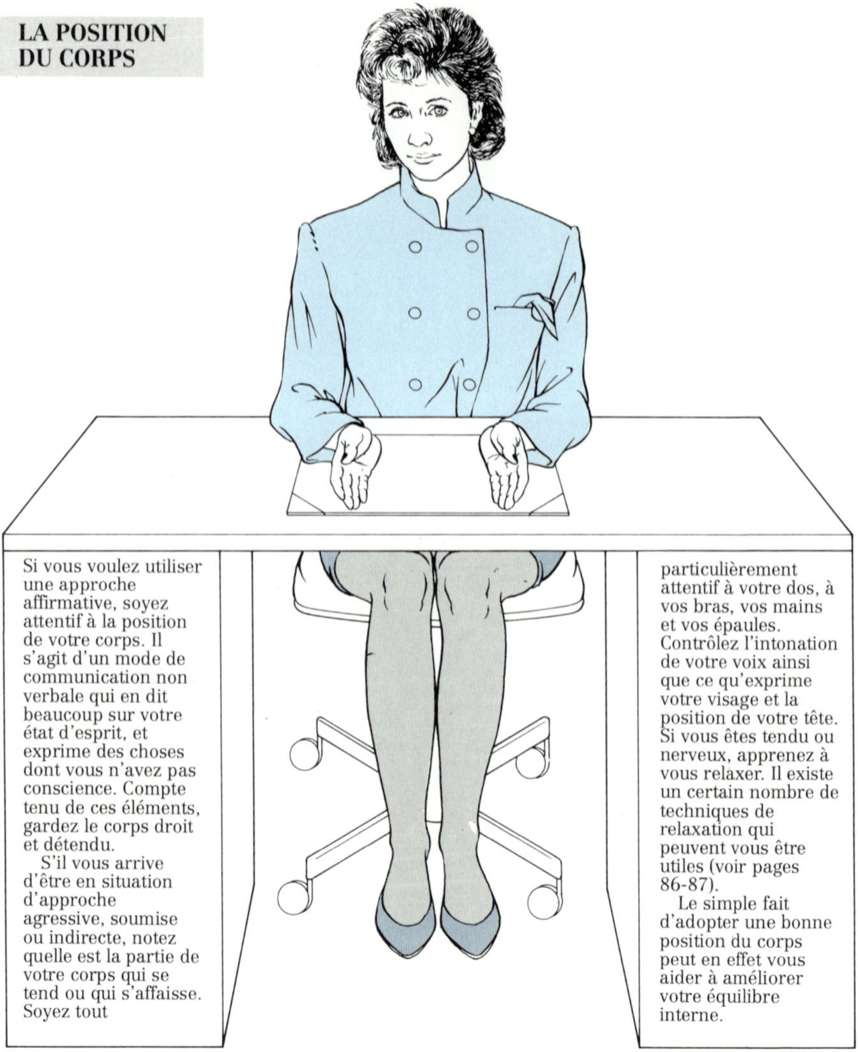

Si vous voulez utiliser une approche affirmative, soyez attentif à la position de votre corps. Il s'agit d'un mode de communication non verbale qui en dit beaucoup sur votre état d'esprit, et exprime des choses dont vous n'avez pas conscience. Compte tenu de ces éléments, gardez le corps droit et détendu.

S'il vous arrive d'être en situation d'approche agressive, soumise ou indirecte, notez quelle est la partie de votre corps qui se tend ou qui s'affaisse. Soyez tout particulièrement attentif à votre dos, à vos bras, vos mains et vos épaules. Contrôlez l'intonation de votre voix ainsi que ce qu'exprime votre visage et la position de votre tête. Si vous êtes tendu ou nerveux, apprenez à vous relaxer. Il existe un certain nombre de techniques de relaxation qui peuvent vous être utiles (voir pages 86-87).

Le simple fait d'adopter une bonne position du corps peut en effet vous aider à améliorer votre équilibre interne.

LES EFFETS DE L'APPROCHE AFFIRMATIVE

Lorsque, pour les besoins d'un travail, vous serez amené à avoir affaire à d'autres personnes, vous réaliserez que c'est l'approche affirmative qui est la plus efficace. Elle vous permettra en effet d'obtenir une meilleure coopération de la part des participants, car ceux-ci vous respecteront et se sentiront respectés.

Mais le succès ne se définit pas seulement par le fait d'obtenir exactement ce que vous voulez dans une situation donnée. Il consiste aussi à établir de bonnes bases pour une coopération future. Sur le plan personnel, vous vous sentirez mieux avec vous-même parce que vous aurez réalisé quelque chose en conservant le respect que vous vous portez et en ne rabaissant pas les autres. C'est aussi une forme de succès.

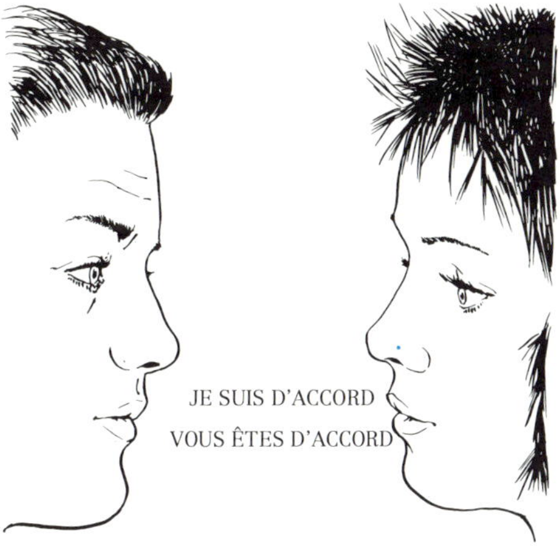

LE RESPECT DES DROITS DES AUTRES

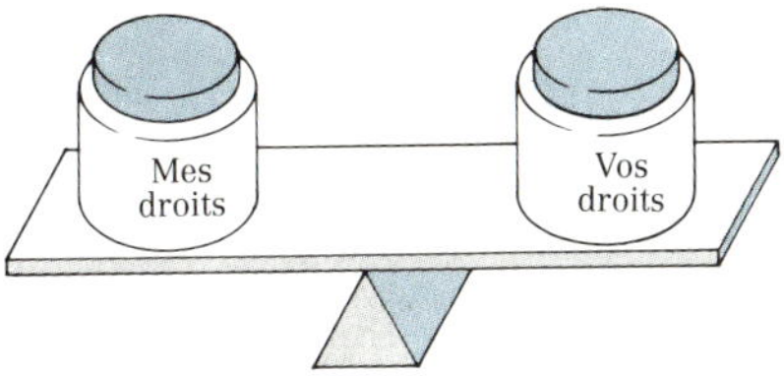

Lorsque vous êtes dans une situation d'approche affirmative, n'oubliez jamais de tenir compte de vos droits et de ceux des autres, qu'il s'agisse de droits généraux ou de droits particuliers.

Les droits généraux
Chacun a le droit :
- De s'exprimer, pourvu qu'en le faisant il ne blesse ni ne rabaisse quiconque.
- D'être traité avec respect en tant qu'être intelligent, capable et égal aux autres.
- D'exprimer ses besoins et ses priorités en tant qu'individu, quelles que soient les attentes des autres en raison de sa fonction.
- De ne pas apprécier ou approuver les personnes avec lesquelles il travaille.

Les droits spécifiques
Chacun a le droit :
- D'exprimer ses opinions et ses valeurs.
- D'exprimer ses émotions, pourvu que le moment et le lieu s'y prêtent.
- De dire et de demander ce qu'il veut.
- De penser oui ou non.
- D'être faillible.
- De changer d'avis.
- De dire qu'il n'a pas compris.
- De décider s'il lui incombe ou non de trouver une solution au problème d'un tiers.

★ N'OUBLIEZ PAS

Lorsque vous utilisez l'approche affirmative, vous devez avoir à l'esprit les trois points clefs suivants :
- *Votre corps doit être droit et détendu.*
- *Prenez en compte vos droits et ceux des autres en tant qu'individus.*
- *Utilisez un langage direct et précis, en insistant si votre demande revêt une grande importance.*

Pour arriver à ce que vous voulez par une approche affirmative, vous disposez d'un certain nombre d'indications non verbales, mais il existe également des clefs verbales : pour les utiliser efficacement, il faut que vous sachiez capter et retenir l'attention du récepteur et que vous énonciez clairement ce que vous voulez. Avant tout, vous devez définir exactement ce que vous attendez de votre interlocuteur. Il peut vous paraître plus facile de préciser d'abord ce que vous ne voulez pas qu'il fasse, mais il s'avère que cette démarche est négative et moins efficace. Il faut donc absolument que vous soyez capable d'exprimer ce que vous voulez sur le mode positif.

LES CLEFS DE LA COMMUNICATION AFFIRMATIVE

Lorsque vous utilisez une approche positive :
- Décidez de façon précise ce que vous voulez obtenir.
- Captez l'attention du récepteur.
- Dites avec concision ce que vous voulez.
- Écoutez.
- Insistez.
- Expliquez les conséquences.
- Confirmez l'accord.
- Délivrez le feed-back.

Si vous voulez avoir un discours affirmatif:
- Utilisez le mot "Je" dans des déclarations positives.
- Faites bien la distinction entre le fait et le commentaire.
- Faites des suggestions sans utiliser les verbes "devoir" et "falloir".
- Faites des critiques constructives et évitez les reproches.
- Cherchez à connaître l'opinion des autres.
- Soyez prêt à examiner d'autres solutions.

AYEZ UNE COMMUNICATION AFFIRMATIVE

Une fois que vous avez déterminé de façon précise ce que vous cherchez à obtenir, l'étape suivante consiste à capter l'attention du récepteur. Si celui-ci n'est pas capable d'entendre et d'assimiler ce que vous dites, ce n'est pas la peine de lui expliquer à ce moment-là ce que vous attendez de lui.

Pour discuter avec quelqu'un dans les meilleures conditions, prenez en considération les points suivants :
- L'environnement : l'endroit où vous vous trouvez, le nombre de personnes présentes, l'assurance que votre message soit entendu par tous, le niveau sonore environnant.
- La distance qui vous sépare physiquement du récepteur.
- L'attention du récepteur : a-t-il autre chose en tête ? Si tel est le cas, faites-lui prendre conscience que vous voulez lui parler : prononcez son nom, touchez-lui le bras, ou annoncez-lui que vous avez quelque chose à lui dire.

Dites ce que vous vous voulez obtenir
Vous devez ensuite énoncer clairement ce que vous attendez de l'autre. Dans votre formulation, il faut que vous utilisiez au moins une fois le mot "Vous" et, si possible, le mot "Je" : par exemple : "J'aimerais que vous..." ou "Pourriez-vous...".

En parlant, n'oubliez pas d'indiquer la hiérarchie des priorités. En effet, si le récepteur a l'impression que tout est urgent et prioritaire, il pensera que vous "criez au loup" et ne prendra pas au sérieux ce que vous dites.

Une fois que vous avez énoncé ce que vous voulez, faites une pause et écoutez la réponse : elle vous indiquera si vous devez négocier.

Lorsque vous êtes parvenu à un accord mutuel, confirmez celui-ci par écrit. Cette précaution évite tout malentendu et permet d'établir des bases de travail saines.

INSISTEZ

Si vous n'avez pas reçu une réponse satisfaisante alors que l'enjeu est important pour vous, il faut absolument que vous insistiez. Pour cela, vous disposez de deux méthodes :

• La première est celle du "disque usé". Elle consiste à répéter inlassablement ce que vous voulez, jusqu'à ce que le message soit entendu comme vous souhaitez qu'il le soit. Cette méthode est particulièrement utile lorsqu'une personne ne comprend pas ou fait des "manoeuvres de diversion". Ne vous énervez pas et ne vous lancez pas dans des justifications : gardez la même intonation et la même intensité sonore.

• La seconde méthode consiste à reprendre point par point les termes de la réponse de celui qui vous contredit. Pour cela, montrez d'abord que vous avez bien écouté. Il ne vous suffira pas de dire "Je prends acte" ou "J'ai bien compris ce que vous disiez" : il faut que vous récapituliez ce qu'a dit l'autre personne, si possible en utilisant les mots clefs qu'il a prononcés. Vous pouvez aussi répondre aux questions pertinentes. Ensuite, répétez à nouveau ce que vous voulez obtenir afin que le récepteur comprenne bien que vous y attachez de l'importance.

Si aucune de ces méthodes ne donne de résultats, détaillez quelles seront les conséquences positives d'une coopération. Selon les circonstances, il vous faudra peut-être décrire les conséquences (négatives bien sûr) d'un refus de travailler selon votre plan.

DONNEZ LE FEED-BACK

Il y a des situations dans lesquelles vous devez donner un feed-back aux autres personnes. Il peut s'agir d'un feed-back positif, si le travail demandé a été fait correctement, ou d'une critique constructive si vous voulez que l'autre personne s'améliore et qu'elle fasse à l'avenir ce que vous demandez.

Si les résultats du travail ne peuvent se mesurer qu'à long terme, il faut que vous alterniez ces deux types de feed-back. En effet, si vous passez votre temps à leur faire des compliments, vos interlocuteurs risquent de devenir méfiants à votre égard ou de ne plus tenir compte de ce que vous dites. Si, en revanche, vous passez votre temps à critiquer, ils vont se démoraliser et vous en vouloir. Cependant, lorsque vous faites une critique ou un compliment, ne cherchez pas systématiquement à compenser le précédent : chaque compliment ou chaque critique doit prendre sa valeur en tant que tel.

Le feed-back positif
Lorsque vous avez obtenu ce que vous vouliez, donnez à l'autre personne un feed-back positif pour lui montrer que vous appréciez vraiment ce qu'elle a fait. Commentez en détail ce qui a été accompli et la façon dont cela a été fait.

N'hésitez pas à insister si la personne, par modestie ou par méfiance refuse le compliment. Demandez-lui tout simplement de l'accepter, puis répétez-le.

La critique constructive
Si quelqu'un ne fait pas, ou fait mal, ce que vous avez demandé, il faut que vous fassiez une critique constructive. Ce n'est facile, ni à formuler, ni à recevoir. Veillez bien à faire des commentaires sur une attitude ou un travail, jamais sur la personne elle-même.

Exprimez les choses de votre point de vue, dites de quelle façon son comportement vous a affecté. Précisez quel est celui que vous attendez.

Laissez répondre votre interlocuteur, écoutez ce qu'il a à dire. Si, après l'avoir entendu, vous n'avez pas matière à modifier votre opinion, répétez vos critiques.

ET SI ÇA NE MARCHE PAS ?

Si, malgré une approche affirmative, vous n'arrivez pas à obtenir de résultats :

• Demandez-vous si votre démarche était véritablement affirmative. Peut-être l'était-elle moins que vous le pensiez. Dans ce cas, essayez d'avoir une démarche plus affirmative : on peut souvent rattraper une situation.

• Si vous avez commis une erreur dans votre approche, présentez vos excuses ; mais gardez une démarche affirmative : précisez bien ce pour quoi vous vous excusez, et ne le faites qu'une fois.

• Envisagez un compromis.

• Si aucun compromis n'est possible, préparez-vous à renoncer à votre projet de travail.

• Pensez à l'avenir. Si vos relations avec la personne qui vous a refusé sa collaboration sont appelées à se poursuivre, pensez aux autres cas où vous devrez travailler ensemble. Si vous montrez un réel respect pour ses droits comme pour les vôtres, les négociations que vous aurez à mener à l'avenir seront grandement facilitées.

QU'EST-CE QU'UNE PERSONNE DIFFICILE ?

Certaines personnes sont considérées par leur entourage, à tort ou à raison, comme "difficiles". On vous mettra peut-être en garde en ce qui les concerne. Ces avertissements sont destinés à vous alerter sur les risques que vous courez de rencontrer des obstacles en affrontant ces caractères un peu "spéciaux", du fait de leurs côtés désagréables ou peu sociables.

Si vous cherchez à en savoir plus sur ces gens difficiles et sur l'origine de leur réputation, on vous fera une réponse qui mêlera des raisons affectives, de vieux ressentiments, et la description de certains comportements. Pour peu que vous rencontriez les personnes en question, vous reconnaîtrez la justesse de certaines affirmations, mais pas de toutes.

LES CAUSES D'UN COMPORTEMENT DIFFICILE

Il n'existe pas véritablement, en fait, de "personne difficile" en soi : ce n'est pas la personne qui est difficile, c'est son comportement. Le problème qui se pose est généralement un problème de communication ou de coopération entre les deux parties en présence, qui se déclenche du fait d'un comportement particulier de la personne qu'on qualifie de difficile.

Les difficultés peuvent ainsi naître, par exemple, de suppositions sur ce que sait l'interlocuteur, d'un désaccord sur des faits ou d'un refus de conclure un accord. On interprète souvent un comportement difficile en en faisant une manifestation d'entêtement, alors qu'en fait il peut être chez l'autre partie l'expression de sa peur ou de son angoisse. La difficulté des relations peut par ailleurs provenir d'une divergence de valeurs ou d'une différence de personnalités.

En individualisant bien les valeurs, les comportements et les schémas qui posent problème, vous pourrez en venir à bout tout en procurant un soutien à la personne en question.

À QUOI RECONNAIT-ON UNE PERSONNE DIFFICILE ?

Il existe un conte intitulé "Le joueur de flûte d'Hamelin". Ce conte illustre parfaitement le danger qu'on court avec les gens difficiles si l'on n'agit pas avec eux de façon constructive.

Les habitants d'Hamelin vivaient heureux, jusqu'au moment où ils furent harcelés par les rats. En l'occurrence, les rats sont les oppresseurs et les pauvres villageois sont les victimes. Le joueur de flûte, lui, est le sauveur qui anéantit les rats. Mais quand il revient au village pour se faire payer, les habitants refusent ; alors le musicien joue de son instrument et emmène les enfants loin du village.

Dans ce conte, le flûtiste est tout d'abord le sauveur ; ensuite, il devient victime lorsque les villageois ne veulent pas le payer. Puis, il devient oppresseur à son tour lorsqu'il prend les enfants en otage.

Incontestablement, l'oppresseur est un type de personnage difficile. Pourtant, on voit dans cette histoire qu'il peut, à d'autres moments, être sauveur ou victime. Or on ne considère pas un sauveur comme une personne difficile, alors qu'il y a toujours un prix à payer pour une dépendance qui s'est instaurée. Lorsqu'il s'agit de payer au sauveur son dû, les gens y sont rarement préparés.

De même, une victime n'est pas ressentie généralement comme une personne difficile. Or dans notre conte, c'est l'incapacité des villageois à se débarrasser des rats, donc leur manque d'autonomie, qui les a fait accepter l'aide du musicien. En l'acceptant, ils sont devenus dépendants.

C'est cette dépendance qui est au coeur du problème : ils refusent de payer le prix demandé, devenant ainsi opprimés.

Les victimes les plus apparemment démunies ne sont pas toujours conformes à ce qu'elles paraissent être, et peuvent devenir agressives lorsqu'elles se trouvent inopportunément dans un état de dépendance.

★ N'OUBLIEZ PAS

- *Le fait d'être une victime -autrement dit, de ne pas prendre ses responsabilités- attire les oppresseurs. Paradoxalement, ces oppresseurs peuvent se présenter tout d'abord comme des sauveurs.*
- *Ne vous prenez pas en toutes circonstances pour un sauveur; vous ne rendrez service à personne, à commencer par vous-même.*
  Et qu'espérez-vous obtenir en échange ?
- *Avant de faire aux autres ce qu'on leur a fait, les oppresseurs devraient se rappeler comment ils ont été eux-mêmes rabaissés, notamment quand on prétendait leur porter secours.*

À QUEL GENRE DE GENS AVEZ-VOUS AFFAIRE ?

1) Réfléchissez à ce que l'expression "gens difficiles" signifie pour vous. Dans un premier temps, vous allez peut-être définir comme difficile une personne qui est insensible, fourbe, sexiste, raciste ou qui n'est pas coopérative. Vous allez peut-être dire qu'une personne difficile est une personne qui ne respecte pas vos droits, qui délivre des doubles messages ou qui vous critique. Si c'est la façon dont vous la définissez, prenez conscience que vous vous êtes polarisé sur vous-même et non sur l'individu en question.

2) Maintenant, rappelez-vous des situations où un certain nombre de gens vous ont créé des difficultés. A chaque fois, notez quels étaient leurs comportements, leurs attitudes et l'intonation de leur voix. Comment avez-vous réagi, comment vous êtes-vous senti, qu'avez-vous pensé ?

Passez en revue un certain nombre de situations de ce genre. Voyez-vous certaines caractéristiques communes se dessiner ?

Lorsque vous ferez la première partie de cet exercice, vous dégagerez vraisemblablement quelques caractéristiques bien solides pour définir les gens difficiles. Mais, dans la seconde partie, la palette se sera sûrement beaucoup élargie. Cela tient au fait que, si tout le monde, ou presque, s'accorde sur ce qu'est un comportement asocial ou difficile, les réponses à de telles attitudes sont beaucoup plus diverses.

Lorsqu'il a affaire à des gens difficiles, chacun réagit à sa façon : cela va de l'esquive à l'attaque en passant par la gentillesse et le soutien.

Nous sommes en effet tous affectés par certains facteurs particuliers (personnes, types de comportement, endroits, moments), alors que ces mêmes éléments laisseraient quelqu'un d'autre complètement froid.

★ TEST

Il est important que vous définissiez clairement les caractéristiques communes des personnes qui sont pour vous difficiles à côtoyer. Cela vous permettra d'être moins vulnérable en leur présence et d'adopter avec elles la stratégie qui convient.

- *Réfléchissez aux personnes que vous trouvez difficiles et inscrivez leur nom. Visualisez chacune d'entre elles : son comportement, le cadre dans lequel vous avez à l'affronter, son attitude, son discours.*
- *Notez de quelle façon ce comportement vous affecte. Quels sont vos sentiments, vos pensées et votre propre attitude à l'égard de chacune de ces personnes ?*
- *Comment réagissez-vous vis-à-vis d'elles ? Les évitez-vous, les attaquez-vous, vous montrez-vous sarcastique, êtes-vous anxieux ?*
- *Voyez-vous se dessiner des points communs en ce qui concerne le genre de personnes que vous trouvez difficiles, leur comportement et les circonstances ? Votre réaction varie-t-elle de l'une à l'autre ? Parmi toutes ces informations, quelles sont celles que vous trouvez utiles ?*
- *Refaites le même exercice, en vous mettant cette fois à la place de quelqu'un d'autre. Qui vous trouve difficile ? Qu'est-ce qu'on trouve de difficile en vous ? Comment les gens en sont-ils affectés ? Comment réagissent-ils ?*
- *Qu'est-ce qui a été pour vous le plus dur à définir : les gens que vous trouvez difficiles, ou plutôt ce que les autres trouvent désagréable en vous ? Y avait-il une similitude ou des recoupements dans les réponses à ces deux questions ?*

Si vous voulez plus d'informations fiables, vérifiez les réponses auprès des personnes concernées.

En créant des catégories de comportements difficiles, vous allez mieux comprendre les gens qui vous gênent et décider de la meilleure attitude à adopter avec eux. Apprenez à vous concentrer sur la personne qui vous pose problème indépendamment de son comportement.

N'oubliez pas que ces catégories ne sont que des étiquettes. Elles ne représentent pas la personnalité d'ensemble de l'individu, et sont simplement un moyen de faire une distinction entre ses différentes attitudes afin de leur apporter une réponse plus appropriée.

LES TYPES DE COMPORTEMENTS DIFFICILES

Nous allons vous décrire différents types de comportements difficiles.Ces attitudes sont principalement défensives, auto-protectrices ou compensatoires. Sachez voir au-delà des apparences pour déterminer quels sont les véritables besoins de la personne en question.

En essayant de comprendre le comportement des autres, vous allez aussi vous comprendre et vous accepter. La compréhension et la mise en valeur sont en effet les premières étapes essentielles pour bâtir une stratégie constructive face aux gens difficiles.

Les catégories que nous allons décrire sont un moyen commode d'identifier les différents types de comportements, mais attention : il ne s'agit que de stéréotypes, de caricatures, et personne ne peut correspondre exactement à une seule catégorie.

Dans chaque catégorie, vous allez retrouver certains aspects de vous-même. Vous allez vous apercevoir que vous vous comportez d'une certaine façon avec telle personne ou dans telle situation, et d'une autre façon avec une autre personne.

Nous allons vous présenter cinq caractères difficiles, mais il existe un autre type de personne, qui est très important lui aussi. Il s'agit du niveleur, qui entretient des relations positives avec les autres : il parle franchement, ne cherche pas à manœuvrer, ne joue pas les victimes et n'intervient que si on le lui demande.

En général, les niveleurs ne parlent qu'en leur nom et s'adressent directement aux autres. Il font toujours ce qu'ils disent, et trouvent invariablement le bon ton pour exprimer leur pensée.

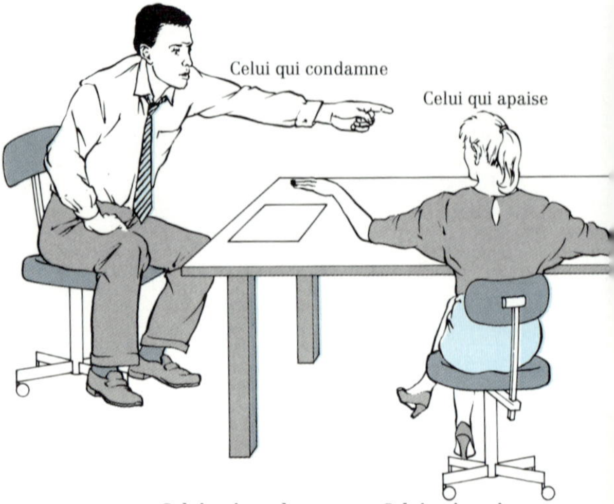

Celui qui condamne

Il juge, malmène, n'est pas d'accord, fait des comparaisons, se plaint. Il se considère comme un patron ou même comme un dictateur. Il peut passer pour être fort, tyrannique ; souvent, il agite le doigt en signe de menace et pointe un index accusateur.
En réalité, il se sent seul et insignifiant : derrière toutes ces apparences, il cherche le succès mais le trouve rarement.

Celui qui apaise

Il apaise, aplanit les différences, est d'accord avec tout, dissimule et se défend mollement. Il se voit comme un conciliateur et comme quelqu'un qui apporte son aide. Il peut passer pour être patelin, impuissant, faible, presque trop bon pour être honnête.

En réalité, il se sent sans qualités. Il a constamment besoin d'approbation et, pour se sentir en sécurité, cherche quelqu'un dont il puisse dépendre.

★ EXERCICE

Examinez les stéréotypes présentés ci-dessous et faites-vous une image précise (position du corps, voix, attitude...) d'un représentant de chaque catégorie.

- *Certains de ces types vous sont-ils plus familiers que d'autres ? Essayez de développer ces stéréotypes en y ajoutant des traits de votre propre comportement.*
- *Visualisez à nouveau les gens difficiles que vous connaissez. Rentrent-ils dans une catégorie ? Tentez pendant quelques minutes de vous mettre dans leur peau, utilisez leur discours, adoptez leur comportement. Que constatez-vous ? Cet exercice doit vous aider à mieux comprendre les attitudes - même négatives - des autres.*

Celui qui calcule

Il réprimande, calcule, interprète, est logique. Il se voit comme le détenteur de l'objectivité absolue. Il peut passer pour être insensible, distant et froid. Il utilise souvent des mots savants d'un ton condescendant, en donnant l'impression d'être calme et concentré.

Au fond de lui-même, il se sent extrémement vulnérable. Il a peur de l'intimité ne parvient pas à exprimer ses sentiments et il en souffre.

Celui qui distrait

Il fait des déclarations inopportunes, répond souvent à côté de la question, fait plusieurs choses à la fois. Il peut passer pour être farfelu, puéril, incapable de se fixer, ce qui peut perturber ou déconcerter.

En fait, au fond de lui-même, il a un besoin insatisfait et chronique d'attention et de prévenances. Il a l'impression d'avancer sans but et se sent terriblement isolé.

Celui qui s'esquive

Il se déplace tranquillement, fait semblant de ne pas comprendre, s'excuse, joue les distraits ou les étourdis. Il se croit supérieur aux autres à bien des égards. Il peut passer pour être faible ou réservé, et souvent incohérent.

Au fond de lui-même, il est terrifié par le monde. Il lui arrive souvent de souhaiter que quelqu'un lui prête suffisamment d'attention pour lui fixer des objectifs et l'encourager.

LES AUTRES CATÉGORIES DE COMPORTEMENTS

Il existe une autre façon d'établir des catégories de gens difficiles. Elle utilise les stéréotypes suivants : agressif, soumis, indirect et affirmatif (voir le chapitre "Savoir faire, savoir faire faire", pages 118 à 123). Vous préférerez peut-être cette classification à celle que nous vous avons proposée ici.

Une personne agressive viole les droits des autres et parvient à ses fins à leur détriment, en utilisant l'humiliation et la dévalorisation.

Une personne soumise laisse les autres choisir à sa place. Elle accepte que ses droits soient violés et laisse les gens profiter d'elle.

Avec une personne indirecte, les autres se sentiront trahis. Elle les déçoit et se dissimule pour attaquer.

Une personne affirmative est comparable au niveleur. Elle assume la responsabilité de ses actes, défend ses droits et respecte ceux des autres. Elle est franche et honnête.

LES EFFETS D'UN COMPORTEMENT DIFFICILE

Presque immanquablement, tous les personnages-types que nous avons décrits précédemment ont pour effet de diminuer l'estime que vous vous portez. Ils peuvent en effet atteindre des zones vulnérables de votre ego et vous empêcher d'avoir la réaction appropriée. Lorsque vous êtes face à un comportement difficile, vous pouvez vous sentir offensé, dévalorisé, voire frustré ou rejeté. Souvent, vous êtes déconcerté et incapable de réaliser de façon précise ce qui se passe. La seule chose dont vous soyez vraiment conscient, c'est du côté désagréable de la situation.

POUVOIR ET COMPORTEMENT DIFFICILE

La plupart des problèmes qui se posent avec les gens difficiles proviennent du fait qu'on se sent impuissant devant eux.

L'impuissance survient en réponse à des situations dans lesquelles on ne voit pas de relations entre ce qui arrive et ce qu'on a fait. Or cette réponse d'impuissance peut être évitée si vous réalisez qu'une attitude active influencera votre interlocuteur et l'issue de la confrontation dans la plupart des cas.

Lorsque vous avez affaire à des gens difficiles, vous avez probablement le sentiment d'être en quelque sorte contrôlé. Si vous cédez et si vous vous mettez à la merci de ces personnes, c'est vous-même qui provoquez votre impuissance.

Au contraire, si vous croyez que vous avez la possibilité de décider, et que vous vous comportez comme si des choix s'offraient à vous, vous pourrez réagir de très nombreuses façons. Pour cela, il faut que vous gardiez le contrôle de vos émotions car il s'agit d'un réflexe essentiel face aux gens difficiles.

Le grand danger de ce sentiment d'impuissance, si on ne le contrôle pas, est qu'il peut devenir chronique. Vous finirez ainsi par croire en votre impuissance, et par ne plus réagir aux agressions, même minimes.

En saisissant les occasions qui s'offrent à vous de prendre en charge votre vie et d'obtenir des résultats positifs, vous augmenterez votre contrôle intérieur et vous diminuerez cette vulnérabilité face à certaines personnes.

L'IMPORTANCE DU CHOIX

Voyez les enfants : on prend pour eux la plupart des décisions : on leur dit ce qu'il faut faire, comment le faire, ce qu'il faut apprendre et comment se comporter. Par conséquent, ils ne se sentent pas responsables de leur comportement.

En vieillissant, on a davantage d'occasions de prendre des décisions et de faire des choix. Il se trouve cependant que beaucoup de gens ne profitent pas de cette liberté.

A l'état d'impuissance s'oppose l'état d'auto-procuration. Pour y parvenir, il faut absolument que vous vous sentiez capable de prendre vos décisions et de faire vos choix, et que vous vous comportiez de manière responsable. Lorsque l'on ressent que le contrôle est en soi :

- On accepte d'être plus responsable de son comportement.
- On considère les autres comme plus responsables de leur comportement.
- On devient plus réceptif à ce qui se passe autour de soi.
- On est moins anxieux.
- Lorsqu'on a du pouvoir, on est moins coercitif.
- On préfère les activités faisant appel aux compétences plutôt qu'au hasard.
- On se contrôle mieux et on a plus de choix possibles de comportements.

★ TEST

Essayez de déterminer comment les gens difficiles vous affectent et quelle est la meilleure stratégie à adopter dans certaines situations.

Lorsque vous affrontez une personne difficile, comment vous sentez-vous :

- *Envahi, agressé ?*
- *Rejeté, dépossédé, ignoré ?*
- *Disposé à dialoguer ?*

Pour chaque personne que vous rencontrez pendant la journée, notez si l'un des trois états d'esprit ci-dessus reflète la nature de vos réactions vis-à-vis d'elle. Êtes-vous satisfait de vos constatations ? Comment pouvez-vous améliorer la situation ?

Si vous avez réagi de manière non constructive aux situations difficiles, pensez-vous pouvoir remplacer cette réponse par une autre ? Laquelle ?

Rappelez-vous aussi les circonstances où vous vous êtes bien sorti de situations semblables. Qu'est-ce qui différait, et qu'avez-vous fait alors ?

LES RÉPONSES A UN COMPORTEMENT DIFFICILE

De même qu'il est utile de définir quels sont les types de gens difficiles, il est bon de pouvoir classer les réponses à ces différents comportements.

Le nombre de réponses que vous pouvez émettre est important. Pour vous permettre de découvrir quelles sont celles que vous utilisez, nous allons vous proposer quelques démarches.

Lorsqu'elles se trouvent en présence l'une de l'autre, deux personnes se rapprochent, gardent les distances ou s'affrontent. Lorsque vous êtes avec quelqu'un d'autre, posez-vous les questions suivantes :

- Est-ce que je me sens agressé par cette personne ? A-t-elle envahi mon espace physique et psychologique ?
- Est-ce que je me sens rejeté et/ou dépossédé ? Est-ce ma personne ou la situation qui le rend aussi froid et lointain ?
- Est-ce que je me sens reconnu ? Avons-nous établi un vrai dialogue ?

Si vous vous sentez envahi ou encore constamment agressé, vous allez prendre la fuite ou vous retirer. En revanche, si vous vous sentez rejeté ou dépossédé, vous aurez tendance à parler, à poursuivre ou à manoeuvrer. Aucune de ces options ne réussit à long terme.

Il existe plusieurs réponses efficaces avec les gens difficiles. Vous pouvez dialoguer, ne rien cacher, ou adopter un comportement affirmatif ou encore niveleur.

Pour dialoguer, il faut que vous respectiez les opinions, les désirs et les sentiments de votre interlocuteur. Le dialogue implique d'autre part que vous disiez ce que vous pensez, que vous écoutiez l'autre pour apprendre des choses sur son expérience, que vous vous trouviez un langage commun et que vous agissiez ensemble pour résoudre le conflit qui existe.

Le comportement niveleur implique de parler franchement et de délivrer le même message avec les mots qu'avec le corps ou l'intonation. Dans cette approche :

- Vous devez critiquer et évaluer le comportement, non la personne qui l'adopte.
- Vous pouvez vous excuser d'un acte que vous n'avez pas commis intentionnellement, mais vous ne vous excuserez en aucun cas d'exister.
- Au lieu de vous engager dans des digressions, vous dites carrément que vous souhaitez changer de sujet de conversation.

Le comportement affirmatif, quant à lui, consiste à défendre vos droits et à respecter ceux des autres. Il implique que vous énonciez clairement ce que vous voulez de l'autre, mais sans essayer de l'emporter à tout prix.

Choisissez votre réponse

Nous avons tendance à sélectionner les personnes agréables et les situations dans lesquelles nous nous sentons bien et à éviter celles où nous sommes mal à l'aise. Or il se trouvera des cas où vous aurez affaire à des gens que vous auriez évités si cela n'avait tenu qu'à vous. Même dans ce genre de situation, n'oubliez pas que vous avez le choix quant à la réponse que vous émettrez.

Selon la situation et la personne en face de laquelle vous êtes, vous utiliserez avec profit l'une des options ci-dessous. Il faudra pour cela que vous ayez choisi la bonne stratégie.

Rappelez-vous qu'il n'existe pas une seule recette pour traiter avec les gens difficiles, mais de nombreux moyens, tous efficaces. Le plus important, c'est de déterminer quels sont ceux qui vous réussiront.

Ainsi, vous pouvez :

- Ignorer le comportement en question.
- Vous laisser submerger et l'accepter.
- Répondre de la même façon.
- Rester ferme et indiquer quelles sont vos frontières et vos limites.
- Céder.
- Indiquer qu'on a bien reçu le comportement, le tolérer, puis passer.
- Changer / vous adapter au comportement.
- Essayer d'influencer la personne pour qu'elle change.
- User et abuser de votre position, ou tenter de faire pression sur votre interlocuteur.
- Miser sur le temps en retardant votre réaction.
- Définir la situation comme un problème commun et passer un contrat pour résoudre celui-ci.
- Demander à un ami de s'interposer.

Restez calme et concentré

Lorsqu'ils se trouvent confrontés à des comportements difficiles, beaucoup de gens ont peur d'avoir une approche active. Or, vous pouvez prendre un certain nombre de mesures.

Nous allons vous exposer une démarche positive dont certaines étapes vous paraîtront peut-être fastidieuses. Ne vous découragez pas.

Lorsque vous maîtrisez bien une étape, abordez la suivante. Au début, il faudra que vous passiez par toutes les phases pour établir une relation avec la personne. Puis, à mesure que vous vous familiariserez avec la démarche et que vous intégrerez la technique, vous serez capable de répondre plus spontanément et de façon plus opportune sans vous laisser impressionner par des attitudes qui ne sont, bien souvent, que les symptômes d'un désarroi profond.

COMMENT S'Y PRENDRE AVEC LES GENS DIFFICILES

- Reconnaissez et admettez la façon dont vous ressentez les choses. N'en faites pas plus : vous n'avez pas besoin de l'exprimer ni d'agir sur elle.
- Si nécessaire, misez sur le temps et arrêtez-vous. Vous n'avez pas besoin de répondre immédiatement. Ne vous croyez pas contraint de faire une réponse destructrice.
- Partez du principe que le comportement de la personne difficile provient de son ignorance et de son impuissance plutôt que d'une volonté délibérée.
- Contrôlez votre réponse grâce au self-management. Ne vous laissez pas impressionner par son comportement et sa réaction excessive.
- Déterminez quels sont vos valeurs et vos buts, ainsi que vos besoins pour sortir de la situation, et l'importance que cela a pour vous.
- Rangez le comportement de la personne dans une catégorie et décidez de l'attitude à adopter compte tenu de cette catégorie.
- Appliquez votre stratégie.

QUELQUES TECHNIQUES UTILES

- **L'affirmation de base**
Énoncez brièvement ce dont vous avez besoin ou ce que vous voulez, votre conviction ou votre opinion. Soyez aussi précis que possible.

- **Le disque usé**
Répétez votre formulation en gardant à chaque fois la même intonation et la même intensité de voix, par exemple : "Je comprends très bien que vous soyez occupé, mais j'ai besoin de..."

- **La divulgation de soi-même**
Dites la façon dont un comportement vous affecte, ou quels sont vos sentiments avant de demander quelque chose ou d'être face à quelqu'un.

- **Le compromis**
Après avoir demandé ce que vous vouliez, préparez-vous à arriver à un compromis là où il y a véritablement conflit d'intérêts.

- **La catharsis**
Si vous êtes trop en colère ou si vous avez trop peur d'affronter la personne ou son comportement, libérez vos sentiments, soit seul, soit en présence d'un ami. Par exemple, tapez avec une raquette de tennis sur un coussin, en criant.

- **Le contrôle de ses sentiments**
Détournez votre attention de tout ce qui peut susciter en vous des sentiments. Par exemple, comptez à rebours de 100 à 0 en sautant un nombre impair sur deux.

- **La vérification**
En utilisant les mots qui vous sont propres, reprenez ce qu'a dit l'autre personne et demandez-lui si vous avez bien reçu le message.

- **La demande de renseignements négatifs**
Utilisez cette technique si vous avez fait des critiques négatives et si la personne incriminée a exprimé le désir de vous donner un feed-back. Dites par exemple : "Maintenant que vous avez entendu ce que j'avais à vous dire, voulez-vous à votre tour me dire quelque chose ?"

- **L'interprétation**
Dites ce qui peut, selon vous, susciter des difficultés entre vous et votre interlocuteur. Par exemple : "Je pense que je vous irrite et que vous n'osez pas me le dire."

- **La délivrance du feed-back**
Si vous voulez délivrer un feed-back positif, énoncez rapidement ce que vous avez aimé ou apprécié. Pour délivrer un feed-back négatif, assurez-vous tout d'abord que la personne est disposée à le recevoir, puis allez droit au fait.

- **La résolution du conflit**
S'il existe un conflit qui n'a pas encore été clairement abordé, essayez successivement les deux techniques suivantes. Tout d'abord, polarisez les positions de façon que les besoins qui s'opposent soient reconnus et énoncés. Ensuite, cherchez un compromis qui satisfasse la dignité et les besoins des deux parties.

LA CONFRONTATION : MODE D'EMPLOI

Pour la plupart des gens, le mot "confrontation" évoque un choc frontal entre deux adversaires. C'est précisément ce qu'il faut éviter lorsqu'on a affaire à des gens difficiles.

La confrontation réussie est une technique que trop peu de gens savent maîtriser. Pour la plupart, soit ils évitent cette confrontation en tournant autour du pot, soit ils attaquent violemment leur interlocuteur. Celui-ci sera déconcerté par la première tactique et restera si anéanti par l'assaut qu'aucun des protagonistes n'en tirera le moindre élément constructif.

Le but d'une confrontation constructive est de "dire la vérité avec affection". On peut en attendre deux résultats : cela peut vous aider à obtenir ce que vous voulez, ou l'autre personne en tire des enseignements.

POUR PARVENIR A VOS FINS

Si l'enjeu de la confrontation est d'obtenir ce que vous voulez :

- D'abord, décrivez clairement quel est le comportement de la personne. Exemple : "Vous partez toujours au beau milieu d'une discussion."
- Ensuite, énoncez les effets qu'a sur vous ce comportement. Exemple : "Je me sens rejeté et je suis vraiment furieux contre vous."
- Donnez un exemple de ce comportement en faisant référence à un événement récent : "Regardez, hier soir, quand nous n'étions pas d'accord sur le point de savoir qui devait vérifier les documents."
- Dites quel changement vous souhaitez : "Eh bien, j'aimerais qu'à l'avenir vous restiez jusqu'à ce que nous ayons fini ou que, d'un commun accord, nous remettions la suite à plus tard."

POUR AIDER LES AUTRES À ÉVOLUER

Si vous voulez aider les autres à évoluer :

- D'abord, passez un contrat. Par exemple, dites à la personne difficile : "Voulez-vous que je vous remonte un feed-back ?"
- Ensuite, précisez quel est le sujet : "Je voudrais vous parler de l'effet que votre comportement a sur les autres et sur moi-même."
- Énoncez clairement le problème que pose le comportement en question : "Vous passez votre temps à faire des observations que beaucoup d'entre nous, y compris moi-même, trouvent blessantes."
- Expliquez l'enjeu : "Si vous continuez à avoir un tel comportement, vous allez être rejeté par l'équipe, ou alors vous aller inutilement provoquer le départ de certaines personnes."
- Laissez à la personne du temps et de l'espace pour lui permettre de réagir et de répondre. Elle aura besoin de votre attention et de votre soutien.

Types de confrontation

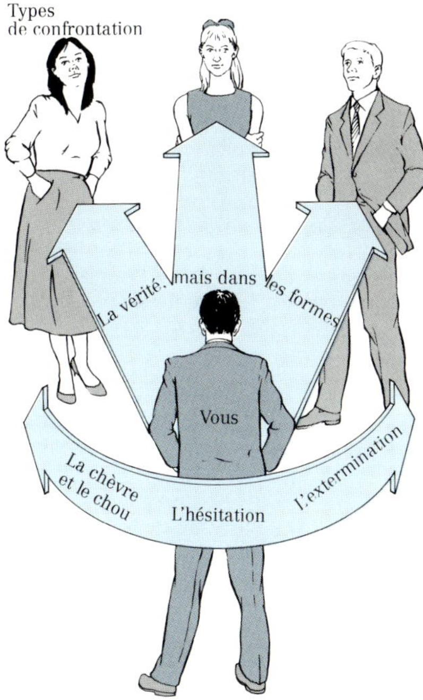

★ N'OUBLIEZ PAS

Même lorsqu'elle est directe et affectueuse, la confrontation provoque immanquablement, chez la personne visée, un certain inconfort et, parfois même, un léger choc. Tenez-en compte et adoptez une attitude de soutien. Soyez ferme sur vos positions, mais restez prêt à écouter et à clarifier la confrontation.

Si vous voulez avoir une confrontation constructive :

- *Choisissez un moment où la personne visée est disposée à vous écouter.*
- *Choisissez un endroit où vous ne serez pas dérangé.*
- *Si, après quelques tentatives, vous n'obtenez pas de résultat, n'insistez pas. Attendez l'occasion suivante.*
- *Ne traitez qu'un seul sujet à la fois, surtout si vous sentez que votre interlocuteur est ouvert à la discussion.*

De la même façon qu'il vous faut connaître un certain nombre de techniques pour faire face aux gens difficiles, il est utile d'apprendre certaines stratégies qui s'appliquent aux manifestations les plus fréquentes de leurs comportements.

Les formes les plus courantes des comportements difficiles sont la manipulation, la fuite, l'humiliation ou l'agression directe. Pour contrer chacune de ces attitudes, il existe un certain nombre d'étapes à suivre.

★ N'OUBLIEZ PAS

Les gens difficiles peuvent :

- *Diminuer l'estime que vous vous portez en s'attaquant à votre valeur et à votre compétence, semer chez vous le doute et affaiblir la confiance que vous avez en vous-même.*
- *Déclencher des comportements de réactions fortes, comme l'agression directe ou indirecte.*
- *Provoquer une détresse morale, des sentiments d'impuissance, de confusion ou de colère.*

LES HUMILIATIONS ET LES REMARQUES VEXATOIRES

La plupart des gens ont l'habitude de recevoir des remarques destinées à les humilier, ou des déclarations dont l'intention sexiste ou raciste est sous-jacente. Ces humiliations sont aussi bien verbales que non verbales : par exemple, celui qui y a recours adopte un ton condescendant en insistant sur certains mots, ou lève les yeux au ciel.

Il est difficile de répondre aux humiliations et aux remarques vexatoires, car celles-ci sont véhiculées par un message indirect ou non exprimé. Si vous réagissez, vous risquez de vous sentir plus mal que si vous n'aviez pas relevé le message : vous craignez en effet d'avoir mal interprété les paroles de votre interlocuteur ou d'avoir réagi de façon excessive à la situation. Ce désarroi survient en partie parce que les humiliations atteignent vos zones vulnérables. Si vous vous sentez bien, la remarque aura beaucoup moins d'impact.

Comment y faire face ?

Si la remarque vexatoire ou l'humiliation est directe, la première chose que vous ayez à faire est de vous dévoiler. Dites à l'autre personne ce que vous ressentez, par exemple : "Je me sens blessé par votre remarque. Que vouliez-vous dire exactement ?"

L'étape suivante est la répétition et la relance. Si, par exemple, l'autre personne vous répond qu'elle plaisantait, prenez-en acte et répétez ce que vous ressentez : "Pour vous c'est peut-être une plaisanterie, mais pour moi..."

Si l'humiliation est indirecte ou ambiguë (du style "J'ai l'impression qu'on n'avance pas bien vite, non ?" -sous-entendu : c'est votre faute) et si vous n'êtes pas sûr que le commentaire procède de la pure méchanceté, recourez à la demande de renseignements négatifs : "Voulez-vous dire que je ne suis pas un bon manager ?" Soit votre interlocuteur fera une véritable critique, soit il confirmera sa méchanceté ; dans les deux cas, il vous sera plus facile de répondre.

Souvent, on ne répond pas immédiatement aux humiliations : soit parce que certaines émotions vous paralysent (peur, confusion, colère), soit parce que d'autres sujets sont plus importants à ce moment-là. Dans ce cas, vous relâchez suffisamment votre tension pour ensuite pouvoir relever un défi et/ou affirmer votre valeur et votre dignité.

N'oubliez pas ceci : il n'est jamais trop tard pour relever un commentaire. Dites toujours comment vous voulez que la personne qui l'a émis se comporte à l'avenir. Beaucoup trop de gens ont tendance à l'oublier, et s'étonnent ensuite que les situations humiliantes ou vexatoires se reproduisent.

LA MANIPULATION OU LA FUITE

Lorsque vous êtes face à des gens qui évitent les sujets délicats ou essaient de vous manipuler :

• D'abord, demandez quelque chose. Par exemple : "Je voudrais que vous me remettiez le travail la semaine prochaine, comme convenu." Exemple de réponse : "Eh bien, ma machine à écrire est tombée en panne. Je l'ai portée chez le réparateur, mais je ne sais pas quand je la récupérerai."

• Prenez acte de la difficulté de la personne et répétez votre demande : "Je comprends fort bien que cela doit être difficile pour vous de ne pas avoir de machine à écrire. Pourtant, je voudrais que vous me remettiez le travail au jour dit."

• Cette technique affirmative très simple est appelée "le disque usé". Elle consiste à répéter votre demande tout en mettant en relief la position de celui qui s'esquive ou qui manipule.

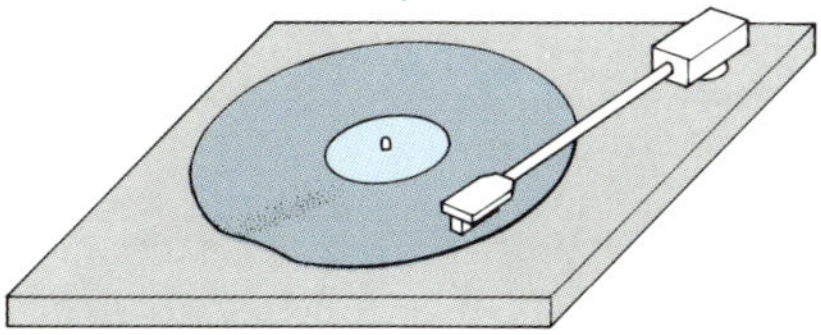

• Ne tombez pas dans le piège qui consisterait à démasquer la personne, sauf si vous y tenez vraiment.

• Persévérez : la technique est très efficace, aussi surprenant que cela puisse paraître. Si la personne adopte une attitude niveleuse ou affirmative, vous pouvez négocier un compromis acceptable.

LES ATTAQUES PERSONNELLES ET L'AGRESSION DIRECTE

Il vous est déjà certainement arrivé de subir des attaques personnelles. Celles-ci peuvent prendre une forme coercitive, ou vous imputer une faute, ou vous menacer. Elles s'apparentent à l'humiliation, mais sont généralement plus directes et plus agressives.

Une technique contre ces attaques consiste à désamorcer l'agression et à déplacer l'interaction pour passer au plus vite à une approche affirmative.

• Lorsque vous subissez ce genre d'attaque. la première chose à faire est de vous arrêter. Misez sur le temps, et surtout ne rendez pas la pareille.

• Ensuite, demandez des explications et vérifiez que vous avez bien compris. Par exemple, dites à la personne : "Voulez-vous dire que... Comment voyez-vous les choses ?... Pouvez-vous m'en dire plus ?"... En général, le fait d'être écouté est désarmant, et désamorce donc l'agression. Cela vous donne par ailleurs du temps pour réfléchir et vous fournit des informations plus précises sur le problème en question.

• Énoncez quelles sont vos convictions et vos opinions.Vous pouvez, préalablement, prendre acte des sentiments et des vues de l'agresseur : "Je comprends très bien vos sentiments, mais voici ma propre opinion."

• Si l'agression se poursuit, il existe une alternative : soit vous réaffirmez votre position, soit vous attirez l'attention sur une évolution que vous avez constatée, par exemple dans votre comportement ou dans l'opinion que l'autre a de vous : "Je ne pense pas être stupide... Puis-je me permettre de vous faire remarquer que vous m'avez vous-même fait des compliments pour d'autres travaux."

• Si l'agression continue, exprimez nettement à la personne en question à quel point son attitude vous affecte, et les conséquences qu'elle peut entraîner si elle persiste dans son comportement : "Quand vous n'arrêtez pas de crier comme ça, ça me met en colère. Si vous continuez, je n'aurai plus que la ressource d'impliquer notre patron dans tout cela, et je préférerais l'éviter." Bien entendu, la seconde partie de cette tirade ne se justifie que si vous voulez vraiment faire intervenir le patron et si vous pouvez espérer son soutien. Elle ne représente en tout état de cause que la dernière cartouche à tirer.

Si vous n'obtenez toujours pas de résultat, vous pouvez, soit mettre fin à l'interaction, ou bien engager votre interlocuteur à parler des sentiments très forts qui expliquent cette attaque.

LES SOUTIENS : DÉFINITION

Chacun d'entre nous, qu'il le reconnaisse ou non, a besoin de soutiens. Ceux-ci peuvent prendre de très nombreuses formes, et peuvent émaner de nous-mêmes ou d'autres personnes.

Les soutiens peuvent aller des simples salutations jusqu'à des actions bénévoles, en passant par les compliments et les félicitations. Nous pouvons aussi être notre propre soutien grâce à nos valeurs personnelles. Un avocat qui défend nos intérêts est, lui aussi, un soutien.

Nos convictions, mais aussi nos actions peuvent être également soutenues, mais le soutien le plus fondamental que nous puissions obtenir, c'est que quelqu'un nous aime et favorise notre évolution et le développement de notre potentiel personnel.

VOTRE CARTE DE SOUTIENS

Pour examiner la qualité de vos relations en termes de soutien, vous pouvez en dresser la carte. Inscrivez votre nom au centre d'une grande feuille de papier et positionnez autour ceux de toutes les personnes qui vous apportent un soutien mais aussi des endroits, des animaux, des objets et des activités que vous aimez.

Vous pouvez les placer plus ou moins près de vous sur la carte selon que l'aide qu'ils vous apportent est plus ou moins importante. Tracez ensuite des flèches reliant votre nom à ceux des différents soutiens. Ces flèches peuvent être à double sens si le soutien est mutuel (Cf. dessin ci-contre).

Vos soutiens peuvent se trouver dans tous les secteurs de votre vie : ce seront, par exemple, des collègues, des subordonnés, votre conjoint, des voisins, des maîtres spirituels, des professeurs.

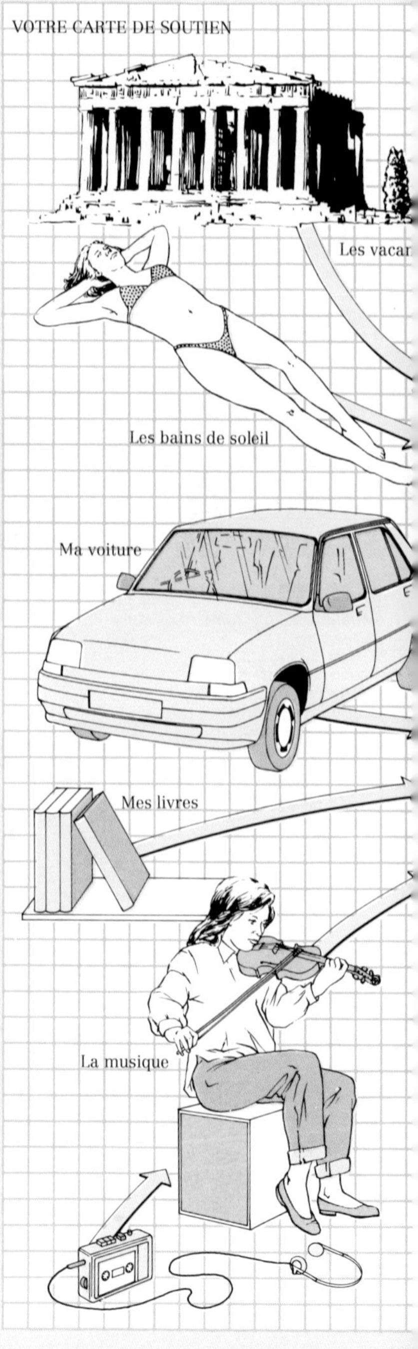

Ma maison
Ma famille
Mes amis
Mon travail
Mon chat
Le sport
Mes plantes

VOUS ET VOS SOUTIENS

Posez-vous un certain nombre de questions sur vos attitudes à l'égard de vos soutiens, déterminez où, avec qui et comment vous confortez votre vie professionnelle et personnelle. Utilisez-vous efficacement ces soutiens, et même, y croyez-vous ? Le fait de les développer et d'apprendre à les utiliser implique que vous vous responsabilisiez et preniez conscience de vos besoins en la matière pour en retirer toute l'aide possible.

QUELLE EST VOTRE ATTITUDE ?

Certaines personnes acceptent leurs soutiens, estimant que faire face seul en toutes circonstances est impossible ; d'autres, au contraire, refusent d'admettre qu'elles ont besoin d'aide, considérant cela comme un aveu de faiblesse.

Pour explorer votre propre attitude à l'égard des soutiens, faites l'exercice suivant ; vous pouvez vous faire aider par un ami ou un collègue.

Quels sont les mots que vous associez au mot "soutien" ? Dressez-en la liste, laissez votre esprit vagabonder autour de ces mots et faire des associations d'idées ou d'images.

Ensuite, séparez les mots qui ont pour vous une nuance positive et encourageante de ceux qui vous évoquent des choses négatives. Choisissez-en quelques-uns de chaque catégorie, puis continuez à chercher les associations possibles. Par exemple, si parmi les termes négatifs vous avez relevé le mot "aide", faites la liste des mots auxquels vous l'associez : faible, fragile... De même, si "fondation" figure parmi les mots positifs vous pourrez en faire découler : solide, capable de supporter l'effort, base, essentiel, vital...

En faisant cet exercice, observez quels sont vos sentiments ainsi que les images et les souvenirs dont vous prenez conscience. Il peut s'agir, par exemple, d'histoires personnelles évoquant l'idée de soutien, de souvenirs d'enfance et de ce qu'on vous a appris sur l'aide que vous pouviez recevoir. Ne négligez rien ; tous ces éléments ont contribué à construire l'attitude que vous avez aujourd'hui à l'égard des soutiens.

Peut-être allez-vous découvrir une ambivalence dans vos réponses : d'un côté, vous considérez que le soutien donne des forces, de l'autre vous avez tendance à le dévaloriser et vous estimez qu'il vous étouffe et vous limite. Ces attitudes de dévalorisation doivent être reconnues comme telles : sinon elles risquent de ruiner les efforts que vous pourriez faire pour accepter vos soutiens. Lorsque vous aurez déterminé quelles étaient vos attitudes vis-à-vis des soutiens, regardez à nouveau votre carte personnelle. Si vous pensez que les soutiens ne sont destinés qu'aux faibles, celle-ci doit être bien peu étoffée. Si, à l'inverse, vous considérez que vous êtes incapable de faire quoi que ce soit par vous-même, votre carte est sans doute très bien remplie.

Si vous avez du mal à déterminer si vos relations vous apportent ou non un soutien, dessinez une "carte anti-soutien" : vous verrez mieux ainsi quelles sont celles qui minent et sabotent vos forces (Cf. page ci-contre).

★ EXERCICE

Demandez-vous quels sont vos besoins actuels en matière de soutiens. Ensuite, notez les différents moyens dont vous disposez pour les satisfaire. Qu'est-ce qui, dans votre attitude, explique que vous ne disposiez pas de toute l'aide qui vous serait nécessaire ?

Pour terminer, déterminez un certain nombre de choses simples à faire qui vous permettraient d'obtenir des soutiens plus importants là où

★ N'OUBLIEZ PAS

Lorsque vous sollicitez un soutien, méfiez-vous de toute personne qui, même sans mauvaises intentions, pourrait vous étouffer, vous empêchant ainsi de réaliser votre potentiel.

La question à se poser en l'occurrence est : "Qui, dans cette situation, voit ses besoins satisfaits, lui ou moi ?".

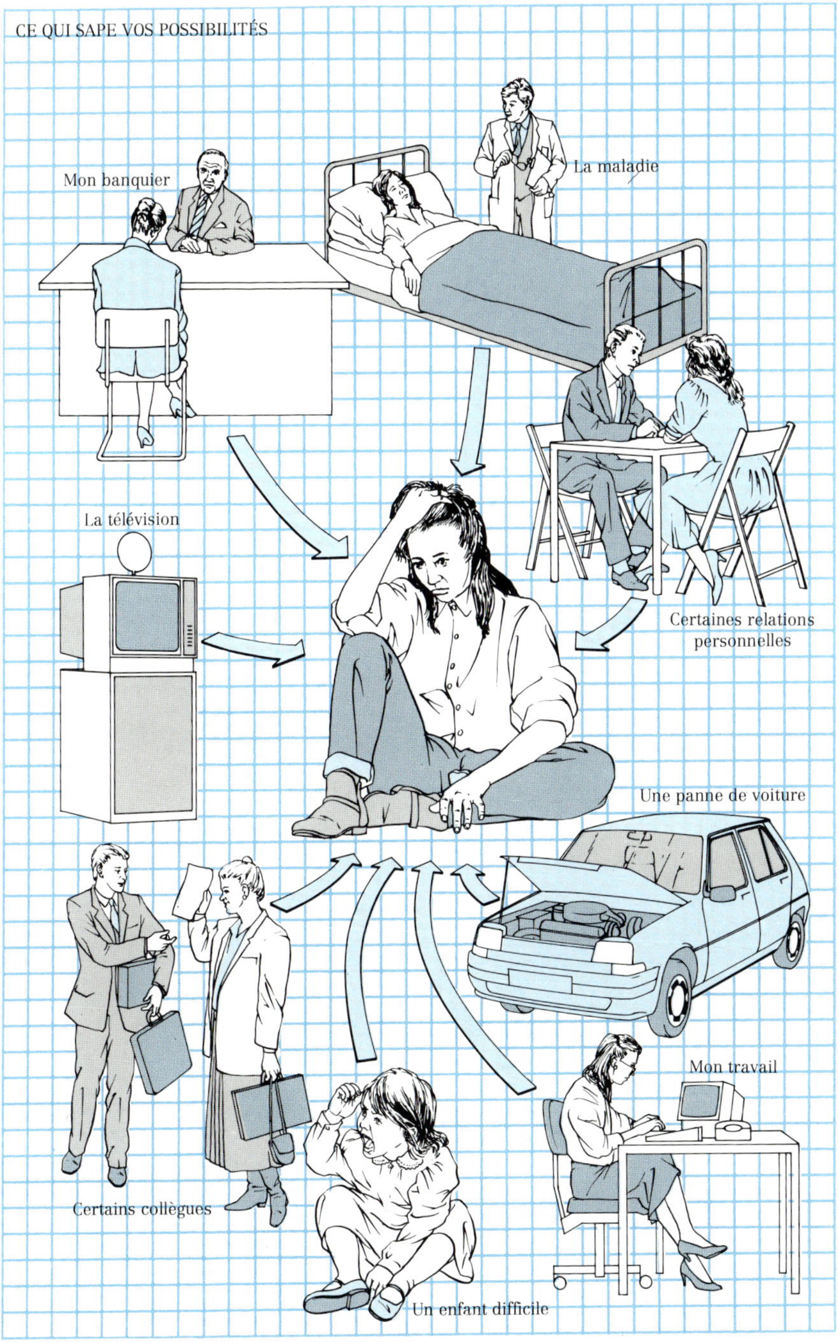
CE QUI SAPE VOS POSSIBILITÉS
Mon banquier
La maladie
La télévision
Certaines relations personnelles
Une panne de voiture
Mon travail
Certains collègues
Un enfant difficile

LES RELATIONS DE SOUTIEN

Le seul fait de partager quelque chose représente un soutien. Une personne avec laquelle vous partagez vos épreuves et vos joies peut constituer une très grande ressource. Cette personne peut être votre partenaire, un ami d'enfance, un collègue avec lequel vous avez des relations de confiance et de respect mutuels.

Tous autant que nous sommes, nous avons besoin de contacts différents pour satisfaire des besoins différents ; il serait utopique de croire qu'un seul être peut tout nous apporter. Il est très important d'entretenir des rapports basés sur la réciprocité, qui satisfassent chacun et n'impliquent aucune tentative de manipulation.

LES RELATIONS UTILES

Vos relations actuelles
Choisissez une personne avec laquelle vous entretenez des relations qui sont importantes pour vous. Que représente-t-elle dans votre vie ? Dressez la liste de ses qualités.

Dessinez ensuite cette personne : quelles formes et quelles couleurs choisissez-vous ?

Posez-vous les questions suivantes :

- Qui me rappelle-t-elle ?
- Que se passerait-il si elle disparaissait d'une façon ou d'une autre ?
- Que me manquerait-il alors, qu'y gagnerais-je ?
- De quelle façon cette relation représente-t-elle un soutien pour moi, ou un manque de soutien ?

Les types de soutien
Il existe trois types de soutien :

- Le soutien nourricier, qui vous prépare à agir. Il est basé sur l'acceptation.
- Le soutien stimulant, qui vous aide à révéler le côté vivant et créatif de votre personne.
- Le soutien de détente, qui vous aide à vous évader pour vous relaxer et recharger vos batteries.

Parmi ces types de soutien, lesquels obtenez-vous, et de la part de qui ? Analysez ainsi chacune de vos relations.

Réfléchissez ensemble
Faire seul les exercices proposés est une bonne chose dans un premier temps ; mais vous pourrez ensuite renforcer la qualité de votre relation avec une personne si vous faites les exercices avec elle.

Asseyez-vous l'un en face de l'autre ; à tour de rôle, répondez à la question : "Qu'est-ce que tu es pour moi ?" Faites une pause, puis répondez à tour de rôle à la question : "Qu'est-ce que tu me donnes, qu'est-ce que je te donne ?". Observez encore une pause et réfléchissez. Comment vous sentez-vous l'un et l'autre ?

Enfin, chacun formulera à l'autre trois souhaits différents ; déterminez ensemble quelles sont parmi ces demandes, celles qui peuvent être satisfaites.

LES RELATIONS INUTILES

Parfois, lorsque vous évaluez la qualité d'une relation, vous vous rendez compte qu'elle épuise vos ressources plus qu'elle ne vous soutient. Vous avez alors à affronter l'alternative suivante : soit en changer la nature, soit la faire cesser.

Pour terminer une relation, vous pouvez expliquer à l'autre vos griefs, dire ce que vous avez apprécié, puis faire comprendre que pour vous cela fait partie du passé.

Malheureusement, il existe des contacts inutiles auxquels vous ne pouvez pas mettre un terme : un patron qui ne vous soutient pas, un collègue qui épuise vos ressources...

Reconnaissez d'abord quels sont les effets négatifs de la relation en question. Vous pourrez alors plus facilement limiter les dommages qu'elle provoque et trouver d'autres sources de soutien.

LES NOUVELLES RELATIONS

Vous décidez que vous devez trouver une nouvelle relation de soutien : par exemple, pour vous faire conseiller sur un placement d'argent. Voici quelques conseils qui vous permettront d'établir la relation dont vous avez vraiment besoin.

- Sachez précisément ce que vous attendez de ce contact. Pour cela, faites la liste de ce que vous recherchez et de ce dont vous ne voulez pas.
- Ensuite, réfléchissez à la personne qui pourrait satisfaire ces besoins. Il peut s'agir de quelqu'un que vous connaissez déjà, mais soyez également prêt à chercher en dehors du cercle de vos connaissances actuelles : l'essentiel est que vous trouviez celui ou celle qui convient le mieux.
- Suscitez un entretien pour expliquer ce que vous voulez. Il faudra que vous disiez exactement ce que vous recherchez.
- Soyez prêt, s'il apparaît que cette relation n'est pas à la mesure de vos espérances, à le reconnaître et à le dire.
- Déterminez ce que désire l'autre personne et voyez si vous pouvez le lui apporter.
- Chacun des deux participants doit être bien conscient de ce qu'implique l'engagement. Exprimez clairement la nature de votre relation, où et avec quelle fréquence vous vous rencontrerez, s'il s'agit d'un soutien mutuel ou unilatéral. Dans le cas où la relation implique un paiement ou un échange d'une autre nature, il faut que l'accord soit très explicite sur ce point.

VOTRE LISTE

Ce que je recherche	Ce dont je ne veux pas

LES GROUPES DE SOUTIEN

Les groupes peuvent se constituer dans des buts divers. Certains, comme les comités de direction ou les équipes professionnelles, ont pour objet une tâche précise. D'autres, comme les clubs de loisirs ou les équipes sportives, permettent à leurs membres de faire des choses qu'ils aiment. L'objet des groupes de soutien, en revanche, consiste simplement à fournir à leurs membres une aide émotionnelle ou pratique, concernant des activités qui peuvent être, soit professionnelles, soit privées.

Bien entendu, un groupe de soutien peut tout à fait avoir un autre objet précis ; c'est d'ailleurs dans ce contexte qu'il sera le plus performant. Une équipe de management estimera ainsi que, pour que le travail soit efficace et bénéfique, il faut prendre le temps d'établir et d'entretenir les relations au sein de l'équipe. Quel que soit le groupe, la première des questions à vous poser, fondamentale, est : "Pour quels aspects de ma vie ai-je besoin que ce groupe me soutienne, et de quelle façon ?"

CONSTITUEZ UN GROUPE DE SOUTIEN

Si vous ne trouvez le soutien espéré dans aucun groupe que vous connaissez, envisagez d'en constituer un, c'est facile.

Vous pouvez choisir des gens avec lesquels vous travaillez ou avec lesquels vous partagez un intérêt. Par exemple, si une femme désire un soutien parce qu'elle est manager, elle peut constituer un groupe avec des femmes qui sont au même poste, ou avec des femmes de tous âges et de toutes conditions, ou avec ses collègues immédiats, sans considération de sexe.

Lorsque vous formez le groupe :

- Sachez précisément ce que vous en attendez.
- Concentrez-vous sur ce que vous voulez vraiment : il sera toujours temps de transiger si vous rencontrez des difficultés, ensuite.
- Prenez contact, soyez clair sur vos attentes et sur l'engagement que celles-ci représentent en termes de temps, d'argent, de disponibilité...
- Convenez d'une réunion préliminaire destinée à vérifier que les besoins peuvent être satisfaits de façon réciproque.
- Convenez de réunions futures, mettez-vous d'accord sur le principe de faire le point un peu plus tard pour vérifier si le groupe a une utilité, s'il doit continuer à exister, et de quelle manière.
- Mettez-vous d'accord pour déterminer si le groupe sera ouvert à d'autres membres. Sachez que quand une équipe est stable, la confiance s'instaure plus facilement.

Groupe de soutien informel

FONCTIONNEMENT

Une fois que le groupe est établi, suivez nos conseils pour qu'il réussisse :
- Commencez doucement afin de laisser la confiance s'instaurer.
- Donnez à chaque participant le même temps de parole pour lui permettre de dire qui il est et ce dont il a besoin.
- Accordez à chaque membre du groupe le respect.
- Sachez écouter chacun sans empiéter sur son temps de parole en racontant votre propre histoire.
- Établissez un planning prenant en compte les besoins de chacun et réservez le temps nécessaire à chaque sujet. Si une discussion est plus longue que prévu, réaménagez l'emploi du temps. Ne laissez aucun thème en souffrance.
- Respectez la confidentialité du groupe ; évitez les commérages.
- Prenez acte de ce qui a été réalisé et notez ce qui reste en suspens.
- Faites un point périodique pour vérifier que le groupe satisfait les besoins de ses membres.

DONNEZ LE FEED-BACK

Il est important que le groupe renvoie le feed-back, qu'il soit positif ou négatif, ce qui peut se faire par auto-évaluation ou évaluation par les autres membres. Il faut que le groupe en tant qu'entité accepte cette procédure et que chacun dispose du même temps.
- D'abord, chaque membre du groupe prend de son temps pour faire le point sur lui-même et sur ses performances, et pour déterminer quelles sont ses forces et ses faiblesses. Selon les cas, le groupe aura ou non défini des critères pour cette évaluation.
- Ensuite, chaque membre du groupe présente aux autres cette auto-évaluation.
- Le groupe donne le feed-back. D'abord, il conteste en relevant les aspects qui lui paraissent erronés ou trop négligés dans l'auto-évaluation. Ensuite, il délivre un feed-back de soutien : il met en valeur les forces et les capacités de la personne, qu'elles aient été prises en compte au cours de l'auto-évaluation ou qu'elles n'aient pas été mentionnées.
- Enfin, chacun refait le point sur lui-même à la lumière de cette évaluation et fait des projets pour l'avenir.

Groupe de soutien formel

AIDE-TOI...

Il est important que vous sachiez vous apporter un soutien à vous-même, notamment en ce qui concerne votre santé et votre bien-être : vous profiterez mieux ainsi du soutien des autres. Vous devez avant tout vous apprécier, vous aimer, renforcer la sagesse de votre corps et de votre esprit.

Les gens ont trop tendance à se dévaloriser. Or, pour réussir dans quelque domaine que ce soit, il faut d'abord s'aimer de façon inconditionnelle. Si vous y parvenez, vous aurez à votre disposition une ressource inestimable qu'il ne tiendra qu'à vous d'exploiter.

GÉREZ VOTRE TEMPS

L'une des choses importantes en la matière est de savoir gérer son temps. Pour cela, examinez la façon dont vous utilisez votre temps, sur un jour, sur une semaine, sur un mois. Observez également quels sont vos rythmes de vie.

- Dans les choses que vous faites, quelles sont celles qui vous apportent un soutien ?
- Quel temps consacrez-vous à ces activités, par jour, par semaine, par mois ? Est-ce suffisant ? Si non, comment pouvez-vous y remédier ?
- Établissez maintenant la liste de tout ce que vous faites qui sabote vos projets et vous empêche de consacrer du temps aux choses qui vous soutiennent.
- Comment pourriez-vous utiliser les soutiens auxquels vous avez recours pour que cesse cet état de choses ?

VOTRE LISTE

Mes propres soutiens	Temps consacré	Intrus	Mon réseau de soutiens

LE SOUTIEN DE VOTRE ENVIRONNEMENT

Votre environnement constitue en soi un soutien, qu'il s'agisse de votre résidence, de votre lieu de travail, de votre pays, de notre planète. Il s'agit en fait d'un soutien gigantesque dont vous avez besoin, mais qui a aussi besoin de vous.

Or vous n'êtes peut-être pas suffisamment conscient de cette réciprocité. Il faut que vous réalisiez que la Terre est un ensemble dont vous êtes en partie responsable.

Commencez par prendre en compte votre environnement immédiat. Quels sont les changements, même mineurs, que vous pourriez apporter à votre domicile ou à votre lieu de travail pour qu'ils vous apportent un meilleur soutien ? Par exemple, vous faudrait-il un nouveau siège, des fleurs, une meilleure ventilation, un bureau plus clair ?

Allez plus loin en examinant votre carte de supports. Situez dans son contexte chaque personne ou activité qui vous apporte de l'aide. Pouvez-vous améliorer ce contexte ? Quels sont les moyens dont vous disposez pour préserver ces soutiens ?

Approfondissez encore la question : prenez en considération le soutien que vous apportent les ressources naturelles que sont l'air pur, l'eau, le soleil. Nous avons tous à veiller à notre environnement immédiat, mais n'oublions pas que nous vivons dans un contexte de relations réciproques avec notre planète.

Pour cette raison, le temps que vous pourrez passer à préserver et améliorer l'environnement ne sera jamais perdu.

VOS PHASES DIFFICILES

La vie est rarement une mer étale, elle comporte un certain nombre de hauts et de bas que vous devez accepter si vous ne voulez pas stagner. Ce sont les éléments dynamiques de la vie, le mouvement, le changement, le développement, qui permettent à l'homme de s'épanouir et d'apprendre toujours plus. En acceptant ces fluctuations, vous continuez à bouger. Si vous passez votre temps à vous lamenter sur les mauvais côtés de la vie et à critiquer les autres et vous-même, il est bien évident que vous ne serez pas dans les meilleures conditions pour progresser. A l'inverse, si vous vous installez béatement dans les situations confortables, vous risquez d'oublier la réalité et de ne pas voir ce qu'il vous reste à faire dans la vie.

LE RYTHME DE LA VIE

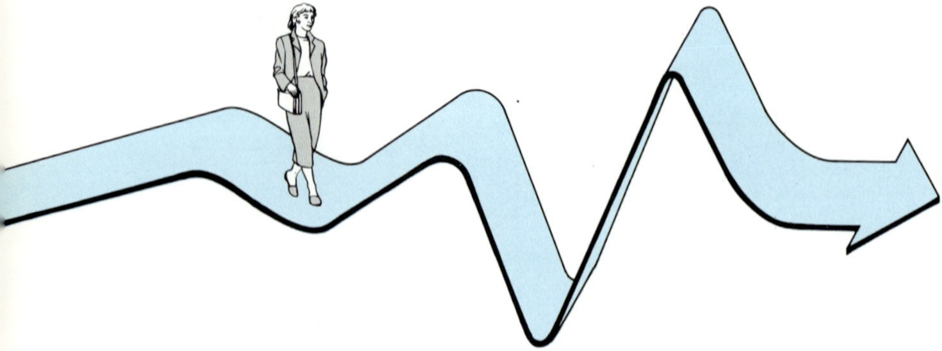

Les saisons sont marquées par un certain nombre d'événements rituels ; des fêtes, religieuses et profanes, rythment ainsi le temps qui passe : renouveau du printemps, floraison estivale, récoltes automnales, profondeur de l'hiver.

Ces rituels sont une façon de prendre acte du rythme de la vie. De même, chacun d'entre nous reproduit les mêmes gestes chaque jour ou chaque semaine : le café du matin, la lecture du journal, le jardinage du week-end.

Appuyez-vous sur ces rites quotidiens, qui vous aident à avancer. Prenez le temps de les accomplir, vous aborderez plus facilement l'avenir. Et inventez-en de nouveaux, agréables et constructifs.

Voici quelques propositions pour vous y aider :

- En famille ou entre collègues, prévoyez des moments où chacun peut exprimer son ressentiment à l'égard des petites choses qui n'ont pas bien marché. Parallèlement, ménagez des plages de temps où chacun pourra dire ce qui s'est bien passé, ce qu'il a réalisé, ce qui marche bien pour lui.
- A la fin d'une journée difficile, prenez une douche et imaginez que l'eau vous débarrasse de vos soucis. Changez de vêtements, cela vous aidera à passer d'un rôle à l'autre.
- Faites régulièrement les petites choses qui vous aident à remonter la pente : acheter des fleurs, téléphoner, prendre un bain...

LES SOUTIENS EN PÉRIODE DE CRISE

La vie comporte également des périodes de crises ou d'urgences, pendant lesquelles vous n'avez pas le temps de planifier votre action ; en revanche, vous pouvez utilement recourir à l'expérience passée.

On constate généralement quatre phases dans la réponse d'une personne à une situation de crise majeure. La première phase est celle du choc : la personne a besoin qu'on s'occupe d'elle. Puis vient la phase de refus de la situation. Celle-ci fait ensuite place à une reconnaissance progressive de l'événement et à l'acceptation du contexte nouveau. Enfin, au cours de la dernière phase, la situation de crise est intégrée et on en tire les leçons. Si ces quatre étapes ne sont pas respectées, la crise reste en suspens.

Remémorez-vous, dans votre vie professionnelle ou privée, une situation de crise ou d'urgence. Décrivez-la par écrit ou parlez-en à un ami. Faites quelques croquis pour mieux vous rappeler ce qui s'est produit. Réfléchissez à la réponse que vous avez apportée à cette crise. Arrivez-vous à identifier les quatre phases ? En existe-t-il qui ne sont pas résolues ? Que faudrait-il pour que vous puissiez intégrer correctement cette crise ?

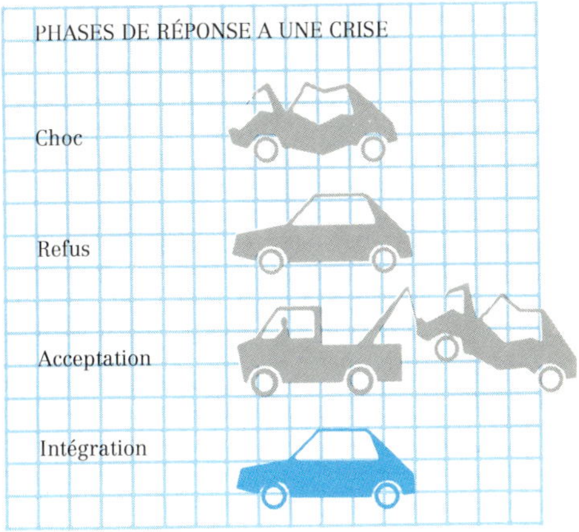

LES PÉRIODES DE TRANSITION

Notre société évolue en permanence, ce qui fait que les grandes étapes de la vie sont moins faciles à appréhender que jadis. L'âge où l'on se sépare de sa famille, celui où l'on prend sa retraite, par exemple, ne sont plus fixés avec la même rigueur. Par ailleurs, on peut changer souvent de poste et d'entreprise au cours d'une vie professionnelle, et les promotions obéissent à des critères moins structurés qu'autrefois.

Les périodes de transition engendrent une confusion qui désoriente et stimule à la fois. Il faut alors que vous sachiez reconnaître les émotions que vous éprouvez, et que vous vous assuriez le soutien d'amis ou de parents. La période sera également plus facile à vivre si vous avez des repères et des jalons pour passer d'une étape à l'autre.

Pour cela, organisez-vous un petit cérémonial pour marquer le début ou la fin d'une étape : un anniversaire, un contrat signé, un projet important mené à bien.

Par exemple, lorsque vous terminez un rapport, faites-le relier et montrez-le à vos collègues. Au début d'un projet, rassemblez tout l'équipement dont vous aurez besoin ou réaménagez l'endroit où vous travaillez. En faisant ces petites choses, soyez bien conscient que vous voulez marquer la transition.

LE SOUTIEN POUR LA RÉUSSITE

Lorsque les choses vont bien ou qu'un travail est fini, on fête la chose d'une façon ou d'une autre. Mais on a tendance à oublier les petites victoires obtenues tous les jours. Or ces petites choses doivent, elles aussi, être célébrées.

Notre société nous rappelle souvent qu'il ne faut pas nous vanter ; ainsi, nous avons des scrupules à faire état de nos réussites. C'est une erreur. Il faut que nous apprenions à fêter ce que nous accomplissons, quelle qu'en soit l'importance.

Vous pouvez, par exemple, vous faire plaisir lorsque vous avez mené à bien un projet, ou inviter des amis pour fêter un événement heureux. Les moments où l'on réussit quelque chose sont aussi des moments de soutien, et il est important de les partager.

QU'EST-CE QU'UN GROUPE ?

Votre famille représente le premier groupe auquel vous avez appartenu.Cette première expérience vous a permis d'acquérir certaines convictions sur la façon dont les gens interagissent et devraient interagir dans les groupes. Votre expérience familiale vous a également apporté les capacités nécessaire pour survivre au sein du groupe et pour l'influencer. Et ces attentes, ces capacités, ces convictions, vous les apportez aux différents groupes dont vous faites partie au cours de votre vie.

LES GROUPES ET LES ATTENTES

Votre famille est unique : vous avez donc des attentes, un savoir-faire et des idées qui vous sont propres sur la façon dont les gens interagissent. Ainsi, lorsque des membres de familles différentes se trouvent réunis, avec chacun leurs règles et leurs attentes, la relation devient complexe.

La plupart des gens ont tendance à s'en tenir aux modes relationnels en vigueur dans leur propre famille. Or, ceux-ci n'ont que rarement la souplesse nécessaire pour s'appliquer en toutes circonstances. Il est important que vous sachiez le plus de choses possible sur les attentes et les rôles préférés qui vous viennent de votre expérience familiale. C'est ainsi que vous pourrez choisir la façon la plus appropriée de vous comporter dans d'autres situations et, si nécessaire, vous perfectionner.

LES TYPES DE GROUPES

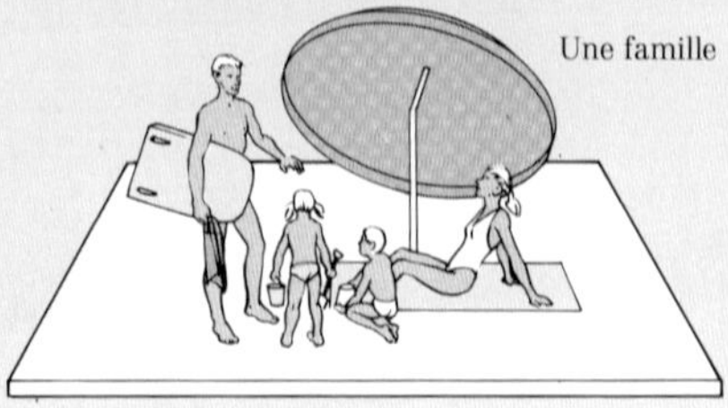
Une famille

Un comité de direction

Une équipe sportive

Un groupe de thérapie

Il existe de très nombreux types de groupes. La plupart d'entre eux ont des modes de fonctionnement spécifiques et demandent des connaissances particulières. Les groupes naturels, comme la famille, ont des buts multiples, alors que les groupes créés artificiellement, comme les comités, les équipes ou les groupes de thérapies n'ont généralement qu'une raison d'être.

Une famille et un comité n'ont pas les mêmes modes de fonctionnement, c'est évident ; pour pouvoir s'intégrer efficacement à des groupes, il est très important de savoir comment chacun d'entre eux est organisé.

S'il existe des différences très patentes d'un groupe à l'autre, on trouve également de grandes similitudes dans la façon dont certains d'entre eux fonctionnent. Cela provient du fait que les gens qui composent ces groupes ont établi des règles de comportement.

Les interactions entre membres d'un groupe constituent ce qu'on appelle la dynamique de groupe ; la connaissance de celle-ci vous permettra d'améliorer la façon dont vous êtes accepté par les autres.

LES GROUPES : INTÉRÊTS ET RISQUES

La participation active à un groupe comporte à la fois des intérêts et des risques. L'étude de la dynamique des groupes vous permettra d'en minimiser les risques et d'en optimiser les bénéfices.

Les intérêts
Un groupe est plus puissant qu'un seul individu : si l'un de ses membres fait défaut, il survit et continue à remplir son rôle.

Le groupe présente un certain nombre d'autres intérêts :
- Il donne des résultats de meilleure qualité.
- Il utilise les ressources de façon plus efficace.
- Il minimise la responsabilité d'un membre dans l'accomplissement d'une tâche.
- Il augmente le niveau d'engagement.
- Il permet de prendre des décisions plus audacieuses.
- Il réduit le risque d'erreur par la confrontation de plusieurs opinions.
- Il permet de trouver des solutions plus créatives.
- Il satisfait le besoin d'appartenance de ses membres.

Les risques
Il n'est pas toujours bénéfique de participer à un groupe : il faut savoir que cela peut avoir des effets inhibants ou destructeurs. Vous avez dû en observer certains dans votre vie : voici ces dangers.
- Il risque de désigner un bouc émissaire - pourquoi pas vous ?
- Il risque de conduire à des comportements conformistes ou trop dociles.
- Il peut provoquer l'apathie, l'ennui ou un retrait individuel par rapport à une tâche collective.
- Il peut entraîner des luttes d'influence ou des comportements destructeurs, conflictuels ou rivaux.
- Il risque de fonctionner selon le principe du plus petit dénominateur commun, donc de réduire les capacités au lieu de les additionner.
- Il peut consacrer la domination inopportune d'un ou plusieurs membres sur le reste du groupe.

Il est bien évident que de très nombreux facteurs entrent en ligne de compte : taille du groupe et lieu de réunion, procédures de décision et d'exécution, etc.

LES GROUPES LE FONCTIONNEMENT SAIN

Pour qu'un groupe fonctionne sainement, il faut que soient réunis un certain nombres d'éléments :
- Un intérêt commun, ou un élément qui assure la cohésion et l'homogénéité.
- Une organisation qui permette à ses membres de travailler à la réalisation d'un but commun ; cette organisation peut prévoir, par exemple, un président, un trésorier, etc.
- La rec'&naissance commune des limites du groupe par ses membres : qui en fait partie, quels sont des critères d'adhésion.
- La capacité d'accueillir de nouveaux membres et d'en voir partir d'autres sans que le groupe perde son identité.
- La capacité de croître et de s'adapter, autrement dit d'absorber les cycles de développement et de réalisation tout en maintenant son intégrité et ses objectifs.
- L'absence de sous-groupes fermés et inhibants, comme les coteries.
- Des membres qui sont estimés pour leur contribution et qui sont libres d'agir dans le cadre, généralement accepté, des règles propres au groupe.
- La capacité d'affronter le mécontentement et de résoudre les conflits entre ses membres.

★ EXERCICE

Faites la liste des groupes auxquels vous participez.
- *Dans chacun de ces groupes, qu'est-ce que vous aimez, qu'est-ce que vous n'aimez pas?*
- *A quels buts et à quels besoins répondent-ils?*
- *Fonctionnent-ils bien ou mal? Précisez.*
- *Comment pouvez-vous améliorer leur fonctionnement?*

L'un des moyens de se connaître consiste à observer la façon dont on adhère à un groupe et dont on y participe. Selon William Schutz, expert en groupes de rencontre , les membres doivent être d'accord sur trois éléments: l'intégration, le contrôle, l'affection.

L'INTÉGRATION

Lorsque vous adhérez à un groupe, vous savez généralement pour quelles raisons. Mais, une fois que vous en êtes devenu membre, il s'opère chez vous un processus de contrôle: par exemple, vous allez vous poser les questions suivantes:
• Qu'est-ce que je veux ? Est-ce que je veux vraiment être là ?
• Est-ce que le leader du groupe m'intègre, ou au contraire m'exclut ?
• Est-ce que les autres participants m'intègrent, ou au contraire m'excluent ?

Il s'agit là de points que vous vérifiez à chaque fois que vous intégrez un groupe nouveau.

D'autres éléments peuvent intervenir :
• Votre capacité à vous fondre dans le groupe : par exemple, êtes-vous capable d'engager une conversation, de parler de vous, d'accueillir quelqu'un ?
• L'intérêt réel que vous portez à devenir membre. En effet, à côté du but officiel du groupe, les gens peuvent avoir certains désirs, avoués ou plus secrets. Certains d'entre eux sont même inconscients. Si ces souhaits personnels ont peu de rapport avec le but officiel, ils n'ont guère de chance d'être satisfaits.
• Les points communs entre vous-même et les autres membres du groupe : statut social, niveau culturel, formation. Si vous vous sentez déplacé dans le groupe, il vous sera difficile de vous y faire accepter et d'avoir un sentiment d'appartenance. Or il s'agit là de la clef de l'intégration.

LE CONTRÔLE

En la matière, l'influence est le maître mot. Le désir d'influencer fait-il partie de votre personnalité ? La question est essentielle. Dans un groupe, les gens ont des besoins et des buts différents, même s'il existe un consensus sur le but officiel. Certains de ces besoins seront satisfaits, d'autres ne seront même pas exprimés.

Posez-vous les questions suivantes et observez ce qui se dessine.
• Est-ce que je veux essayer d'influencer le groupe ? Est-ce que j'oserai le faire ?
• Est-ce que le leader répond à mes efforts pour satisfaire mes besoins ?
• Les membres du groupe entravent-ils ou encouragent-ils mes efforts pour avoir de l'influence ?
• Si j'y réussis, ferai-je encore partie du groupe ? Et si je n'y réussis pas ?

Certaines personnes ont recours, pour voir leurs besoins satisfaits, à l'autoritarisme ou à la manoeuvre.

A court terme, la manoeuvre peut s'avérer efficace ; mais à long terme, c'est l'approche niveleuse ou affirmative qui évitera les ressentiments et l'exclusion, active ou passive, de l'activité du groupe.

★ EXERCICE

• Imaginez qu'un cinéaste réalise un film sur l'interaction entre vous et votre famille ou vos amis lorsque vous aviez six ans.
• Quels sont les rôles que vous jouiez ? A l'époque, quels étaient pour vous les personnages importants, qu'ils soient présents ou non, réels ou non ?
• Maintenant, imaginez qu'un Martien essaie de comprendre quels sont les rôles que vous jouez actuellement et comment vous interagissez dans les groupes auxquels vous appartenez. Qu'observerait-il chez vous ?
• Constatez-vous certaines similitudes entre ces deux périodes différentes de votre vie? Qu'en concluez-vous ? Y a-t-il certains autres rôles que vous pourriez essayer de jouer ? Si oui, que se passerait-il ? Vos schémas actuels vous sont-ils utiles ou sont-ils au contraire une entrave ?

L'AFFECTION

Lorsque vous faites partie d'un groupe, la question la plus importante est peut-être de savoir si les autres membres vous aiment ou vous apprécient.

Ce que vous voulez vérifier en l'occurrence est l'expression spontanée de l'amour ou de l'affection. Il peut s'agir parfois d'appréciations, d'un soutien ou d'actes qui sous-entendent l'affection.

Certaines personnes se réjouissent spontanément du développement, de la vitalité et des performances des autres, et ce type de soutien est souvent suffisant. Vous-même, posez-vous quelques questions, par exemple :

- Est-ce que je montre de l'affection, est-ce que j'accepte d'aimer ?
- Est-ce que le leader m'apprécie ?
- Est-ce que les participants me témoignent de l'affection, est-ce que je compte dans ce groupe de véritables amis ?

POSEZ-VOUS, REPOSEZ-VOUS LES QUESTIONS

Chaque individu participant à un groupe doit s'interroger sur chacun de ces trois points (intégration, contrôle, affection), et dans cet ordre.

D'abord, chacun est libre de rejoindre ou non un groupe. Une fois qu'on a décidé de s'intégrer, on peut alors essayer de prendre de l'influence ou d'exercer un contrôle. Si vous n'y parvenez pas, vos besoins risquent de rester insatisfaits.

Vous vous interrogerez ensuite sur l'affection dans le groupe. Une fois que vous aurez la certitude d'être apprécié et d'apprécier les autres, vous vous sentirez libre pour prendre des risques qui devront au préalable être acceptés par les autres. Il vous faudra alors repasser par les trois étapes successives - intégration, contrôle, affection. A chaque fois que vous recommencerez ce cycle, votre sentiment d'appartenance se renforcera.

Les groupes statiques, c'est-à-dire ceux dans lesquels les gens ne prennent pas de risques et ne passent pas par ces cycles, procurent généralement peu de satisfactions à leurs participants sur le plan émotionnel ; on y observe par ailleurs un manque de motivation et d'engagement.

LES RÔLES

Il existe un autre moyen de savoir quelle est votre place dans un groupe : il consiste à voir quels sont les rôles que vous choisissez ou dont vous n'arrivez pas à vous défaire. C'est en général dans le contexte familial que se sont déterminés vos attentes et les rôles que vous avez tendance à jouer.

Identifiez les rôles que vous avez tenus dans votre famille, puis réfléchissez à la façon dont vous participez aujourd'hui à un groupe: vous comprendrez mieux votre comportement et serez plus souple quant aux attitudes à adopter.

★ TEST

Prenez un groupe auquel vous participez actuellement. Considérez-le sous l'angle de l'intégration, du contrôle, de l'affection. Comment vous situez-vous ?

Lequel de ces trois points est important pour vous actuellement ?

Pouvez-vous améliorer les choses par rapport à ces trois points, et comment ?

CONNAISSEZ VOTRE GROUPE

Il est utile de bien faire la distinction entre ce que fait un groupe (tâche, objectifs) et la façon dont il le fait (méthode utilisée, etc.). Or souvent, on se polarise sur le travail à faire sans prendre suffisamment en compte le mode de fonctionnement et la dynamique des groupes.

Pour participer de façon plus efficace à un groupe et arriver à changer ce qui ne marche pas, il faut savoir ce qu'on cherche.

QUE RECHERCHER ?

Si vous voulez éviter les frustrations et les conflits inutiles, vous devez savoir quels sont les objectifs du groupe: cela vous permettra de déterminer si celui-ci, en plus de son but officiel, est capable de satisfaire vos besoins personnels.

Buts et objectifs
Le fait que vous ayez des objectifs ou buts personnels peut compliquer les choses. Il y a même des cas où le but déclaré d'un groupe ne correspond pas à la réalité. Par exemple, un comité qui est censé prendre des décisions, peut être utilisé pour entériner des décisions qui ont été arrêtées avant la réunion.

Participation
Les modes de participation dans le groupe peuvent vous fournir de précieux renseignements une fois que vous les aurez interprétés.

• Quels sont les membres du groupe qui apportent une grande contribution, ou une faible contribution ?
• Quels sont les membres du groupe qui sont silencieux ? Comment leur silence est-il interprété ? Traduit-il un accord, un désaccord ou une crainte ?
• Qui parle ou ne parle pas à qui ? Qui interrompt qui ? Qui suit qui dans une conversation ? Existe-t-il une raison à cela ?

Influence et leadership
Il existe plusieurs types de leaders dans un groupe : parfois, il existe un ou plusieurs leaders officiels ; mais il peut aussi y avoir des leaders moins officiels.

• Le leader responsable est celui qui répond officiellement du groupe.
• Le leader effectif est celui dont les propositions et suggestions sont le plus susceptibles d'être adoptées.
• Le leader psychologique est celui auquel les autres participants ont le plus envie de s'identifier au niveau émotionnel.

Ces trois aspects sont parfois assumés par la même personne, mais la plupart du temps par plusieurs personnes différentes. Il est parfois utile d'instituer une rotation ou une délégation du leadership et des autres rôles, pour éviter une stagnation.

On assiste parfois à un conflit entre le leader responsable et le leader effectif, ou à un désaccord entre le leader effectif et le leader psychologique. Mais la coopération entre ces trois types de leaders est indispensable pour que le groupe fonctionne correctement.

Le style d'influence ou de leadership est absolument essentiel, et celui-ci varie selon les groupes. Par exemple, le leader d'un comité doit être moins autoritaire qu'un capitaine sur son bateau.

Rôles
Quel qu'il soit, un groupe s'organise dans la perspective d'un but à atteindre, et les rôles sont importants dans la dynamique des groupes.

Il existe des rôles relatifs à la tâche à accomplir : secrétaire, président, capitaine... Mais il peut aussi exister un certain nombre d'autres rôles : le rebelle, le bouc émissaire, le tyran, le gardien du temps, le critique. Certains de ces rôles peuvent paraître inutiles, mais en fait ils présentent souvent un aspect important. Ainsi par exemple, le rôle du bouffon indiscipliné qui permet au groupe de se relaxer et de rire un bon coup. Demandez-vous qui tient quels rôles dans les groupes auxquels vous appartenez. Ces rôles sont-ils inhibants ou, au contraire, bénéfiques ?

Prise de décisions
Les décisions peuvent se prendre, soit à la majorité, soit à l'unanimité. Les styles de décisions influent beaucoup sur le moral du groupe et sur la mise en application des projets. Ainsi, dans les groupes auxquels vous participez :

- Certaines personnes imposent-elles leurs décisions ?
- Y a-t-il au contraire des phases de proposition, de consultation et de soutien ?
- Y a-t-il négociation, marchandage, compromis ?
- Y a-t-il des personnes dont on adopte toujours les propositions, et d'autres dont on rejette systématiquement toute suggestion ?
- Certaines personnes s'abstiennent-elles de prendre des décisions ?

Quel est l'effet de ces différents comportements sur le groupe ?

Pour quelles raisons les accepte-t-on? Que faudrait-il pour que la situation change ?

Ambiance du groupe

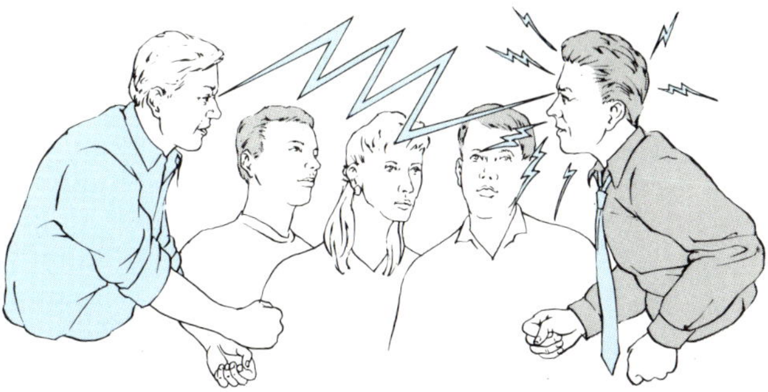

Comment sont l'ambiance, le climat et le moral du groupe ? L'atmosphère est-elle amicale ou sympathique, ou au contraire tendue ou apathique ? Il est souvent bien difficile d'en définir les origines. Ce qui a causé une ambiance est généralement enterré dans le passé du groupe. Ce qui, en revanche, est plus facile à identifier, c'est la façon dont un groupe la perpétue.

- Les participants ont-ils des relations constructives, ou au contraire agressives ou défensives ?
- Sont-ils dépendants d'un ou de quelques membres, par exemple pour réaliser le travail, ou se confortent-ils mutuellement ?
- S'associent-ils deux par deux ou en coteries, ce qui détruit l'unité du groupe ?
- Existe-t-il un sens de la réalisation collective ou de l'amusement commun ?
- Les participants s'accordent-ils ensemble pour décider d'une tâche, la préparer, la réaliser, puis se détendre, ou au contraire tout cela se fait-il dans le désordre et le manque de coordination ?

Il s'agit là de dysfonctionnements très fréquents qui sont souvent la conséquence d'un mauvais leadership. La routine ou le fait de ne pas arriver à se concentrer sur le travail en cours peuvent rendre un groupe inefficace.

★ EXERCICE

Examinez les règles d'un groupe auquel vous appartenez ; déterminez celles qui donnent des résultats négatifs pour le groupe et celles qui, au contraire, sont positives.

Demandez à un autre membre de faire la même chose et comparez vos réponses. Proposez au groupe de lui faire part de vos constatations.

★ TEST

Prenez un ou deux groupes auxquels vous appartenez et analysez-les selon les rubriques des pages 150-151.

- *Trouvez-vous des éléments utiles ?*
- *Cette analyse vous permet-elle de faire des propositions qui augmenteraient votre degré de satisfaction et celui des autres membres de votre groupe ?*

Normes et règles de fond
Les normes et les règles de fond définissent, au sein d'un groupe, les comportements qui sont acceptables et ceux qui ne le sont pas. Elles sont spécifiques à chaque groupe.

Voici quelques exemples de normes et règles relevées dans certains groupes.

- Une seule personne parle à la fois.
- Certains ont le droit d'arriver en retard.
- On n'exprime pas ses sentiments, ni verbalement, ni autrement.
- On ne parle pas de sexe.
- On évite les conflits entre membres du groupe.
- C'est le leader du groupe, et lui seul, qui prend les décisions.
- Un trop grand esprit d'initiative n'est pas apprécié.

LA DYNAMIQUE DES GROUPES

Toute personne intégrant un groupe apporte des besoins, des attentes, des ressources, des talents et son expérience passée. La dynamique des groupes, autrement dit les interactions entre leurs membres, est complexe et difficile à appréhender.

Si vous cherchez à réduire leur complexité, vous risquez d'interpréter les faits de façon erronée. A l'inverse, si vous ne pouvez pas établir de catégories permettant de décomposer cette dynamique, vous n'arriverez pas à éclaircir les choses.

LES DIFFÉRENTES PHASES DES GROUPES

Voici une méthode qui a été développée par des spécialistes en sciences sociales. Elle distingue cinq phases dans le développement de la vie d'un groupe. Une fois que vous les connaîtrez, vous serez moins inquiet au sujet des premières phases qui, inévitablement, sont un peu difficiles. Vous pourrez aussi guider le groupe pour qu'il fonctionne de façon plus efficace en attaquant chaque étape à fond. Mais ne confondez pas la théorie avec la réalité: elle peut vous aider, mais il faudra tenir compte des spécificités de chaque groupe.

Phase de constitution
Cette phase se caractérise généralement par des paroles de bienvenue. Les participants pressentent alors la manière dont ils seront intégrés au groupe ; ils détermineront quels rôles ils pourraient prendre, ce qu'ils seront censés faire.

Pendant cette phase, les gens parlent d'eux-mêmes et se posent des questions. C'est le moment où l'on découvre quels sont les buts, les limites et la nature du groupe. On les compare alors avec ses propres attentes.

Phase d'assaut
Cette phase est celle de la compétition pour prendre position. Elle peut être, soit ouverte, soit larvée, ce qui la rend alors difficile à identifier.

Pendant cette phase, les participants attaquent, se replient ou s'affirment. Ils peuvent chercher à constituer des coteries; ils s'absentent parfois, physiquement ou émotionnellement. Ils peuvent également tenter de dominer complètement le groupe pour être sûrs que leurs besoins seront satisfaits.

On peut assimiler cette phase à une rébellion : contre le leader, contre les règles, contre la façon dont les choses se font. C'est le moment où l'on teste les limites, où l'on explore ce qui est possible ; généralement, il s'agit d'une phase délicate et inconfortable pour le groupe.

Il faut voir au-delà, sinon la rébellion continuera à éclore sous des formes aussi nombreuses que nuisibles, et se manifestera notamment par un manque de cohésion ou de solidarité.

En fait, la phase d'assaut est aussi la phase de résolution des conflits, au cours de laquelle chaque participant pactise avec l'autre.

Phase normative
Au cours des phases précédentes, les participants se sont testés mutuellement, ont testé le leader, puis le groupe a pu maîtriser et dépasser les conflits. A ce stade, le groupe peut généralement se mettre d'accord sur des modes de fonctionnement (normes) qui le guideront pour réaliser efficacement l'objectif commun.

Les participants commencent à prendre des responsabilités, alors que précédemment certains les avaient esquivées.

Les normes édictées peuvent être, soit salutaires, soit nuisibles. Si le besoin s'en fait sentir, elles peuvent être explicitées à l'aide de questions comme : "Qu'est-ce que je peux faire, qu'est-ce que je ne peux pas faire au sein de ce groupe ?"

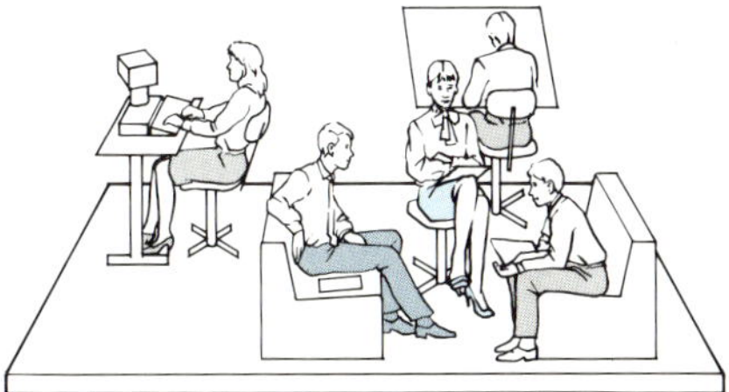

Phase de réalisation
Durant cette phase, les participants coopérent pour réaliser le but commun du groupe et pour satisfaire les besoins individuels. En général, les groupes qui fonctionnent bien enchaînent harmonieusement concertation, stimulation, réalisation et détente. Les participants :

- Sont attentionnés, s'aident et s'informent mutuellement (entretien nourricier).
- Planifient, imaginent, lancent des défis (stimulation).
- Font des plans et mettent les solutions en pratique (réalisation).
- Fêtent l'atteinte de l'objectif, réfléchissent, analysent (détente).

De cette façon, le groupe remplit sa mission tout en satisfaisant les besoins émotionnels de ses participants.

Phase de tristesse
Il s'agit là de la phase finale. Elle se caractérise souvent par un relâchement des liens entre les participants et par une diminution des tentatives destinées à influencer le groupe. A ce stade, on constate une tendance de plus en plus forte, de la part des participants, à s'exclure eux-mêmes de l'activité collective.

Il s'opère alors une inversion du cycle inclusion-contrôle-affection. Souvent, on constate une réticence à admettre que c'est la fin du groupe. La plupart des participants ne veulent pas en accepter l'idée ; peut-être ne sont-ils pas totalement satisfaits de leur prestation au sein du groupe. Ils peuvent avoir l'impression qu'il reste beaucoup à faire, soit au niveau de l'objectif commun, soit au niveau interpersonnel. Il est important que chacun règle ce qui reste en suspens et soit capable ensuite de fêter la réussite du groupe avant la séparation.

★ TEST

- *Cette décomposition en cinq étapes éclaire-t-elle la dynamique des groupes auxquels vous appartenez ?*
- *A quelle phase en sont les groupes en question ?*
- *De quoi a maintenant besoin le groupe pour progresser ?*
- *Les étapes précédentes ont-elles été abordées et vécues complètement ? Dans le cas contraire, à quoi le voyez- vous ? Que faudrait-il qu'il se passe ?*

LA PARTICIPATION AUX GROUPES

Lorsque vous êtes membre d'un groupe, il y a un certain nombre de tâches qui vous incombent. En général, celles-ci varient selon la phase de développement où se trouve le groupe (voir pages 152-153).

Il est très important que vous accomplissiez ces tâches si vous voulez être un membre actif du groupe, aider celui-ci à atteindre ses objectifs et obtenir ce que vous souhaitez du groupe lui-même.

VOS TÂCHES EN TANT QUE MEMBRE D'UN GROUPE

Dans la première phase de développement, votre travail consiste à clarifier ce que vous voulez, ce que le groupe cherche à faire, et la façon dont vous allez pouvoir vous y intégrer en tant qu'individu.

Dans la deuxième phase, celle de l'assaut, il s'agit de survivre et de susciter les défis, les enchères pour le pouvoir et toutes les luttes qui sont nécessaires pour que le groupe fonctionne sainement.

Dans la phase normative, le participant doit contribuer à l'établissement de règles constructives afin d'assurer des relations de travail efficaces. Cette phase demande que chaque participant s'implique dans la création de ces normes, en soit solidaire et s'y engage.

Dans la phase de réalisation, comme dans la phase de tristesse, il est essentiel que chacun apporte ses connaissances, son influence et son savoir-faire. La compétition s'efface devant la coopération. Les tendances à juger, à punir et à détruire doivent être maîtrisées au profit de suggestions constructives. Il faut harmoniser les contributions de tous les membres du groupe.

Dans la phase de tristesse enfin, le participant doit célébrer l'atteinte de l'objectif, parachever le travail et savoir se séparer des autres.

MENER ET SUIVRE

Vous savez maintenant comment participer aux différentes phases de développement du groupe et comment aborder les trois points de l'intégration, du contrôle et de l'affection (voir pages 148-149). Mais il existe aussi un certain nombre d'attitudes particulières qui vous seront très utiles dans la plupart des groupes.

Les participants ont tendance à attendre que le leader lance l'action ou donne l'autorisation d'agir. Dans la plupart des cas, les membres d'un groupe sont conformistes, accommodants ou même soumis. Il s'agit là d'un comportement qui peut avoir son utilité, par exemple lorsque le groupe a pour mission d'assurer la sécurité ou de constituer des forces armées; mais dans d'autres cas, il offre peu d'intérêt.

De plus en plus, le leadership est tout simplement une fonction qui peut et qui doit être assurée par d'autres personnes que le leader désigné ou responsable. Aujourd'hui, la plupart des vrais leaders encouragent tous les membres du groupe à prendre ce rôle.

Cela signifie que chaque participant doit être capable de développer son influence, et de l'exercer sur les activités du groupe.

A chaque fois que vous êtes à l'origine de ce qui se passe dans le groupe, vous vous comportez effectivement comme le leader. A chaque fois que vous êtes influencé par d'autres participants, vous suivez leur leadership.

En tant que membre d'un groupe, vous pouvez être proactif (lancer l'action) ou réactif. Généralement, si votre énergie est grande et bien utilisée, le résultat est satisfaisant.

LE CYCLE DE L'ÉNERGIE

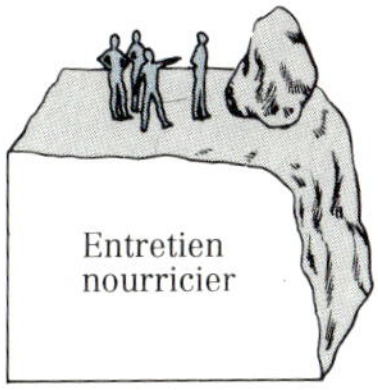

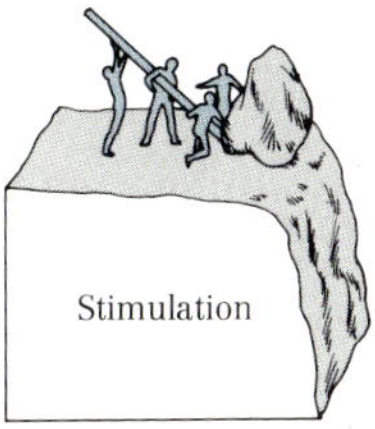

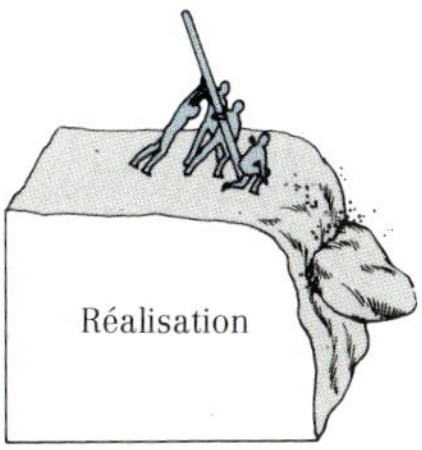

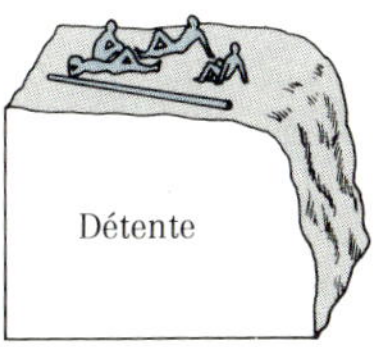

Pour qu'un groupe fonctionne de façon efficace, il est essentiel que ses membres ne se bornent pas à y participer, mais qu'ils évoluent de façon harmonieuse et complémentaire par rapport aux autres participants. On constate que, dans une trop grande proportion de groupes, interviennent simultanément ceux qui planifient, ceux qui exécutent et ceux qui contrôlent et évaluent le travail.

Cette situation est à l'origine d'une forte frustration, éventuellement d'un ressentiment, et d'un fonctionnement inefficace du groupe.

Lorsque le groupe tout entier est impliqué dans la phase de réalisation, les choses se passent mieux si les participants prennent conscience de la nécessité de coordonner et d'harmoniser la façon dont ils travaillent. A cet égard, la connaissance du cycle de l'énergie les aidera beaucoup.

Les quatre phases de ce cycle sont les suivantes :

- L'entretien nourricier : les participants s'aident, se soutiennent et s'informent mutuellement.
- La stimulation : les participants proposent, lancent des idées, décident, se mettent mutuellement en question, s'affrontent, font avancer leurs idées.
- La réalisation : les participants passent à l'action, canalisent leur énergie vers le travail à accomplir, se félicitent lorsque celui-ci est réalisé.
- La détente : les participants fêtent l'événement, montrent qu'ils apprécient les autres, acceptent d'être appréciés, savourent le moment.

Ce cycle reflète les fluctuations de l'énergie du corps à mesure que l'on s'approche de l'action puis qu'on s'en éloigne. On constate toujours ces variations d'énergie dans un groupe. Celui-ci sera plus performant si ses participants en ont conscience et utilisent ces phases pour intégrer et conjuguer leurs propres efforts avec ceux du groupe.

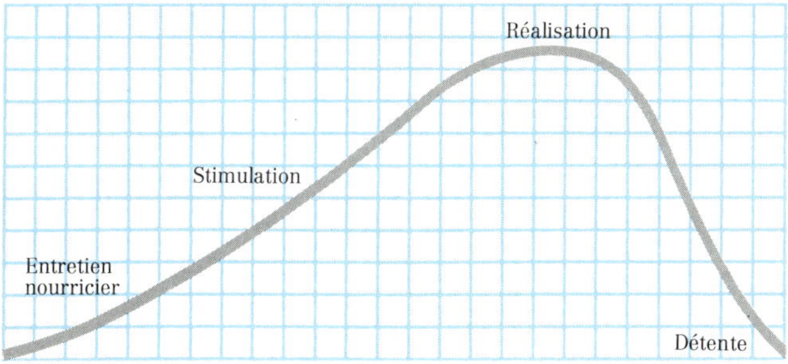

★ EXERCICE

Voici quelques questions dont les réponses peuvent vous aider à être plus proactif dans les problèmes interpersonnels :

- *Qu'est-ce qui se passe régulièrement et qui ne convient pas ?*
- *Comment cela commence-t-il ?*
- *Que se passe-t-il ensuite ?*
- *Comment chaque participant se sent-il à la fin ?*
- *Comment pourriez-vous, vous et les autres, faire de façon différente ?*

Identifiez les interactions à problèmes que vous pouvez avoir au sein d'un groupe et répondez aux questions précédentes par rapport à des incidents précis qui ont pu se produire.

★ N'OUBLIEZ PAS

- *Déterminez quels sont les buts du groupe et décidez quel sera votre niveau d'engagement envers lui.*
- *Décomposez les étapes qui seront nécessaires pour que le groupe atteigne son but.*
- *Déterminez les procédures : par exemple, prise de décisions, planification, résolution des conflits, contrôle du travail, etc.*
- *Clarifiez votre rôle dans le groupe ; vérifiez que les autres participants sont au courant et sont d'accord.*
- *Déterminez comment le groupe reconnaîtra ce qu'est une participation efficace.*
- *Déterminez comment le groupe pourra mesurer quantitativement les progrès qu'il aura faits.*

L'INFLUENCE SUR LES GROUPES

Un groupe peut être influencé de plusieurs manières. Le consultant anglais John Heron a établi des catégories d'influences qui peuvent s'appliquer à la plupart d'entre eux. Ces catégories composent ce qu'on appelle des polarités, c'est-à-dire des extrêmes d'égale valeur entre lesquels on choisira de positionner le groupe selon les circonstances qui lui sont propres.

INFLUENCE DIRECTIVE OU NON DIRECTIVE

Ce comportement concerne principalement l'utilisation du pouvoir au sein d'un groupe. Il peut se traduire par une attitude autocratique, des décisions prises unilatéralement, ou une action destinée à pallier une absence d'instructions.

Concrètement, vous ordonnez, vous demandez, vous corrigez, vous évaluez, vous suggérez ou vous recommandez.

La plupart des groupes ont besoin d'un style de direction plus démocratique. Lorsqu'ils sont consultés ou qu'ils prennent eux-mêmes les décisions qui les concernent personnellement, les participants sont plus motivés. Les propositions, les négociations et les autres aspects des décisions collectives représentent un partage bénéfique du pouvoir.

INFLUENCE INTERPRÉTATIVE OU NON INTERPRÉTATIVE

Cette polarité concerne les informations et leur signification. En l'occurrence, les attitudes vont, selon les circonstances, de la franchise à la rétention d'informations.

Parfois, le groupe demande qu'on lui explique pourquoi il doit faire quelque chose. Dans d'autres cas, il peut demander qu'on interprète de nouvelles données, qu'on analyse un problème, ou qu'on expose les conséquences de telle ou telle action.

Dans cette polarité, il est important de savoir manier le feed-back. Le fait de communiquer leurs observations, leurs opinions, leurs interprétations et leurs sentiments permet en effet aux membres du groupe de mieux se connaître et d'être plus efficaces.

INFLUENCE CONFRONTANTE OU NON CONFRONTANTE

La qualité du fonctionnement d'un groupe est conditionnée par le niveau l'affrontement et par la façon dont celui-ci est contrôlé. S'il y a trop de remises en cause, on risque de constater une baisse du moral, de la confiance et du confort du groupe. Si, au contraire, il n'y en a pas assez, on peut aboutir à l'ennui et au manque d'intérêt. De même, la façon dont la remise en cause ou la confrontation se fait détermine souvent son succès ou son échec. En l'occurrence, il faut critiquer un comportement, une attitude ou un manque de connaissances, sans remettre en cause l'existence du groupe. Si vous adoptez cette attitude, soyez bref et précis. N'oubliez pas non plus que, par définition, la confrontation provoque toujours chez les participants une situation d'inconfort ou même de choc.

Il faut évidemment que vos colères soient justifiées, que vous démasquiez les comportements déloyaux, que vous donniez le feed-back approprié et que vous souligniez les démarches de pensée incohérentes (voir pages 130-131).

La démarche non confrontante, au contraire, implique que vous fassiez des pauses en offrant des activités de détente ne comportant pas d'affrontement.

INFLUENCE CATHARTIQUE OU NON CATHARTIQUE

Cette polarité concerne le relâchement conscient de la tension et l'expression des sentiments refoulés. A la longue, les groupes connaissent inévitablement une accumulation trop importante de tension et de sentiments. Ils ont alors besoin, soit d'exprimer ces sentiments d'une façon non destructrice (cathartique), soit de les écarter (non cathartique).

Les techniques cathartiques utilisent les jeux, le psychodrame ou les exercices bio-énergétiques. Elles permettent de restimuler les relations entre membres du groupe. Lorsque les niveaux de tension sont légers, il suffit aux participant de rire, de s'étirer ou de bâiller pour relâcher leur tension ou leurs sentiments.

Les techniques non cathartiques, quant à elles, comprennent la méditation, un changement d'activité, ou un détournement de l'attention ; par ailleurs, les participants peuvent réfléchir ou pratiquer des activités faisant appel à la logique.

INFLUENCE STRUCTURANTE OU NON STRUCTURANTE

Cette polarité concerne la façon dont le groupe est autorisé à agir. La structuration implique que l'on définisse à l'avance et de façon précise quels sont les rôles, les étapes, la méthodologie et le temps disponible. La non-structuration, elle, permet au groupe d'improviser une structure appropriée ou de ne pas définir de structure du tout.

La structuration consiste à établir les règles et les lignes directrices, la définition des rôles, la localisation géographique, etc. Il existe d'autres méthodes permettant de structurer les interactions : la constitution de sous-groupes, la résolution de problèmes, la planification et les stratégies de résolution de conflits.

Une forte structuration tend à augmenter la sécurité ; à l'inverse, le manque de structuration peut susciter l'anxiété.

Les structures doivent être souvent remises en cause afin de vérifier si elles stimulent les performances du groupe ou si, au contraire, elles les entravent.

INFLUENCE DE DIVULGATION OU DE NON-DIVULGATION

Vous passez votre temps à vous dévoiler, que ce soit de façon verbale ou non verbale ; tout y contribue: vos observations, vos opinions, vos connaissances, votre regard, votre voix, la position de votre corps, vos vêtements. Ce que vous faites et la façon dont vous le faites a généralement plus d'impact que ce que vous dites. Lorsque vous vous divulguez, pour peu que vous le fassiez opportunément et que vous focalisiez l'attention des autres, on dit que vous avez de la présence. Cette présence passe aussi par le fait d'avoir une attitude de soutien.

La congruence dont vous faites preuve (entre le verbe et l'action, entre les messages verbaux et non verbaux) agit beaucoup dans vos relations avec les autres. Elle leur donne en effet une notion de votre intégrité, de votre crédibilité et de votre cohérence. Plus vous êtes cohérent, plus vous êtes présent dans et pour le groupe, et plus vous aurez des chances de l'influencer.

La divulgation de soi-même entraîne le soutien des autres. A certains moments, vous pouvez apporter une contribution efficace au groupe, tout simplement en observant un silence attentif ou en ménageant une pause pour laisser les autres se divulguer aussi.

★ EXERCICE

Examinez successivement les polarités que nous venons de vous exposer. Définissez votre comportement en groupe par rapport à ces polarités.

- *Quelles sont vos forces, quelles sont les capacités qu'il serait utile que vous développiez ?*
- *Identifiez des moyens nouveaux et spécifiques d'influencer les groupes, ou les capacités auxquelles vous pourriez recourir. Cela vous prendra du temps, aussi ne développez qu'une ou deux capacités à la fois. N'oubliez pas de recueillir le feed-back qu'on pourra vous donner.*

APEC

Jean-Luc Martineau,
Jean-Louis Morel
Comment réaliser lucidement vos ambitions professionnelles
Dunod

Roberto Assagioli
Psychosynthèse : principes et techniques
EPI

Stéphanie Barrat,
Christian-Henri Godefroy
Méthode ELS : la méthode des communicateurs efficaces
Godefroy

Roger Bazin
Développement personnel et entrainement mental
ESF, EME, LITEC

Eric Berne
(analyse transactionnelle)
Des jeux et des hommes
Stock

Eric Berne
(analyse transactionnelle)
Que dites-vous après avoir dit bonjour ?
Sand

Dominique Chalvin
L'affirmation de soi
ESF

Dominique Chalvin,
François Eyssette
Comment sortir des petits conflits dans le travail
Dunod

Jean-Michel Delaroche
Vaincre le stress et se libérer des tensions quotidiennes
De Vecchi

Bernard Demory
Animez vos réunions
Chotard

Guy Desaunay
Comment gérer intelligemment ses subordonnés
Dunod

Thomas Harris
D'accord avec soi et les autres
EPI

HSD
Le livre du manager : théorie et pratique
Hachette

Muriel James et Dorothy Jongeward
Naître gagnant
Interéditions

Carl Gustav Jung
L'homme à la découverte de son âme
Buchet Chastel

Alexandre Lowen
La bio-énergie
Sand

Jean Maisonneuve
La dynamique des groupes
PUF, Collection "Que sais-je ?"

Alice Miller
Le drame de l'enfant doué
P.U.F.

Roger Mucchielli
La conduite des réunions
ESF, EME, LITEC

AFREF

Association Française
pour l'Expansion par la Formation
56, rue de Londres
75008 Paris
Tel : (1) 42 94 29 76

ANPE

Agence Nationale Pour l'Emploi

APEC

Association pour l'Emploi
des Cadres, Ingénieurs
et Techniciens
Un centre par Région

ASCOREP

Association Syndicale des Conseils
en Réinsertion Professionnelle
8, rue d'Athènes
75009 Paris
Tel : (1) 40 55 08 21

ASSOCIATION DE RELAXATION POUR LA FORMATION ET LE DEVELOPPEMENT PERSONNEL

1, rue Nicolas Houël
75005 Paris
Tel : (1) 43 36 66 02

CENTRE INFFO

Centre pour le Développement
de l'Information sur la Formation
Permanente
Tour Europe - CEDEX 07
92080 Paris La Défense
Tel : (1) 47 78 13 50

CHAMBRES DE COMMERCE ET D'INDUSTRIE

EUROCCA

Association Européenne
des Conseils en Carrière
116, Champs-Elysées
75008 Paris
Tel : (1) 45 63 17 27

INSTITUT DE GESTION SOCIALE

25, rue François Ier
75008 Paris
Tel : (1) 47 23 72 94

INSTITUT SUPERIEUR DE PSYCHOLOGIE

9 bis, rue Guénot
75011 Paris
Tel : (1) 43 79 74 28

SECRETARIAT D'ETAT A LA FORMATION PROFESSIONNELLE

53, avenue d'Iéna
75116 Paris
Tel : (1) 45 01 86 56

A

B

C

N

O

P

Q

R

Aubin Imprimeur
LIGUGÉ, POITIERS

Achevé d'imprimer en janvier 1993
N° d'édition 01 / N° d'impression P 42131
Dépôt légal 2251-02-1993
Imprimé en France

ISBN 2-01-020695-9
23/4932/2